Jens Lachmund, Gunnar Stollberg
Patientenwelten

Jens Lachmund
Gunnar Stollberg

Patientenwelten

Krankheit und Medizin vom späten 18.
bis zum frühen 20. Jahrhundert im Spiegel
von Autobiographien

Leske + Budrich, Opladen 1995

ISBN: 3-8100-1384-6

© 1995 by Leske + Budrich, Opladen

Druck: Druck Partner Rübelmann, Hemsbach

Printed in Germany

Inhalt

Vorbemerkung 8

Einleitung 9

Kapitel 1:
Kulturelle Modelle von Krankheit und Gesundheit um 1800 24
  Die diskursive Organisation problematischer Erfahrungen 25
  Krankheit und die Ordnung des Lebens 29
  Das mäßige Leben 37
  Kollektive Leiden 41
  Ein alternatives Erklärungsmodell: „Ansteckung" 43
  „Ansteckung" und individuelle Verantwortlichkeit 45
  Vorzeichen 48

Kapitel 2:
Kranke im häuslichen Kontext 51
  Der Schauplatz: Das häusliche Krankenbett 52
  Ökonomische Nöte 58
  Diätetik und Selbstmedikation 60

Kapitel 3:
Kranke und Ärzte 67
  Die „gelehrten" Ärzte 69
  Die „handwerklichen" Ärzte 80
  Der ärztliche „Ausspruch" 85
  Die ärztliche „Kur" 91
  Die ausgehandelte Ordnung der Kur 99
  Streitende Ärzte und Arztwechsel 106
  Ein Sonderfall: Die Operation 112

Der Diskurs: Ein geteiltes Wissen 118
Die Machtverhältnisse: Eine klientendominierte Medizin 123
Das inoffizielle System:
Zur Bedeutung und Praxis nicht-ärztlicher Heiler 126

Kapitel 4:
Die Medizin zwischen Krise und Innovation 131
Die Pockenimpfung 131
Von der „Bestürmung durch Arzneien" zum „Sieg der Natur":
Der Wandel des therapeutischen Stils 136
Die Homöopathie 140
Die Choleraerfahrung 143
Schlußfolgerungen 151

Kapitel 5:
Die Hospitalisierung des Kranken 152
Frühe Spitalerfahrungen 154
Die Welt des Krankenhauses 164
Die neuen Spielregeln des Arzt-Patient-Verhältnisses 171
Ein Sonderfall: Die Lungenheilanstalten 176

Kapitel 6:
Kranke in einer medikalisierten Gesellschaft 179
Zum Wandel der Krankheitskategorien 181
Neue Erklärungsmodelle: Industriearbeit als Krankheitsursache ... 182
Neue Erklärungsmodelle: Bakterien 186
Bürgerliche Patienten:
Vom „eigenen Arzt" zum medizinischen Laien 192
Arbeiter, Handwerker, Landbevölkerung:
Zwischen Selbstmedikation und Kassenarzt 194
Der „Hausarzt" und der „Spezialarzt" 200
Vom „ärztlichen Ausspruch" zur „gründlichen Untersuchung" ... 203

Neue Praktiken: Die autobiographische
Konstruktion therapeutischer Innovationen 209
Medizin und Lebensweise 214
Die Konsolidierung medizinischer Expertenautorität 217

Kapitel 7:
Schlußfolgerungen 220

Literaturverzeichnis 226

Vorbemerkung

Dieses Buch geht auf ein Forschungsprojekt zurück, das an der Universität Bielefeld angesiedelt war und von der Deutschen Forschungsgemeinschaft finanziert wurde. Thomas Rosemann war in der ersten Phase und Hanna Beneker in der darauffolgenden Zeit an der Projektarbeit beteiligt. Das Buch hat auch von vielen kritischen Anregungen und praktischen Hinweisen profitiert, mit denen Kollegen und Freunde unsere Arbeit begleiteten. Eine erste Fassung des Manuskripts hat Gerd Göckenjan (Bremen) ausführlich mit uns diskutiert. Ihnen allen sei an dieser Stelle herzlich gedankt.

Jens Lachmund/Gunnar Stollberg

Einleitung

Die Zeit zwischen dem ausgehenden 18. und dem frühen 20. Jahrhundert war eine Schlüsselperiode für die Herausbildung der modernen Medizin. Zum einen befanden sich die Handlungsgrundlagen der Ärzteschaft im Umbruch: Krankheitskonzepte und Behandlungsweisen, die sich zum Teil bis in die Antike zurückverfolgen lassen, wurden durch ein zunehmend komplexeres Expertenwissen ersetzt, das aus der Forschung in Kliniken und Laboratorien hervorging. Zum anderen konnte sich die medizinische Profession als zentrale Instanz der Krankenversorgung etablieren: die Verdrängung bzw. Unterordnung konkurrierender Heilberufe (z.b. Wundärzte, Bader, Hebammen), die quantitative Expansion und der soziale Prestigegewinn der Ärzteschaft, das Entstehen neuer Institutionen wie des Krankenhauses und des Kassenarztes - all dies trug dazu bei, daß immer größere Bevölkerungskreise im Krankheitsfall eine medizinische Versorgung in Anspruch nahmen.[1]

Während die Entwicklung der medizinischen Wissenschaft, des Arztberufs oder der staatlichen Gesundheitspolitik immer wieder das Interesse von Historikern und Soziologen auf sich gezogen haben, gibt es bislang nur wenige Untersuchungen darüber, wie sich vor diesem Hintergrund die alltäglichen Praktiken des Umgangs mit Krankheit verändert haben: der Patient und seine Welt - seine Vorstellungen, seine Strategien, das Netzwerk seiner sozialen Beziehungen - waren jedoch ebenso dem historischen Wandel unterworfen wie die Medizin selbst. Die vorliegende Studie soll dazu beitragen, etwas Licht in die Geschichte des Patienten und seiner Beziehungen zu einer sich wandelnden Medizin zu bringen: auf der Grundlage von Autobiographien

---

1   Vgl. hierzu die Arbeiten zur Sozialgeschichte der Medizin. Zur deutschen Entwicklung
     insbesondere Frevert 1984; Huerkamp 1985; Göckenjan 1985; Drees 1988; Loetz 1993.

aus dem deutschsprachigen Raum, die entweder in der genannten Periode erschienen sind oder die Schilderungen aus dieser Zeit enthalten, wollen wir im folgenden die historische Entwicklung eines Bereichs sozialer Praxis nachzeichnen, den man in Abgrenzung von den im engeren Sinne medizinischen Institutionen und Wissensbeständen als die „Kultur der Krankheit" bezeichnen kann.

Die Vorgehensweise unserer Untersuchung entspricht eher einer Historischen Anthropologie als der traditionellen Geistes- oder der Sozialgeschichte der Medizin. Unmittelbare Orientierungspunkte hierfür bieten sowohl die neuere medizinische Anthropologie wie die interaktionistisch oder ethnomethodologisch orientierte Medizinsoziologie.[2] Diese Forschungsrichtungen gehen davon aus, daß es sich bei Krankheit weniger um ein biologisches Phänomen als um ein kulturell gestaltetes Ereignis handelt, und sie haben sich entsprechend die detaillierte ethnographische Analyse der kulturellen Vorstellungssysteme und Praktiken zur Aufgabe gemacht, die die Wahrnehmung und Bewältigung von Krankheit strukturieren. Wenn Krankheit in diesen Arbeiten als „sozial konstruiert" begriffen wird, so heißt das nicht, daß damit die Relevanz geleugnet würde, die somatischen Prozessen in diesem Zusammenhang ohne Zweifel zukommt. Vielmehr wird dem Umstand Rechnung getragen, daß diese das Erleben und Handeln eines Individuums niemals direkt, sondern stets vermittelt durch kulturelle Empfindungsweisen, Körperbilder, Vokabularien, Metaphern und Erklärungsmodelle beeinflussen. So wurde in der medizinischen Anthropologie argumentiert, daß die krankheitsbezogenen Wissenssysteme außereuropäischer Gesellschaften, wie irrational sie aus dem Blickwinkel der modernen Biomedizin auch erscheinen mögen, einen geordneten kulturellen Zusammenhang bilden, der einen aus der Perspektive der Teilnehmer rationalen Umgang mit Krankheit ermöglicht. Aber auch Körpersymboliken, Krankheitserfahrungen und die Bewertung diagnosti-

---

2   Eine anthropologische Perspektive auf Krankheit und Medizin wird heute vor allem im Bereich der amerikanischen "medical anthropology" verfolgt (vgl. Kleinman 1980; Chrisman/Maretzki 1982; Lindenbaum/Lock 1993). Interaktionistische und ethnomethologische Ansätze liegen seit den siebziger Jahren vielen qualitativen Arbeiten zur Medizinsoziologie zugrunde (vgl. Dingwall 1976; Freidson 1979). Zur Relevanz dieser Ansätze für die historische Forschung vgl. auch Lachmund/Stollberg 1992.

scher und therapeutischer Praktiken moderner „westlicher" Gesellschaften erweisen sich in einer solchen Perspektive als ein komplexes kulturelles System, das sich keineswegs nur auf im engeren Sinne biomedizinische Kategorien beschränkt.

Jede soziologische oder anthropologische Analyse hat also den Ausgang von den definitorischen Aktivitäten zu nehmen, durch die körperliche Beeinträchtigungen von den Handelnden als „Krankheit" überhaupt erst identifiziert, klassifiziert und erklärt werden. Die kulturellen Konzepte von Krankheit und Körperlichkeit und ihr historischer Wandel bilden daher ein zentrales Thema unserer Untersuchung. Wie wurde der Körper wahrgenommen und erlebt? Wann wurden körperliche Beeinträchtigungen als Krankheit wahrgenommen? Welche sprachlichen Ausdrucksformen gab es, um Krankheiten zu bezeichnen und zu beschreiben? Was wurden ihnen für Ursachen zugeschrieben? Es geht uns im folgenden weniger darum, eine abstrakte Beschreibung der Konzepte zu geben, die das damalige Repertoire der Konstruktion der Krankheit ausmachten; vielmehr wollen wir diese Konzepte vor dem Hintergrund der Praktiken des Alltagslebens am Krankenbett beschreiben, in die sie eingebettet waren.[3]

Viele Autoren haben darauf aufmerksam gemacht, daß selbst die Krankheitsbegriffe der wissenschaftlichen Medizin keineswegs von kulturellen Wertungen und Wahrnehmungsweisen frei sind (Freidson 1979; Foucault 1973): auch die Medizin ist insofern nur eine besondere Form der Konstruktion der Krankheit. Allerdings wird Krankheit in der Welt des Patienten oft in einer ganz anderen Weise konstruiert, als im Rahmen des Diskurses der wissenschaftlichen Medizin. Das liegt nicht nur daran, daß das offizielle medizinische Wissen überhaupt nur in fragmentierter und trivialisierter Form in den Bestand des Alltagswissens einer Gesellschaft eingeht; es liegt vor allem auch daran, daß die Handlungs- und Deutungsbedürfnisse im alltäglichen Umgang mit Krankheit andere sind als die von Ärzten und medizinischen Forschern. Freidson (1979) hat daher schon Anfang der siebziger Jahre

---

3   Wir folgen hier der an Wittgenstein orientierten Sichtweise der „symbolischen Anthropologie", dergemäß die „Bedeutung" eines symbolischen Ausdrucks (Geste, Diskurs etc.) sich aus ihrer praktischen Funktion, dem „Gebrauch", innerhalb einer kulturellen Lebensform ergibt (Geertz 1987; für Krankheitsbegriffe vgl. auch schon Good/Good 1977).

mit Blick auf die zeitgenössische amerikanische Gesellschaft zwischen der „Laienkonstruktion" und der „professionellen Konstruktion" der Krankheit unterschieden. Allerdings bleiben auch medizinische Konzepte ihrerseits nicht ohne Folgen für die „Laienkonstruktion" der Krankheit. So gehören etwa Begriffe wie „Vitamine", „Cholesterine", „HIV-Viren" und viele andere, obgleich sie zum Teil erst relativ jungen medizinischen Forschungsbereichen entstammen, inzwischen längst zum selbstverständlichen Krankheitsvokabular der meisten Laien. Jedoch werden solche medizinischen Konzepte nur in einer selektiven Weise von den Laien angeeignet. Vieles von der ursprünglichen Bedeutung dieser Konzepte geht dabei verloren, sie werden umdefiniert und an die praktischen Bedürfnisse der Laien angepaßt. Solche Prozesse hat es immer gegeben, und wir werden im folgenden an einzelnen Beispielen zeigen, wie sich medizinische Innovationen im 19. Jahrhundert auf die Vorstellungswelt der Gesellschaft ausgewirkt haben.

Ein anderer Aspekt der Kultur der Krankheit, der hier verfolgt werden wird, ist die kulturelle Definition des Kranken bzw. des Patienten als soziale Figur und seiner Beziehungen zur sozialen Welt. Krankheit ist nicht nur ein körperliches Ereignis, sie schafft auch eine neue soziale Situation, neue Verpflichtungen und Abhängigkeiten. Sie erregt Ängste, Mitgefühl, Scham oder Peinlichkeit und bildet daher den Kristallisationspunkt spezifischer Rituale, die den sozialen Umgang mit dem Kranken regulieren. Sie durchkreuzt aber auch Lebensentwürfe und wirft Fragen nach der persönlichen Identität auf. Die sozialen Identitäten des Kranken sind so vielfältig wie die sozialen Lebenslagen einer Gesellschaft: der soziale Status des Kranken, sein Geschlecht, sein Alter, all dies kann auf unterschiedliche Weise die Situation des Kranken prägen. Hierher gehört auch das Arzt-Patient Verhältnis, das niemals nur neutraler Rahmen einer Expertendienstleistung war, sondern immer auch eine soziale Beziehungskonfiguration mit komplizierten Regeln, die vielfältigen sozialen Stilisierungen unterlag.[4]

---

4 Bislang wurde diese meist sehr allgemein anhand weniger für die moderne Arzt-Patient Beziehung als charakteristisch angesehender abstrakter Rollenerwartungen gekennzeichnet: vgl. z.B. Huerkamp (1985), die sich eng an Parsons (1958) anlehnt. Die konkreten Probleme und das situative Mangement der Arzt-Patient Beziehung blieben dabei jedoch außer acht.

Schließlich wird es im folgenden auch um die Ressourcen der Problembewältigung gehen, die den Patienten der Epoche zur Verfügung standen. Dabei mußte es sich nicht immer um die Wiederherstellung von „Gesundheit" handeln. Duden (1987) hat darauf hingewiesen, wie fremd die Vorstellung einer festen Gesundheitsnorm der frühneuzeitlichen Gesellschaft noch war. Doch verfügt jede Gesellschaft über charakteristische Reaktionsformen auf Krankheit, die auf die eine oder andere Weise die Linderung, Kompensation oder Überwindung der mit Krankheit verbundenen Beeinträchtigungen zum Ziel haben. Ein großer Teil dieser Krankheitsbewältigung vollzieht sich bis heute im Rahmen des alltäglichen Milieus des Kranken, ist „Laienmedizin", mag sie invididuell betrieben werden oder durch den Rückgriff auf kollektive Formen der Unterstützung. Obwohl dieser Bereich bis heute ein wichtiger Sektor der Krankheitsbewältigung geblieben ist, wird unsere Untersuchung zeigen, daß das Ausmaß, in dem Krankheit in diesem Bereich bewältigt wurde, zu Beginn des Untersuchungszeitraums weitaus größer war. In diesem Zusammenhang werden wir die Bedeutung verschiedener Gruppen von Heilern für die Krankheitsbewältigung herausstellen und die Regeln, die die Kontaktaufnahme zu den Heilern regulierten, sowie die Spielregeln der Interaktion zwischen Heilern und Kranken analysieren. In Anlehnung an die interaktionistische Medizinsoziologie (Strauss et al. 1985) werden wir dabei dem „Aushandeln" von Definitionen und Handlungsverläufen eine wichtige Rolle beimessen. Wenn wir vor allem die akademisch ausgebildete Ärzteschaft in den Mittelpunkt unserer Analysen stellen, dann deshalb, weil es deren gesellschaftlicher Erfolg war, der den Umgang mit Krankheit in dieser Zeit maßgeblich veränderte. Diesen Prozeß wollen wir aus der Perspektive der Patienten schildern, wollen zeigen, welche Erwartungen er an die Medizin herantrug, wie er die Behandlung durch den Arzt erfuhr und wie er ihre Resultate bewertete.

Die Beziehung zwischen Krankheit und Medizin ist auch eine Machtbeziehung. Michel Foucault (1973; 1977) und andere an ihn anknüpfende Autoren (Armstrong 1983; Nettleton 1992) haben argumentiert, daß die Entwicklung der modernen Medizin Teil eines Vermachtungsprozesses war, der eine immer verfeinerte Normierung und Disziplinierung des Körpers beinhaltete. In professionstheoretisch orientierten Analysen wurde immer wieder

gezeigt, daß das soziale Prestige und das nahezu uneingeschränkte Zuständig-
keitsmonopol für die Krankenbehandlung, das die Ärzteschaft heute genießt,
keineswegs das natürliche Resultat der höheren Problemlösungskompetenz
oder der Objektivität ihres medizinischen Wissens waren, sondern Ergebnisse
„professioneller Projekte" (Larson 1977), in deren Verlauf es den Ärzten mit
Hilfe des Staates gelang, die gesellschaftliche Zuständigkeit für die Krankenbehandlung dauerhaft und exklusiv an sich zu binden und andere Berufs-
gruppen aus diesem Bereich zu verdrängen (Starr 1988; Huerkamp 1985;
Göckenjan 1985; Sander 1989). Wie weit sich die Machtwirkungen der
Medizin jedoch entfalten konnten, hing vor allem auch davon ab, wie weit sie
die Adressaten ihrer Deutungs- und Problemlösungsangebote in ihre eigenen
Kategorien und Praktiken verstricken konnte, wie weit es ihr gelang, sich
damit tendenziell unabkömmlich zu machen. Das war ein Prozeß, der gleichermaßen politischer wie symbolischer Natur war und dessen strategische
Orte die lokalen Aktivitäten am Krankenbett bildeten. Hier entstanden neue
Demarkationslinien zwischen Wissen und Nichtwissen, zwischen Expertentum
und Laientum, wurden Autoritätsansprüche und Abhängigkeitsverhältnisse
zementiert, deren historisches Gewachsensein heute kaum noch erkennbar ist.
Die politischen Grundlagen der Medizin sind daher weder in diskursanalyti-
schen noch in professionssoziologischen Kategorien zureichend zu erfassen.
Mit unserer Analyse wollen wir aus einer anderen Perspektive zum Verständnis des politischen Erfolgs der Medizin beitragen: wir wollen zeigen, wie sich
im Wechselgeflecht von Krankheit und Medizin in den letzten zwei Jahrhun-
derten ein Gewebe symbolischer Bedeutungen herausgebildet hat, das die
Kultur der Krankheit in radikaler Weise veränderte und deren vielleicht bedeu-
tendste Implikation es war, daß der Medizin jene weit in den gesellschaftlichen Raum wirkende Hegemonie zuteil wurde, die Starr als ihre „kulturelle
Autorität" bezeichnet hat (1988, 13).

An ähnlichen Fragestellungen orientierte Untersuchungen waren bislang
fast ausschließlich Fallstudien, die sich entweder auf die Zeit vor unserem
Untersuchungszeitraum bezogen (z.B. Döhner 1986; Duden 1991; Jütte 1991)
oder nur dessen erste Phase behandelten (z.B. Porter/Porter 1988; 1989; Loetz
1993). Eine wichtige Ausnahme in dieser Hinsicht ist die Arbeit von Herzlich
und Pierret (1984), die den Wandel der kulturellen Repräsentation der Krank-

heit von der frühen Neuzeit bis in die Gegenwart verfolgt. Obwohl sich die Interessen dieser Autorinnen in manchen Hinsichten mit denen unserer Studie überschneiden, ist deren Anliegen insofern ein anderes, als es ihnen weniger um die alltäglichen Praktiken des Umgangs mit Krankheit geht, als vielmehr um jene jeweils für eine ganze Epoche bewußtseinsprägenden allgemeinen Bilder von der Krankheit und dem Kranken. So konstatieren sie einen Wandel von einem kollektiven Krankheitsbild der frühen Neuzeit, das an den großen Epidemien orientiert gewesen sei, die die ganze Gesellschaft betroffen hätten und vor deren Hintergrund sich das Bild eines kranken Individuums gar nicht habe ausprägen können, hin zu einem individualisierten Krankheitsbild, das erstmals durch den Tuberkulösen des 19. Jahrhunderts und heute durch den chronischen Kranken repräsentiert werde. Mit dieser Zuspitzung entgehen ihnen jedoch die alltäglichen Aspekte des Umgangs mit Krankheit, die, wie man etwa den Untersuchungen Porters und Porters (1988; 1989) oder Jüttes (1991) entnehmen kann und wie auch wir im folgenden zeigen werden, durchaus bereits auf das kranke Individuum gerichtet waren. Zudem entgehen Herzlich und Pierret nicht den Versuchungen eines gewissen epidemiologischen Determinismus, wenn sie die von ihnen konstatierte Individualisierung der Krankheit auf den Wandel des Krankheitsspektrums von Infektionskrankheiten über akute hin zu den chronischen Krankheiten der Gegenwart zurückführen.

Historische Untersuchungen müssen anders als soziologische oder anthropologische ohne einen unmittelbaren ethnographischen Zugang zum „Feld" auskommen. Kulturelle Praktiken der Vergangenheit sind immer nur auf indirektem Wege, durch - in erster Linie literarische - Dokumente zugänglich. Die üblichen Quellen der Medizingeschichte sind für eine an den Vorstellungen und Praktiken medizinischer Laien interessierte Untersuchung allerdings nur sehr eingeschränkt brauchbar. Die historische medizinische Literatur dokumentiert vor allem den Stand des theoretischen Wissens ihrer Disziplin, gewährt aber nur selten Einblick in die alltäglichen Praktiken der Krankheitsbewältigung. Allerdings gibt es auch Sammlungen medizinischer Fallgeschichten, die sich als fruchtbar für die Alltagsgeschichte der Krankheit erwiesen haben.[5] So konnte Duden (1987; 1992) mit einer Auswertung der Fallgeschichten eines Eisenacher Arztes ein komplexes Bild der Krankheitswahrnehmungen im frühen 18. Jahrhundert nicht nur des Arztes, sondern auch seiner Patientinnen rekonstruieren. Das setzt jedoch einen Typ von ärztlicher Fallgeschichte voraus, der den Deutungen der Krankheit durch Patienten breiten Raum läßt, was im 19. Jahrhundert immer seltener wird. Als Alternative bieten sich daher Quellengattungen an, die auf den ersten Blick nicht viel mit Krankheit zu tun haben. In den letzten Jahren sind eine Reihe unterschiedlicher Quellen für eine Kulturgeschichte der Krankheit erschlossen worden: Leichenpredigten (Döhner 1986); die Ratgeber der „Hausväterliteratur" (Alber/Dornheim 1983); literarische Darstellungen (Herzlich/Pierret 1984); schließlich Tagebücher, Briefwechsel und Autobiographien (Porter/ Porter 1988; 1989; Jütte 1991; Geyer-Kordesch 1985; Barry 1985; Elkeles 1988).

Mit den Autobiographien liegt der vorliegenden Untersuchung eine Textsorte als Quelle zugrunde, deren Wert für die Krankheits- und Medizingeschichte also bereits erprobt ist und die sich auch in anderen Bereichen der Alltags- und Mentalitätsgeschichte als fruchtbar erwiesen hat.[6] Für die vorliegende Untersuchung haben wir etwa 700 gedruckte Autobiographien aus dem deutschsprachigen Raum ausgewertet, die in der Zeit von ca. 1770 bis in die Mitte unseres Jahrhunderts erschienen sind. Autobiographien von Ärzten haben wir dabei ausgespart, da hierbei ähnliche Bedenken angebracht wären, wie gegenüber rein medizinischen Quellen. Alle von uns ausgewerteten Autobiographien stammen also von medizinischen Laien.

Als institutionalisierte Form der Hervorbringung individueller Lebensgeschichten ist die Autobiographie einer von vielen in der Moderne entstehen-

---

5 In ihrer Studie über medizinische und literarische Phantasien um 1800 ist Wöbkemeier (1990) auf die literarischen Formen der Hypochonderkomödie und der Autobiographie ausführlich eingegangen. Ihrer These (S. 5 ff.), daß mit der Entwicklung der Medizin zur Naturwissenschaft narrative Strukturen aus diesem Bereich ausgegrenzt wurden, ist jedoch entgegenzuhalten, daß medizinische Fallgeschichten narrativer Bestandteil des medizinischen Diskurses waren und blieben.

6 So wurden Probleme wie die individuelle Identitätsbildung (Orth-Peine 1990), die Geschichte der Kindheit (Hardach-Pinke/Hardach 1978) oder die Arbeiterkultur (Emmerich 1974) in historisch-soziologischen Arbeiten auf der Grundlage von Autobiographien untersucht.

den „Biographie-Generatoren", vergleichbar der Beichte und dem Geständnis (vgl. Hahn 1987), und ist somit integraler Bestandteil des Prozesses der Konturierung des modernen (bürgerlichen) Individuums, wie ihn Norbert Elias (1977) und Michel Foucault (1976; 1977) in unterschiedlicher Weise analysiert haben. Die literarische Tradition der Autobiographie reicht zwar bis in die Antike zurück. Jedoch wurde in der Aufklärung das literarische Genre neu konzipiert: mit dem Pathos moderner Individualität wurde das Individuum als Einheit konstruiert; die Identität der Gefühlslagen bildete den einen Pol dieser Konstruktionsweise, die Autonomie des starken Individuums gegenüber der depravierten Gesellschaft den anderen (Gumbrecht 1981). Mögen auch Momente dieser Konstruktion bereits in Augustins (354 - 430) „Confessiones" enthalten sein: Rousseaus „Confessions", zwischen 1762 und 1770 geschrieben und 1782/89 erschienen, bildeten nicht nur eine neue „Episode" der Geschichte des Genre (Spengemann 1980), sondern begründeten die Geschichte der „klassischen, bürgerlichen, genetischen Autobiographie" (Sloterdijk 1978, 17), die die Quellengrundlage dieser Studie bildet.[7]

Autobiographien werden also kaum in der Absicht geschrieben, späteren Generationen als kulturgeschichtliche Quelle zu dienen. Das verhindert jedoch nicht, daß sie meist sehr plastische Schilderungen der verschiedensten Aspekte des historischen Alltagsleben enthalten. Wie weit sie dabei auch Einblicke in den Umgang mit Krankheit und der Medizin erlauben, hängt oft von Zufällen ab und ist durch die Art der Gattung nicht vorgegeben. Die von uns durchgesehenen Autobiographien haben sich für unsere Fragestellung als unterschiedlich ergiebig erwiesen. Im allgemeinen hängt die Aufnahme von Krankheitsschilderungen in den autobiographischen Text davon ab, welche Bedeu-

---

7   Klassische bürgerliche Autobiographien bilden die Hauptquelle des ersten Teils dieses Buches. Sie sind durch die sinngebende Konstruktion einer Ich-Identität im Lebenslauf charakterisiert. Im deutschen autobiographischen Genre waren seit den Anfängen des Pietismus zu Ende des 17. Jahrhunderts Gattungstypen entwickelt worden, die von der religiösen über die säkularisierte Berufsautobiographie insbesondere der Gelehrten bis zur abenteuerlichen Lebensgeschichte reichten. Im 18. Jahrhundert wurden diese Gattungstypen weiter entfaltet (vgl. Niggl 1977; Groppe 1990). Auch die Arbeiterautographien (vgl. Emmerich 1974; Bergmann 1991), deren Zahl ab 1880 zunimmt, sind von den Charakteristika der bürgerlichen Literaturgattung geprägt, wenngleich die Handwerker und Arbeiter neue Themen aus ihrer alltäglichen Lebenswelt einbrachten, z.B. Armut, Handwerkerstolz und Sozialismus (Bergmann 1991, 81).

tung sie für die Gesamtkonstruktion der jeweiligen Lebensgeschichte haben. In der Regel handelt es sich bei den Krankheitsbeschreibungen um mehr oder weniger abgegrenzte narrative Episoden, die als „Geschichten in der Autobiographie" (Schenda 1981) in den Gesamtzusammenhang der Lebensgeschichte eingelassen sind. Dabei stehen die unterschiedlichsten Aspekte im Vordergrund: einmal geht es dem Autor darum, einen Arzt zu loben oder ihn eines Mißgeschicks zu bezichtigen, ein anderes Mal darum, Bedauern für sein eigenes Leiden zu erregen, dann wieder darum, vor einem als schädlich erfahrenen Medikament zu warnen. Manchmal berichten die Autoren auch von einem langjährigen Leiden, das ihr ganzes Lebensschicksal geprägt hat. Diese Vielfältigkeit der rhetorischen Intentionen ist ein wesentlicher Vorzug gegenüber medizinischen Quellen, die immer mehr oder weniger rigide durch das Relevanzsystem des jeweiligen ärztlichen Wissens strukturiert sind.

In seiner Kritik an Darnton hat Chartier (1989) darauf aufmerksam gemacht, daß zwei verschiedene Weisen unterschieden werden müssen, in denen historischen Quellen zu behandeln sind. Wenn Darnton (1989) seiner Untersuchung eines von Pariser Handwerksgesellen angerichteten Katzenmassakers die Autobiographie eines daran beteiligten Druckergesellen zugrunde legt, so wird diese Quelle gleichsam naiv als Bericht über ein Ereignis behandelt. Dieselbe Quelle ließe sich jedoch auch in einer zweiten Perspektive analysieren: indem man den gattungsmäßigen Charakter des Textes[8] und die für die textuelle Gestaltung des dargestellten Ereignisses verwendeten sprachlichen Mittel herausarbeitet. Hierbei geht es nicht darum, den Text, nach der Art der traditionellen Quellenkritik, von seinen „subjektiven" Verzerrungen zu bereinigen. Vielmehr wird der Blick auf das Schreiben selbst als eine spezifische soziale Praxis und als ein Phänomen eigenen Rechts gelenkt. Vor dem Hintergrund postmoderner Literaturtheorien erscheint es überhaupt zweifelhaft, daß aus historischen Dokumenten Aussagen auf eine jenseits des Textes liegende Realität abgeleitet werden können. Wenn man literarische Quellen auch nicht

---

8 So betont Chartier z.B., daß es sich bei dem Text Contats nicht um eine Autobiographie im engeren Sinne handele; der Autor gebe dem Text einen halb fiktiven Charakter und benutze nicht die Ich-Form.

18

länger als passive Widerspiegelungen historischer Ereignisse betrachten kann,[9] scheint uns ein solcher Verzicht auf die „referentielle" Lektüre von Quellen jedoch keineswegs zwingend, würde dieser doch einer nicht weniger schädlichen Illusion Vorschub leisten, indem man Texte zu einem autonomen, der sozialen Praxis, aus der sie hervorgegangen sind, enthobenen Universum reiifizierte.[10] In der vorliegenden Analyse werden die Autobiographien aus beiden der von Chartier unterschiedenen Perspektiven behandelt, was auch Konsequenzen für die zeitliche Verortung der jeweiligen Quellen hat. Oft beziehen wir uns in unserer Analyse direkt auf die diskursiven Praktiken, mit denen die Krankheit innerhalb des autobiographischen Texts repräsentiert wird, d.h. auf die sprachlichen Gestaltungsmittel und ihr narratives Arrangement innerhalb des Textes. Dieser Aspekt steht vor allem in jenen Teilen unserer Untersuchung im Vordergrund, in denen es uns darum geht, allgemeinere Deutungsschemata wie Krankheitstaxonomien, Erklärungsmodelle oder die Kriterien zur Bewertung ärztlicher Kompetenzen und Handlungsweisen zu rekonstruieren. Bei der zeitlichen Einordnung haben wir uns dann entsprechend am Zeitpunkt der Niederschrift bzw. des Erscheinens der Autobiographie orientiert. Der Akzent liegt dagegen auf dem referentiellen Gehalt der Autobiographien, wenn konkrete Handlungssequenzen rekonstruiert werden, etwa die Alltagspraktiken des Kranken oder die Interaktionen mit Ärzten und anderen Heilern. Ein Problem besteht dabei in dem großen zeitlichen Abstand, der häufig die Textproduktion vom berichteten Ereignis trennt. Dieser Nachteil wird allerdings teilweise dadurch abgemildert, daß in die Autobiographien oft Tagebuchausschnitte, Briefe u.ä. eingefügt sind, die aus derselben Zeit stammen, über die berichtet wird. Da uns außerdem weniger die historischen Ereignisse in ihren tatsächlichen Details interessieren, als die für die Zeit typischen Praktiken und Handlungsverläufe, die den damaligen Umgang mit Krankheit bestimmten, meinen wir, diesen Nachteil in Kauf nehmen zu können. Gerade die angesprochene Vielfalt der Perspektiven, unter denen

---

9   Zu den historischen Voraussetzungen der textuellen Repräsentation der Krankheit und des Körpers in medizinischen und literarischen Diskurses unseres Untersuchungszeitraums vgl. etwa die anregende Studie von Laqueur (1989).

10 Zum Problem des „Referenzirrtums" hinsichtlich historischer Texte und zur Kritik einer entsprechend „skeptischen" Position vgl. Ginzburg (1992).

Krankheit in den Autobiographien beschrieben wird, erlaubt es, aus einer Vielzahl unterschiedlicher Krankheitsbeschreibungen ein annähernd abgerundetes Bild historischer Kulturen der Krankheit zu zeichnen.

Der Charakter unserer Untersuchung ist explorativ. Mit der Auswertung der Autobiographien erheben wir keinen Anspruch auf historische Vollständigkeit. Wichtige Einschränkungen bestehen vor allem in sozialstruktureller Hinsicht. Das hängt mit dem sozial selektiven Charakter dieser Quellengattung zusammen. Zunächst handelt es sich um eine Diskursform, die auf die gesellschaftlichen Eliten beschränkt ist. Daher wird in ihr die Vielfalt gesellschaftlicher Lebenslagen unterschiedlich dokumentiert. Die ausführlichsten Zeugnisse über das Verhalten in Krankheit und Gesundheit liegen im späten 18. und frühen 19. Jahrhundert vor allem aus dem entstehenden bürgerlichen Milieu vor, den „gebildeten Ständen", wie es in der Sprache der Zeit heißt. Daneben gibt es auch eine Reihe adeliger Autoren, von denen Autobiographien überliefert sind. Nur selten allerdings verschaffen die Autobiographien auch Einblicke in das Leben der sozialen Unterschichten. Neben den Außenbeobachtungen von Adeligen und Bürgern sind das Berichte von Autoren, die eine soziale Aufstiegskarriere hinter sich haben und in ihrer Autobiographie rückblickend die Lebensumstände eines Milieus schildern, dem sie inzwischen entwachsen sind. In beiden Fällen muß man davon ausgehen, daß die Beschreibungen des medikalen Verhaltens sozialer Unterschichten aus einer großen Distanz beschrieben und daher wesentlich von dem eigenen Vorverständnis dieser Autoren getragen sind. Erst die Herausbildung des Industrieproletariats in der zweiten Hälfte des 19. Jahrhunderts und die Entstehung der Arbeiterautobiographie ermöglichen systematische Einblicke in den Umgang mit Krankheit bei den Unterschichten. Eine andere Einschränkung ergibt sich daraus, daß sich nicht alle Aspekte des sozialen Umgangs mit Krankheit gleichermaßen in den Autobiographien niedergeschlagen haben: das gilt etwa für Gesundheitsprobleme und Heilerkontakte, die sozial stigmatisiert waren oder aus anderen Gründen aus dem Bereich des öffentlichen Diskurses herausgehalten wurden. Zu den „blinden Flecken" dieser Quelle gehört vor allem der für eine Einschätzung der Beziehungen zwischen Medizingeschichte und

Frauengeschichte so wichtige Bereich der Geburtshilfe und Gynäkologie. Obwohl viele Autoren der Autobiographien Frauen sind, wird die historische Forschung hier weiter auf andere Textsorten angewiesen bleiben. Eine Bemerkung schließlich noch zur Terminologie. Jede historisch-anthropologische Studie muß sich davor hüten, die von ihr untersuchte Kultur in Kategorien zu pressen, die dieser selbst äußerlich sind. Andererseits wird keine solche Studie ohne ein Mindestmaß heuristischer Begriffe auskommen, die dem kulturellen System des Untersuchenden und ihrer Adressaten entstammen. So ist der Begriff des „Laien", mit dem gewöhnlich in der Medizinsoziologie und -anthropologie solche Personen bezeichnet werden, die über keine medizinische Spezialausbildung verfügen, dem späten 18. und frühen 19. Jahrhundert noch fremd. Auch medizinische Quellen dieser Periode bezeichnen solche Personen meist als „Kranke", „Patienten" „Nicht-Ärzte" oder „Publikum". Der Begriff des Laien entstammt dagegen der kirchlichen Tradition und grenzt die einfachen Gläubigen von den berufsmäßigen Angehörigen der Kirche ab. In Deutschland ist es erst der professionspolitisch motivierte Diskurs der Medizinalreformbewegung der 1840er Jahre, der den Begriff des Laien als Gegenbegriff zum ärztlichen „Stand" etabliert hat (vgl. Göckenjan 1985, 276). Wenn der Begriff des „Laien" als abgegrenzte und dem „Experten" komplementäre Personenkategorie also noch nicht ausgeprägt ist und das Anliegen dieser Untersuchung nicht zuletzt auch darin besteht, die Konturierung dieses Gegensatzes genetisch nachzuzeichnen, so wird es sich mangels einer sinnvollen Alternative kaum vermeiden lassen, auch hinsichtlich der Ausgangssituation dieses Prozesses bereits von Laienkonzepten- und Laienpraktiken zu sprechen, wenn es nämlich aus heuristischen Gründen darum geht, diese von denen der Ärzte abzugrenzen. Der in dieser Studie ebenfalls häufig benutzte Begriff des „Patienten" dagegen war auch dem 18. Jahrhundert keineswegs fremd. Allerdings wurde dieser Begriff damals noch synonym mit dem des „Kranken" gebraucht (Krünitz 1818, Stichwort „Patient"). Er definierte den Kranken weniger über seine Beziehung zur Medizin als durch seine Passivität und seine subjektive Leidenserfahrung (von lateinisch „pati"). Heute versteht man unter einem Patienten dagegen fast immer einen Kranken, der sich in ärztlicher Behandlung befindet (vgl. Brockhaus, 19.A. 1991, Bd.

16, 595). Man kann diesen Begriffswandel auch als ein Indiz für die wachsende gesellschaftliche Bedeutung der Medizin sehen.

Unsere Untersuchung gliedert sich in sechs Kapitel. Die ersten vier behandeln Aspekte des Umgangs mit Krankheit von der Mitte des 18. bis zur Mitte des 19. Jahrhunderts, also zu Beginn der eingangs angesprochenen Entwicklungen innerhalb der Medizin. In diesen Kapiteln steht vor allem der Umgang mit Krankheit und Gesundheit bei Bürgern und Adeligen im Vordergrund. Bezugnahmen auf die sozialen Unterschichten sind aus Quellengründen selten und werden entsprechend hervorgehoben. Nachdem wir im ersten Kapitel einen Überblick über die wichtigsten Erklärungsmodelle von Krankheit und Gesundheit in dieser Zeit gegeben haben, wenden wir uns im zweiten Kapitel zunächst der sozialen Situation des Kranken und den damals noch sehr vielfältigen außermedizinischen Aspekten der Krankheitsbewältigung zu (Diätetik, Selbstmedikation). Im dritten Kapitel wird dagegen die Bedeutung medizinischer Expertenkulturen für den Umgang mit Krankheit untersucht. Hierbei handelt es sich um ein differenziertes System des „medizinischen Pluralismus", das dem Laien vielfältige Optionen der Hilfesuche eröffnet. Im Mittelpunkt des Kapitels steht jedoch die detailliertere Analyse der Beziehung zu einer Heilergruppe, die in den Autobiographien besondere Beachtung findet und die von da an im Mittelpunkt der Untersuchung stehen wird: der akademisch gebildeten Ärzteschaft. Hierbei erweist sich vor allem die schon in den Marktbeziehungen angelegte strukturelle Dominanz der Patienten und ihrer Angehörigen gegenüber dem Arzt als folgenreich für ihre Interaktion. Im vierten Kapitel werden wir auf drei Entwicklungen eingehen, die schon im ausgehenden 18. und im frühen 19. Jahrhundert zu Veränderungen des kulturellen Umgangs mit Krankheit führten: Diese Entwicklungen sind die Einführung der Pockenimpfung, die bürgerliche Arzneimittelkritik und die damit verbundene Homöopathie und das Auftreten der Cholera. Im fünften Kapitel wird die Bedeutung einer Institution untersucht, die im Laufe des 19. Jahrhunderts an Bedeutung gewinnt und die Erfahrung und den Umgang mit Krankheit bis heute bestimmt: das moderne Krankenhaus. Im Gegensatz zu den vorhergehenden Kapiteln stehen dabei die sozialen Unterschichten im Mittelpunkt, aus denen sich der größte Teil der Krankenhauspatienten rekrutiert. Das sechste Kapitel analysiert den kulturellen Wandel der Krankheit im späten 19.

und frühen 20. Jahrhundert. Dabei zeigt sich, wie der gesellschaftliche Wandel und die zunehmende Professionalisierung der Medizin zur Etablierung und Konsolidierung einer immer weitere Aspekte des Umgangs mit Krankheit umfassenden ärztlichen Definitionsmacht führten.

Kapitel 1:
Kulturelle Modelle von Krankheit
und Gesundheit um 1800

Was bedeutete Krankheit in der Gesellschaft des späten 18. und frühen 19. Jahrhunderts? Die autobiographischen Quellen verweisen auf viele für uns fremde Grundzüge der damaligen Wahrnehmungsmuster und Bewältigungsstrategien von Krankheit. Viele dieser Grundzüge dürften für die damalige Epoche als ganze charakteristisch gewesen sein. Der Umgang mit Krankheit hängt jedoch auch immer mit den spezifischen sozialen Lebenslagen der Betroffenen zusammen. Es sind die Standards ihrer normalen sozialen Alltagspraxis, die spezifische Anforderungen an ihre Körperlichkeit stellen und vor deren Hintergrund bestimmte „problematische Erfahrungen" (Dingwall 1976) auftauchen. Auch der Zugang zu den Ressourcen, die zur Definition und praktischen Bewältigung von Krankheit zu Verfügung stehen (Wissen, finanzielle Mittel, soziale Beziehungsnetze etc.), hängt mit dem spezifischen kulturellen Rahmen des Milieus des Betreffenden und der Position zusammen, die er innerhalb der gesamtgesellschaftlichen Privilegienordnung einnimmt. Hier ist die Differenzierung der Gesellschaft in die unterschiedlichen „Stände" zu berücksichtigen, vom Adel über das aufstrebende Bürgertum zu den traditionellen städtischen und ländlichen Unterschichten. Dazu kommen weitere Differenzierungen durch lokale Traditionen, Einflüsse unterschiedlicher Konfessionen oder durch die geschlechtsspezifische Aufteilung sozialer Zuständigkeiten. Mit dem bereits angesprochenen sozial selektiven Charakter der Autobiographien hängt es zusammen, daß wir diese vielfältigen gesellschaftlichen Lebenslagen unterschiedlich gut dokumentieren können. So beziehen sich die folgenden Ausführungen vor allem auf den Umgang mit

Krankheit im bürgerlichen Milieu, und nur gelegentlich wird auf das medikale Verhalten anderer Schichten Bezug genommen.

Die diskursive Organisation problematischer Erfahrungen

Schon das Vokabular, mit dem in den Autobiographien der Zeit um 1800 Krankheiten bezeichnet und in ihrem Verlauf charakterisiert werden, erscheint aus heutiger Sicht befremdlich. Im Gegensatz zu dem heute üblichen Klassifikationssystem wirken die damaligen Begriffe vage und beliebig. Die am häufigsten verwendete Krankheitskategorie ist die des „Fiebers". Für den Theologen Oetinger etwa ist es ganz allgemein „das Fieber", das er in Tübingen zu überstehen hatte (1961, 50). Meist werden die Fieber jedoch anhand verschiedener Attribute spezifiziert. Eine wichtige Unterscheidung ist die zwischen „heißen" und „kalten" Fiebern und dem zwischen diesen Extremen pendelnden „Wechselfieber". In anderen Fällen werden Fieber nach dem Ort ihres Auftretens spezifiziert, so ist gelegentlich vom „Flußfieber" oder dem „Sumpffieber" die Rede. Mit „Nervenfieber" wird dagegen ein Fieber bezeichnet, das in besonderem Maße die geistigen und seelischen Fähigkeiten des Kranken beeinträchtigt. Andere häufig genannte Krankheiten sind die nach den betroffenen Organen unterschiedenen „Entzündungen", die „Schwindsucht", die „Schlagflüsse" oder die „Brustkrankheiten".

Viele dieser Krankheitsbegriffe lassen eine enge Verbundenheit mit dem humoralpathologischen Erklärungssystem erkennen, dessen Tradition in Europa bis in die Antike zurückreicht und das noch heute in vielen außereuropäischen Gesellschaften fortlebt (vgl. Fabrega 1974). Gesundheit beruht danach auf einem bestimmten Mischungsverhältnis von vier Körpersäften, der gelben und der schwarzen Galle, des Bluts und des Schleims. Krankheit wird als ein gestörtes Mischungsverhältnis dieser Säfte verstanden. In den Autobiographien wird an manchen Stellen auch ausdrücklich auf „Säfte" als eine Dimension des Krankheitsgeschehens eingegangen. Der preußische General Boyen etwa spricht von einer Krankheit Scharnhorsts als einem „galligen Nervenfieber" (1953, 273), und der kranke Theologe Bretschneider glaubt, daß „der im Magen und Darmkanal angehäufte Schleim mit verdauet worden und ins Blut übergegangen ist" (1851, 41). Auch der Jurist und Schriftsteller Baczko bewegt sich in diesem Deutungssystem, wenn er die Komplikationen, die sich einstellen, nachdem der Wundarzt seinen Fuß geschient hat, auf den gehinderten „Umlauf der Säfte" zurückführt (1824, I/97).

Es wird nicht selten versucht, traditionelle Krankheitsbegriffe in die heutige medizinische Sprache zu übersetzen. Dann werden etwa das „Wechselfieber" mit der Malaria, das „Nervenfieber" mit dem Typhus oder die „Schwindsucht" mit der Tuberkulose gleichgesetzt. Jedoch hat Peter (1978) am Beispiel der Akten der Société Royale de Médecine gezeigt, daß jeder Versuch einer systematischen Übersetzung historischer Krankheitsbegriffe auf unüberwindliche Schwierigkeiten stößt. Letztlich handelt es sich um das Grundproblem, daß es keine von den zueinander in Beziehung gesetzten Klassifikationssystemen unabhängige Referenzebene gibt, auf die hin die Bedeutung der verschiedenen Kategorien abgeglichen werden kann. Die Bedeutung dieser Begriffe liegt vielmehr in dem spezifischen Gebrauch, den die sozialen Akteure in ihrer Alltagspraxis von ihnen machen.

Neben den humoralpathologischen Deutungen stehen in den Autobiographien andere, die die Krankheit eher als eigenes Wesen begreifen und auf die Prozeßhaftigkeit und Wechselhaftigkeit des Krankheitsgeschehens abzielen. Diese Dynamik kommt oft in kämpferischen Metaphern zum Ausdruck. So heißt es, daß die Krankheit den Patienten „befällt", „überfällt" oder „ergreift";[1] „aber meine Krankheit fing an zu steigen" schreibt der ehemalige Augustinermönch und spätere Arzt Spenn (1803, 175). Eine wichtige Bedeutung hat auch die Vorstellung von der „Krisis", d.h. dem Höhepunkt eines Fiebers, an dem sich entscheidet, ob die Krankheit überwunden wird.

Oft enthüllt sich ihre wahre Natur erst im Verlauf der Krankheit. Die Gräfin Bernstorff, Frau eines Diplomaten, spricht von einem leichten Übelbefinden, das sich zu einem kalten Fieber „entschied" (1897, I/126). Von einem anderen „Übel" schreibt sie, daß es sich sehr bald als „entschiedenes Brustübel aussprach" (ebd., 199). „Die Krankheit des Königs entschied sich bald als eine tödtliche Wassersucht", schreibt auch der Offizier in dänischen Diensten Karl von Hessen-Kassel über den Tod Friedrichs V. 1765 in Kopen-

---

1   Goltz (1969) verweist auf die animistische Denktradition, in der solche Metaphern stehen.

hagen (1866, 26). Manchmal glaubt man schon zu wissen, um welche Krankheit es sich handelt, doch dann schlägt sie einen unerwarteten Weg ein, der
plötzlich ihre ganz andere Natur offenbart. Als die Schwägerin der Dichterin
und Schriftstellerin Pichler um 1800 zu kränkeln anfängt, halten das zunächst
alle für die Folgen einer Verkühlung, „denn es gestaltete sich wie ein Katar-
rhalfieber" (Pichler 1914, I/220). Doch als sie nach wenigen Tagen das Bett
verläßt und eine „auffallende Mattigkeit und völlige Entkräftung" zurückbleibt,
kommt das jedem nach solch einer unbedeutenden Krankheit beunruhigend
vor. Es dauert nicht lange, bis alle eine Schwindsucht als „den wahren und
unheilbaren Grund des Übels erkennen" (ebd., 221). Die Flexibilität der
Konzepte erlaubt also, auch bei unvorgesehenen Wechselhaftigkeiten des
Krankheitsgeschehens eine übergreifende Definition aufrecht zu erhalten. Das
geschieht im wesentlichen durch eine Reinterpretation der vorhergegangenen
Erfahrung auf neuer Grundlage. Nicht immer werden die wahrgenommenen
Wechselhaftigkeiten der Krankheit unter ein einheitliches Schema gebracht.
Eine alternative Deutungsstrategie, die in solchen Situationen verwendet wird,
beruht auf dem Postulat, daß sich Krankheiten verwandeln können, d.h. von
einem Typ zu einem anderen übergehen. Der Theologe Oetinger erkrankt
1762 ein „Jahr lang an einer aus der Rippenfellentzündung sich entwickelnden
Schwindsucht" (1961, 97). Der General in russischen Diensten Eugen von
Württemberg spricht davon, daß sich ein „kaltes Fieber" in ein „hitziges"
verwandelt (1862, 217). Der Wiener Archivar Arneth schreibt von Schafblattern, die im Verlaufe der Krankheit in Menschenblattern übergehen (1891,
I/434).

Ein weiteres Merkmal dieser Krankheitsbezeichnungen liegt in ihrer
prognostischen Ausrichtung. An vielen Stellen in den Autobiographien wird
deutlich, daß das Relevanzsystem des Patienten weniger auf eine diagnostische
Bezeichnung als solche abzielt. Die Deutung der Krankheit dient vielmehr vor
allem dem Zweck, die Gefährlichkeit der Krankheit einzuschätzen. Der Bauer
Bräker spricht ganz allgemein nur von einer „gefährlichen Krankheit", die er
1758 durchgemacht hat (1965, 180). Die Unterscheidung zwischen „gefährlichen" und „gewöhnlichen" Krankheiten, die immer wieder als Attribut zu
anderen Krankheitsbezeichnungen auftaucht, ist insofern besonders folgenreich, als es hiervon abhängt, wie praktisch mit der Situation umzugehen ist.

Wird die Krankheit von selbst vorübergehen, sind besondere diätetische Konsequenzen notwendig, ist ein Arzt zu rufen? Manchmal kommt es hier zu tragischen Mißverständnissen. Als eine Freundin der Schriftstellerin Pichler „mit sehr bedenklichen Zufällen" erkrankt, die auf eine Brustentzündung schließen lassen, „hegt sie selbst *(die Kranke, d.Verf.)* keine Vorstellung von Gefahr" (1914, I/392). Ohne Sorgen bestellt sie sich noch eine Spielpartie für den Abend und redet voller Hoffnung über zukünftige Angelegenheiten. Kurz nachdem die Autorin sie verläßt, macht ein Schlagfluß ihrem Leben ein Ende.

Eine schlechte Prognose dagegen bedeutet, sich auf den Tod vorbereiten zu müssen. Die Interpretationen, die den Prozeß des Leidens begleiten, sind daher immer auch eine Form der Angstbewältigung, die den Kranken und sein soziales Umfeld an das künftige Schicksal gewöhnen. Der Patient hat seine letzten Angelegenheiten zu regeln (so der Historiker Lang 1957, 202) - das Testament wird oft in dieser Situation zu Papier gebracht (z.B. die Schriftstellerin v. Kalb 1879, 100). Auch für die Angehörigen bedeutet der Tod eine Veränderung der Lebenssituation, die manchmal antizipatorisch vorweggenommen wird. Der Mathematiker Kästner sieht den Tod seiner Mutter voraus und nimmt einen Ruf nach Göttingen an (1909, 12). Als die erste Frau des Philosophieprofessors Feder im Sterben liegt, erinnert sie ihn, „weil sie ihre Krankheit bald für tödlich erkannte, an eine Verwandte", die später seine Gattin werden könnte (1825, 82). Welche Bedeutung dieser prognostische Aspekt der Krankheitsdiagnose hat, wird auch daran deutlich, welcher Zuspruch immer noch diversen religiösen Praktiken zukommt, deren Einfluß bis in das bürgerliche Milieu hinein spürbar ist und die wir am Ende dieses Kapitels schildern.

Die genannten Merkmale der Krankheitsbegriffe zeigen, daß sie weniger durch klassifikatorische Strenge gekennzeichnet sind, als durch eine hohe Flexibilität, die ihnen eine sehr weitgehende Anpassungsfähigkeit an die Ambivalenzen des Krankheitsgeschehens verleiht. Es handelt sich um hochgradig polysemische Symbole, die es einerseits erlauben, sehr unterschiedliche Erfahrungen unter eine Bedeutung zu bringen, und andererseits, von einem Begriff zum anderen überzugehen.

Krankheit und die Ordnung des Lebens

Wenn in den Autobiographien Krankheiten bestimmte Ursachen zugeschrieben werden, so kommen meist Deutungsmuster ins Spiel, die Gesundheit und Krankheit gleichermaßen als Ausdruck der Lebensordnung des Individuums deuten. Der Körper, die ökologischen Einflüsse der Umgebung und die individuelle Lebensführung stehen danach in einem engen Interaktionsverhältnis.

Auf der einen Seite hängt das Auftreten von Krankheit eng mit der Individualität des Betroffenen zusammen. Als „Gesundheit" wird nicht nur die Abwesenheit von Krankheit, sondern immer auch die Kraft verstanden, körperlichen Beeinträchtigungen Widerstand zu bieten oder sie zu bewältigen. In der gleichen Bedeutung wird oft auch von der „Natur", der „Konstitution" oder der „Lebenskraft" eines Individuums gesprochen. Diese Begrifflichkeit hängt eng mit der genannten Metaphorik zusammen, die Krankheit als eine von außen kommende Macht deutet, die den Kranken „befällt" und gegen die der Körper einen inneren Kampf ausführt. Über seinen Freund Reinhard schreibt der Philosoph Krug: „Es griff ihn sogar körperlich an, da sein Körper ohnehin sehr schwächlich war" (Urceus 1825, 99). 1817 macht Frau von Humboldts „immer zarte Gesundheit" ihren geplanten Aufenthalt auf der „Nebelinsel" England zu einem Wagnis (Hrsg., in Bülow 1895, 119). Pichler fragt sich, ob die Augenschwäche ihrer Mutter in den 1790er Jahren „vielleicht auch durch körperliche Disposition" hervorgerufen ist (1914, I/146), und erklärt eine Krankheit, die sich bei ihrer Freundin Nanette um 1810 bemerkbar macht, unter anderem mit deren „schwächlicher Konstitution" (ebd., I/381). Sich selber schreibt sie dagegen eine „kräftige Natur" zu:

> „Ich war (...) eigentlich nie krank gewesen, und ein kaltes Wechselfieber mit einer Ergießung der Galle, die mich sehr verdroß, weil sie mich auf eine Weile sehr entstellte, waren bisher meine einzigen körperlichen Leiden gewesen. Doch auch selbst während dieser kleinen Anfälle, die sich durch zwei Sommer wiederholten, lag ich nur selten und nur auf Stunden im Bette, und meine kräftige Natur überwand den bösen Keim gänzlich" (ebd., I/143).

In vielen Fällen wird bei der Kennzeichnung der Individualität des Kranken auf die Begrifflichkeit der Humoralpathologie zurückgegriffen. Ein solches

Beispiel findet sich in der Autobiographie des Diplomaten Rist: die Natur seiner Säfte habe sich nach einem längeren Spanienaufenthalt von einem zunächst „schleimig/wässerigen" Charakter zu einem „cholerisch/blutigen" geändert (1880, II/66).

Als Boyen von einer Erkrankung Blüchers erfährt, beruhigt ihn Scharnhorst, daß Blücher trotz seines hohen Alters wieder genesen und die Armee führen werde: „Das ist eine ganz besondere Natur. Er wird sich schon erholen" (Boyen 1953, 334).

Die „Gesundheit" eines Individuums wird einerseits als eine angeborene Disposition verstanden, andererseits werden aber auch vielfältige Wechselwirkungen mit den jeweiligen Lebensumständen postuliert. Eine wichtige Rolle kommt hierbei dem Lebensalter des Betroffenen zu. Insbesondere das Alter wird allgemein als ein Lebensabschnitt beschrieben, der durch eine Schwächung der Gesundheit und entsprechend eine höhere Anfälligkeit für Krankheiten geprägt ist. Der Schriftsteller Reichard schreibt um 1785 von einer Frau, daß sie „ihre eigene Gesundheit immer hinfälliger werden fühlte" (1877, 182). Für den Göttinger Philosophieprofessor Feder gehört es zur „Ordnung der Natur", daß das Alter mit einer Abnahme seiner Bewegungskraft einhergeht und dies die Heilung seines Rheumatismus im Rücken verhindert (1825, 218).

In der „Makrobiotik" des Arztes Christoph Wilhelm Hufeland (1762-1836) wird dieser Zusammenhang mit dem Begriff der „Lebenskraft" gekennzeichnet. Hufeland geht davon aus, daß diese Kraft durch Diätetik in gewissem Maße regeneriert werden könne, jedoch andererseits durch Witterungseinflüsse und gewisse Aktivitäten konsumiert werde (Hufeland 1984: 34ff.). Ähnliche Vorstellungen sind auch in den Autobiographien zu finden: das Krankenlager habe die übrige Lebenskraft eines Patienten „consumirt" (H.Bretschneider in der Autobiographie des Superintendenten K.G. Bretschneider 1851, 135); „ihre Lebenskraft war aufgezehrt" (Bernstorff 1897, II/211). In einem anderen Fall schreibt der Herausgeber, daß der Verfasser gestorben sei, weil der „Rest von Lebenskräften zur Ueberwindung des Uebels nicht mehr hinreichte" (Feder 1825, 219). Eine positive Deutung erfährt die Schwächung der Lebenskraft bei Hohenlohe-Schillingsfürst, dem späteren Reichskanzler, der 1842 in seinem Tagebuch vermerkt: die Masern, die er gerade überstanden hatte, hätten „doch auch ihr Gutes gehabt, denn sie *(die Krankheit; d.Verf.)* hat das Uebermaß von Kraft des Körpers absorbiert", wodurch ihm der Geist klarer geworden sei (1907, I/20).

Wie kommt es nun dazu, daß ein Individuum krank wird? Hierbei wird auf verschiedene Aspekte der Lebensführung Bezug genommen. Oft wird Krankheit auf einen falschen Umgang mit Essen und Trinken zurückgeführt. Der junge Seminarist Bronner ißt in den 1770er Jahren für sieben Kreuzer Monat-Rettiche und bekommt ein dreitägiges kaltes Fieber; jedermann gibt „dieser Unmäßigkeit Schuld" an der Krankheit (1795, I/165). Als das Fieber auch später immer wiederkehrt, glaubt man erneut, Bronner habe zu viel Gemüse oder Obst gegessen. In seiner Autobiographie fragt dieser sich, ob nicht vielleicht weniger das Obst, als der „Genuß der gewöhnlichen Fleischkost mit den anderen Seminaristen die wahre Ursache davon" gewesen sei (ebd., I/166). Ob es nun, wie man damals glaubte, das Obst oder, wie der Autor nahelegt, das Fleisch war, es herrscht auf jeden Fall Übereinstimmung, daß die Ursache für ein „kaltes Fieber" in einem Ernährungsfehler zu suchen ist. Die Hamburger Pastorenfrau Milow berichtet in ihrer Autobiographie davon, daß sie während ihrer Schwangerschaft eines Abends auf eine Gesellschaft ging. Als sie schon unter Wehen litt, „verbiß" sie mit vielem Appetit unter anderem „ein sehr schönes Gericht mit Backwerk" und hielt sich auch sonst beim Essen wenig zurück. Daraufhin wurde ihr übel, und ihr Mann mußte sie nach Hause bringen:

> „Kaum aber war ich zu Bett gebracht, so kamen die Folgen der Unmäßigkeit des Abends, ein heftiges Erbrechen, das einen starken Blutsturz verursachte und mir beinahe bei allen sonstigen glücklichen Umstande, das Leben gekostet hätte" (Milow 1987, 118).

Der Dichter und Schauspieler Holtei erwähnt neben einer Erkältung ein „unbändiges Herbstobstkuchenessen" als Ursache einer krampfartigen Magenkolik (1898, 271f.). Besonders hohe Quantitäten, die „Unmäßigkeit" im Genuß von Nahrungsmitteln und Getränken, gelten als krankheitsverursachend. Andererseits wird oft im Zusammenspiel mit diesem Kriterium auch die Qualität der Nahrung auf ihre gesundheitlichen Wirkungen hin eingeschätzt. Skepsis gegenüber der Fleischnahrung, wie sie bei Bronner auftaucht, ist zwar selten, es gilt aber grundsätzlich alles als bedenklich, was durch intensive

Geschmacksnoten, wie süß, sauer, scharf, hervorsticht, oder, wie der Hummer, als besonders extravagant erscheint. Die Aufmerksamkeit, die der Ernährungsweise entgegengebracht wird, konzentriert sich vorwiegend auf diese Sünden der „Unmäßigkeit". Es gibt aber auch Fälle, in denen eine mangelhafte Ernährung als Krankheitsursache benannt wird. Lübke, der um 1820 unter kargen Bedingungen als junger Lehrer in Canstein lebte, führt eine heftige Diarrhoe auf den Verlust seines Freitischs bei einer gebildeten Familie zurück sowie darauf, daß er seither sein Mittagessen in einem benachbarten Kaffeehaus kochen ließ und sich am Abend mit einem „Butterbrode oder auch einem Stück trocknen Brodes" begnügte (Lübke 1891, 21).

In anderen Fällen richtet sich die Aufmerksamkeit auf den Gemütszustand des Kranken. Der Schriftsteller und Altertumskundler Moritz erklärt eine Krankheit seiner autobiographischen Figur Anton Reiser unter anderem mit „unnatürlicher Überspannung seiner Seelenkräfte" (1972, 76). Der Göttinger Juraprofessor Pütter glaubt, daß Erfolglosigkeit im Fortgang der Geschäfte einen Einfluß auf die sich verschlechternden Gesundheitsumstände eines Bekannten gehabt haben dürfte (1798, 447). Die Witwe des verstorbenen Clausewitz erklärt, daß der „Aerger" Schuld an der Krankheit ihres Mannes gewesen sei (Bernstorff 1897, II/59), und sieht weniger in der Cholera als in den „Mühseligkeiten" des Lebens den Grund für dessen Leiden (ebd., II/227). Auch der „Schreck" über ein plötzliches unerwartetes Ereignis wird manchmal als Krankheitsursache angeführt: Regula Engel von Langwies, Frau eines napoleonischen Offiziers, weiß aus ihrer Kindheit von der Begegnung mit einem Kapuzinermönch zu berichten, dessen Aussehen ihr einen solchen Schreck einjagte, daß sie „unter einem nicht geringen Fieber-Anfall" in einen nahegelegenen Gasthof gebracht werden mußte (1825, 21). Der Theologe Bretschneider schreibt über den Tod seines Vaters im Jahre 1789:

> Die Familie saß Pfingsten zu Mittag bei Tische, „als der Diakon aus der Stadt ... kommend in einem Zustande offenbarer Betrunkenheit vor meines Vaters Hause vorbeigeführt wurde. Die Alteration meines Vaters ... war groß, und wohl mochte sie, da sie ihn bei Tische traf, die Ursache sein, daß seine Anlage zum Schlagfluß, die er vermöge seiner körperlichen Constitution hatte und durch seinen Mangel an Bewegung pflegte, plötzlich eine Katastrophe herbei-

führte. Am andern Morgen ... beim Aufstehen rührte ihn der Schlag, wiederholte Abends gegen 10 Uhr noch einmal und machte seinem Leben ein Ende" (1851, 7f.).

Auch mit der Trauer über den Tod eines nahen Angehörigen oder Freundes werden Krankheiten erklärt. Über den Tod des Barons von Huldenberg, der 1777 stirbt und eine Witwe und zehn Kinder hinterläßt, schreibt der sächsische Pfarrer Reichel: „Der Schmerz über diesen Trauerfall griff mich so an, daß selbst meine Gesundheit dadurch geschwächt wurde" (1797, 111). Als der kränkelnde Wiener Militärarzt Gustav Adolf Fichtner die Nachricht vom Tod eines Freundes erhält, tritt starkes Fieber ein, und er stirbt. Caroline Pichler, die diese Szene beschreibt, ist es „stets seltsam und wehmütig aufgefallen, daß des einen Tod auf gewisse Weise den des andern nach sich gezogen hat" (1914, I/431).

Ein wichtiger Aspekt der Lebensführung, der vor allem dann Beachtung findet, wenn es sich um einen (männlichen) Angehörigen der „gebildeten Stände" handelt, ist die Arbeit. Immer wieder wird Krankheit auf die Überarbeitung zurückgeführt: der Juraprofessor Pütter sorgt sich in den 1750er Jahren um seine Gesundheit, als er plötzlich Blut auswirft, nachdem „vielerley Arbeiten diese Zeit her eine etwas zu starke Anstrengung meiner Kräfte erfordert haben. Besonders fieng ich an von neuem wegen meiner Gesundheit besorgt zu werden, da ich einigemal etwas Blut auswarf" (Pütter 1798, 277). - „Inzwischen griff mich, der ich der Kolik sehr exponiert war" schreibt auch der Jurist Fuchs, „(die Arbeit) doch mächtig an" (Fuchs 1912, 70). Als der Statistiker Crome 1796 in Gießen auf die Ankunft des französischen Generals Hoche wartet, sind es „die Fatiguen und viele Besorgungen des Tages bis in die späte Nacht", die ihn so angreifen, daß er krank nach Hause kommt (Crome 1833, 248). Der Theologe Reichel spricht von der „volle(n) Arbeit", die das für ihn neue Pastorenamt in den 1750er Jahren mit sich bringt und „welche bey meiner schon gedachten Kränklichkeit alle meine Kräfte überstieg" (1797, 100). Von den „Amtsgeschäften", in denen er alle Tage zubringt, hebt er besonders die vielen Krankenbesuche hervor, die ihm, der mit „Engbrüstigkeit und kurzem Athem beschwert" ist, wegen der langen Wege heftig zu schaffen machen (ebd.). Vor allem die typisch bürgerliche Form der Tätigkeit, Lesen, Schreibtischarbeit, geistige Anstrengung, wird oft als Krankheitsursache benannt. Der österreichische Schriftsteller Fessler führt eine Erkrankung um 1778 unter anderem auf „vieles Wachen" und „übermässige Anstrengung des Geistes" zurück (1824, 53). Der Königsberger Philosoph Krug spricht von einer „Krankheit, die ich mir wieder durch Uebermaaß literarischer Thaetigkeit zugezogen hatte" (Urceus 1825, 144). Der philosophische Aufklärer Bahrdt gibt als Grund für die sich verschlechternde Gesundheit seines Vaters „unmäßiges Studieren" an (1922, 20). Der Pfarrer und Schriftsteller Christoph von Schmidt erinnert sich an eine „Leberverhärtung", die sich sein Vater 1793 durch das „Sitzen am Schreibtische" zugezogen habe (1968, 121).

Das Erklärungsmuster Überarbeitung beschreibt Krankheit zwar als selbstverursacht, ist jedoch frei von negativen moralischen Konnotationen. Die Krankheit erscheint als Folge gerade jenes Lebensstils, der im Bürgertum akzeptiert ist und auf dem dessen soziale Stärke beruht: auf Arbeitsamkeit und individuell zurechenbarer Leistung (vgl. Kümmel 1984). Daher bezieht sich dieses Muster meist auf Männer; selten werden Lebensumstände von Frauen in dieser Weise thematisiert. Allerdings erwähnt die Schriftstellerin Pichler als besondere Gesundheitsbelastung ihrer Mutter Charlotte von Greiner, die Vorleserin am Hofe Maria Theresias war, das viele „Lesen besonders beim Kerzenlicht und in oft schlecht geschriebenen Papieren" im Dienst der Kaiserin (1914, I/146).

In den Autobiographien der Zeit um 1800 taucht oft die Vorstellung auf, daß alles schade, was ungewohnt sei oder die Lebensumstände plötzlich verändere. Bahrdt schreibt über eine in den 1770er Jahren unternommene Wasserfahrt auf dem Rhein:

> „Aber meinem Körper war dieser Auftritt zu neu. Es war meine erste Reise zu Wasser. Daher machte die kalte und scharfe Luft, die auf den Strömen stärker und durchdringender ist als zu Lande, die heftigsten Eindrücke. Ich bekam Schmerzen im Unterleibe, welche immer empfindlicher wurden. Und da ich nach Mainz kam, mußte ich mich augenblicklich zu Bette legen" (Bahrdt 1922, 442).

In anderen Fällen werden Krankheiten auf den plötzlichen Wandel der Lebensart zurückgeführt (Bronner 1795, III/34). Darauf etwa, daß „mit Einem Male" der ohnehin schon geschwächte Vater die ganze Last seiner Tätigkeit als Richter wieder auf sich nehmen muß (Dinter 1829, 180), auf den Mangel an Bewegung, an die der Kranke bisher gewohnt war (Pichler 1914, II/156), oder darauf, daß jemand „gegen seine Gewohnheit" Wein trinkt (so der Schriftsteller Seume 1971, 21). Vor allem im Zusammenhang mit dem Klima wird der plötzliche Wechsel der Lebenssituation als bedrohlich angesehen. Die Schriftstellerin Schopenhauer etwa glaubt - eine Ansicht, die sich mit den neohippokratischen Auffassungen der Medizin des 18. Jahrhunderts trifft - , daß ihre Freundin Sally Mitte der 1780er Jahre „wahrscheinlich an dem zu gewaltsamen Wechsel des Klimas in blühender Jugend gestorben" ist (1986, 193). Der Königsberger Orientalist Bohlen ist überzeugt, daß auf ihn die „schon früh sich einfindenden Nebel Londons nachtheilig einwirkten: mein Uebel vermehrte sich hier mit raschen Schritten, das hektische Fieber trat hinzu" (1840, 76f.). Eine ähnliche Vorstellung findet sich auch bei dem aus ländlichem Milieu stammendem Bräker, dem „armen Mann im Toggenburg". Er erklärt plötzlich eintretenden Frost und Fieber u.a. mit dem plötzlichen Wechsel von urkalter Bergluft und Talluft (1965, 263). Als der Orientalist Bohlen in den 1830er Jahren von Bonn nach Königsberg zieht, „offenbarten sich auch bereits die nachtheiligen Einflüsse des wechselnden und rauhen Klima's auf die Gesundheit meiner Frau" (1840, 64). Er selbst leidet im Herbst und Frühling „wenn man dort die unbeständige, naßkalte und stürmische Einleitung zum kurzen Sommer so benennen darf", an Erkältungen, denen er durch stärkende Seebäder und Erholungen auf dem Lande entgegenwirkt (ebd., 63).

Für alle bisher genannten Erklärungsmodelle ist charakteristisch, daß es sich um hochgradig polysemische Symbole handelt. Es gibt keine strengen Zuordnungen zwischen spezifischen Ursachen und entsprechenden Krankheiten, wie es in der modernen Medizin der Fall ist. Oft wird auf mehrere Ursachen zugleich Bezug genommen, oder ein und derselben Ursache werden gleich mehrere Krankheiten zugeschrieben. Anstatt aus festen Zuordnungsregeln, ergeben sich die Beziehungen zwischen der Krankheit und bestimmten verursachenden Lebensbedingungen aus einer situationsspezifischen Plausibilisierung. Der Text lenkt den Blick auf bestimmte Aspekte der Lebensweise oder vorhergegangener Situationen, die auf eine solche Weise mit der Krankheit verknüpft werden, daß eine Zwangsläufigkeit ihrer Abfolge suggeriert wird. Die Unbestimmtheit ihrer Elemente läßt dem Erzähler sehr weitgehende Freiräume, die Akzente der Geschichte zu bestimmen. Er kann bestimmte Umstände in den Vordergrund stellen, andere vernachlässigen. Der Text produziert damit immer auch ein implizites Urteil über das Selbst des Kranken oder sein soziales Umfeld.

Welche Strategie dabei gewählt wird, hängt davon ab, ob der Autor dem Kranken nahe oder fern steht, ob der Kranke seine Sympathien genießt oder nicht. Auf der einen Seite gibt es Erklärungen, die den Kranken zum Opfer seiner Verhältnisse stilisieren. Der preußische General Marwitz spricht von den „Schwächen, Doppelseitigkeiten und Nichtswürdigkeiten", die das Gemüt der preußischen Königin erschüttern (1908, I/259), und Bahrdt schreibt, daß seinem Vater verschiedene Kränkungen auf Dauer die Gesundheit gekostet hätten (1922, 15). Andere Erklärungen bergen dagegen einen Selbstverschuldungsvorwurf an den Kranken. Selten geschieht das so offen wie bei dem ehemaligen Benediktiner und späteren Philosophieprofessor Schad, der erklärt, ein Mönchsbruder habe sich die Lungensucht „angesoffen" (1828, II/153), oder bei der Gräfin Bernstorff, die von einem „etwas verzogenen Weib" erklärt, daß sie nach einer Lungenentzündung nicht dem Rat ihrer Mutter zur Vorsichtigkeit gefolgt und dann gestorben sei (1897, I/331). Wie bereits erwähnt, beharrt Bronner darauf, daß nicht sein Gemüseverzehr, sondern die gewöhnliche Fleischkost im Seminar der Grund seiner Krankheit ist; er wendet damit einen gegen ihn persönlich gerichteten Schuldvorwurf ab und lenkt ihn auf die Verhältnisse im Seminar. Es gibt aber auch Patienten, die ihre Krankheit auf eigenes Verschulden zurückführen. Reuevoll erklärt der kranke Bruder Bronners: „Das sind die Folgen meines unordentlichen Lebens ..." (Bronner 1795, I/232). In manchen Fällen schwingt im Selbstvorwurf auch eine Kritik an den Extravaganzen adeligen Lebensstils mit. Der Generalmajor Boyen spricht im Zusammenhang mit einer Krankheit Blüchers davon, daß dessen „starker Körper durch mannigfache Genüsse sehr zerstört" gewesen sei (1953, 332). Reichard, ein Bürgerlicher, führt das „gallig-rheumatische Seitenstechfieber", das sich bei Herzog August von Gotha 1822 bemerkbar macht, unter anderem darauf zurück, daß der Herzog „viel starkes Bier getrunken und gleich in Gotha bei Tafel ungewöhnlich viel Hummer gegessen" hatte (1877,

478), und erklärt später, seine Lebensweise habe „reichlichen Stoff zur Krankheit" geboten (ebd., 481).

Man sieht an diesen Beispielen, wie eng die Wahl der Erklärungsmodelle und ihre narrative Ausgestaltung immer auch von der strategischen Konstellation abhängt, in dem sie artikuliert werden, und daß es oft ganz unterschiedliche Konsequenzen hat, ob eine Krankheitsbeschreibung vom Patienten selbst oder von einem anderen vorgebracht wird.

Das mäßige Leben

1798 schreibt der Wittenberger Philosophie- und Theologieprofessor Reinhard an seinen kranken Freund Krug, der damals Adjunkt der philosophischen Fakultät war:

> „Von der Gefahr, in der Ihr Leben geschwebet hat, bin ich sehr genau unterrichtet gewesen, und ich danke Gott, daß er Sie derselben entrissen hat. Unstreitig war die heftige Krankheit, welche Sie dem Grabe so nahe gebracht hat, eine Folge ihrer allzugroßen Anstrengung. Möchte Ihnen diese Erfahrung zur Warnung dienen, und sie zu mehrerer Mäßigung führen! Möchten Sie die tetricam sophiam (= düstere Weisheit, die Verf.), der Sie bisher so viel Ihrer besten Kräfte geopfert haben, lieber eine Zeit lang ihrem Schicksal überlassen, und sich in den angenehmern und gesundern Gefilden der Philologie erquikken" (Urceus 1825, 268).

Die Erklärung von Krankheit durch die Lebensweise geht unmittelbar in eine an Gesundheit orientierte Bewertung des Lebens über, die im Leitbild der „Mäßigkeit" zum Ausdruck kommt. Nachdem sie die Folgen ihres unmäßigen Essens geschildert hat, mahnt auch die Pastorenfrau Milow:

> „Warnung sei Euch dies wieder, meine Töchter, wenn Ihr einmal Frau werdet: Unmäßigkeit ist immer schädlich, aber niemandem so sehr wie einer Schwangeren. Ich ward auch hierin erst klug durch Erfahrung, werdet Ihr es durch mein Beispiel" (Milow 1987, 119).

Der Pfarrer, Pädagoge und Schriftsteller Dinter stellt sich als großes Vorbild gesunder Lebensführung dar, wenn er in seiner Autobiographie vorrechnet, daß er in seinen 69 Jahren nur 71 Tage krank gewesen ist:

„Um meiner jüngern Freunde willen sei es mir vergönnt, zu sagen, wie es gekommen seyn mag, daß ich so wenig unverschuldete Krankheiten erfuhr. Wahr ist's, eigentlichen Mangel habe ich nie erfahren. Die Kost in meines Vaters Hause war einfach, aber gut. Das Leben im Gymnasium regelmäßig, fröhlich, thätig und nicht ohne Genuß freier Luft. Bloß als Hauslehrer wurde ich eigentlich besser ernährt, als es zum Gesundseyn nötig ist. Aber in dem ganzen Zeitraume, in dem ich Hausvater war, wich Dinter fast keinen Tag von der Regel ab. Bei großen Gesellschaften erlaubte er sich Mannigfaltigkeit der Speisen, nicht aus Ueppigkeit, sondern weil er des Glaubens lebte, allzu große Gleichförmigkeit kann jede unvermeidliche Abweichung gefährlich machen. Aber oft durfte doch das nicht kommen. Er gab als Pfarrer, so lange es Jahreszeit und Witterung verstatteten, seine Stunden meißt im Garten, ging fast an jedem Tage eine Stunde im Kreise fröhlicher Kinder spazieren, studirte fast nie nach zehn Uhr, stand fast nie zu spät auf, machte jährlich eine achttägige, auch wohl einige zweitägige Fußreisen, und so war's kein Wunder, daß seine Kraft und Gesundheit blühte. Bis zum dreißigsten oder zwei und dreißigsten Jahre war mein Zorn zu heftig, zu leidenschaftlich gewesen. Wäre das so geblieben, so wäre ich als Lehrer und Erzieher nie nützlich geworden, und ich lebte nicht mehr. Aber - ich weiß nicht, ob die Vernunft, oder die Reise der Jahre, oder der Mangel an Gelegenheit, mich zu ärgern, das Meiste thaten; genug, ich ward - ich will nicht sagen, ganz, wie ich's sein sollte, aber doch bedeutend ruhiger, und eben deßwegen ward mein Körper Wenig angegriffen. Ruhe, geselliges Vergnügen, Freude am Gelingen meiner Thätigkeit, verbunden mit der nie übermäßigen, aber auch nie schlechten Kost, scheinen meinen Körper so gestärkt zu haben, daß ich mir, - wenn nicht ein Schlagfluß, (zu dem Naturen wie die meinigen geneigt sind) oder der Bruch mich tödtet, ein Alter von achtzig Jahren wohl versprechen kann. Das ist bei der Lebensart, an die ich mich seit neun Jahren gewöhnt habe, um desto eher möglich. Als junger Mann unter sechzig Jahren besuchte ich in Königsberg die großen Mittags- und Abend-Gesellschaften, zu denen ich oft genug eingeladen wurde, und genoß wie ein Jüngling. Doch ich bemerkte bald, daß die Mittags-Schmause (von zwei bis fünf Uhr) meine Geschäffte, die Abend-Gesellschaften (von sieben bis zwölf Uhr) meine Ruhe störten. Was that ich? Ich machte an meinem sechzigsten Geburtstage durch meinen Freund Krause bekannt: Dinter kommt nun zu keiner ins Große gehenden Gasterei mehr. Ich habe Wort gehalten. Kleinen Gesellschaften, in sofern sie weder Geschäfft noch Ruhe störten, wohne ich noch bei. Ich nahm mir vest vor: Auch bei der größten Gesellschaft esse ich, außer der Suppe, nie von mehr als einem Gerichte. Ich reise daher oft drei Wochen umher, ohne einmal Braten zu essen, weil dieser nie das erste Gericht ist. In meinem Hause gibt's nie mehr als Ein Gericht, meinen Geburtstag ausgenommen, für den jährlich zwanzig Thaler bestimmt werden. Aber an gesellschaftlicher Erheiterung darf mir's nichts fehlen" (1829, 322f.).

Dinter legt einen persönlichen Rechenschaftsbericht vor. Schon das belegt, mit welch hohen moralischen Verbindlichkeiten das Gesundheitsthema in dieser Zeit aufgeladen ist. Das gilt jedenfalls für das soziale Milieu, dem Dinter angehört und dem der Hauptteil seiner Leserschaft angehören dürfte, für das gebildete Bürgertum. Dinters Beschreibung nimmt auf fast alle genannten Faktoren der Krankheitsverursachung Bezug. Was oben negativ als Krankheitsursache benannt wurde, erscheint hier positiv gewendet als eine Form der Gesunderhaltung. Der Akzent liegt dabei vor allem auf der „Mäßigkeit" des Verhaltens. Damit werden weniger bestimmte Handlungen als solche bewertet, als vielmehr der Stil einer ganzen Lebensordnung. Um welche Handlungen es sich im einzelnen handeln mag, es kommt immer auf das rechte Maß an, die „Regelmäßigkeit" des Verhaltens. Eine besondere Pointe ist es, daß der Mäßigkeitsimperativ hier sogar noch auf sich selbst angewendet wird, wenn es heißt, daß der Autor sich vor all zu großer Gleichförmigkeit gehütet habe, da diese die im Leben unvermeidlichen Abweichungen gefährlich gemacht hätte.

Dinters Rechenschaftsbericht über seine gesunde Lebensführung reflektiert einen Diskurs, der seit dem 18. Jahrhundert auch in anderen literarischen Formen geführt wird und als deren wirkungsvollste Formulierung wohl Hufelands 1796 erschienene „Makrobiotik" gelten kann. Darin wird eine Vielzahl von ähnlichen Verhaltensmaßregeln propagiert. Inhaltlich knüpft dieser Mäßigkeitsdiskurs und das damit verbundene Erklärungssystem für Krankheiten direkt an mittelalterliche Traditionen an. Die hippokratisch-galenische Tradition hatte sechs „res non naturales" als Steuerkreise der körperlichen Elemente und Säfte (der res naturales) postuliert: Licht und Luft, Speise und Trank, Arbeit und Ruhe, Schlafen und Wachen, Füllung und Leerung des Körpers sowie Gemütsbewegungen. In all diesen Kreisen galt es, ein rechtes

Maß walten zu lassen, um die Balance der res naturales nicht in Unordnung zu bringen.[2]

Der Mäßigkeitsdiskurs des späten 18. und frühen 19. Jahrhunderts stellt Krankheit und Gesundheit als Balance des Lebens unmittelbar in die Verantwortung des betreffenden Individuums.[3] Krankheit wird damit prinzipiell als selbstverschuldet angesehen. Sie ist nicht ein von außen kommendes Schicksal, sondern die Folge von Fehlern in der eigenen Lebensführung. Dinter spricht in seiner Autobiographie ausdrücklich von einigen „selbstverschuldeten" Krankheiten, die er sich durch Abweichungen von seiner sonst gesunden Lebensweise zugezogen hat (ebd., 321).

In diesem Zusammenhang bringt sich hier ein gesellschaftliches Zwangsmoment zur Geltung, das auf eine Intensivierung der Selbstkontrolle des Individuums abzielt und das in Theorien der Zivilisierung (Elias 1977) oder der Disziplinierung (Foucault 1977) als eine Grundtendenz in der Entwicklung der modernen europäischen Gesellschaften herausgestellt worden ist. Dabei ist das Aufleben dieses Diskurses eng mit den Lebensbedingungen und Leitbildern des aufgeklärten Bürgertums verwoben, das als sein eigentlicher Träger betrachtet werden muß.[4]

Ganz in diesem Sinne nimmt der Schriftsteller Knigge die Sorge für die eigene Gesundheit als eine der „Pflichten gegen uns selbst" in seinen Kanon bürgerlicher Tugenden auf (Knigge 1977, 82). Kant spricht mit Bezug auf

---

2 Vgl. Rather 1968. Der Schweizer Arzt Tissot hatte 1767 in seinem „Avis aux gens de lettres sur la santé" Gesundheit als weder zuviel noch zuwenig Bewegung in den Gefäßen bzw. der Flüssigkeiten des menschlichen Körpers konzeptualisiert (vgl. Foucault 1973, 30 f.). Ähnlich hatte 1796 der französische Arzt und Philosoph Cabanis den „état de parfaite santé" als „juste équilibre" vorgestellt (1956, I/109).

3 In den damaligen Krankheitsbegriffen wird noch keine begriffliche Trennung einer „subjektiven" und einer „objektiven" Dimension von Krankheit vorgenommen. Vor der Mitte des 19. Jahrhunderts wurde der Körper mit seinen Flüssigkeiten, Qualitäten und den guten oder schlechten Mixturen nicht „objektiv" wahrgenommen (Duden 1992, 43). Nur aufgrund der Umwandlung des Leibes in einen Körper, der vom Arzt betrachtet und definiert wird, war es möglich, daß die deskriptiven Begriffe zu heuristischen Instrumenten wurden - nicht nur für die ärztliche Diagnose, sondern auch für den Kranken (ebd.). Vor dieser Entwicklung der Laien-Experten-Beziehung gab es eine Osmose zwischen der Begrifflichkeit des Arztes und der des Kranken.

4 Noch heute spielt in (englischen) Mittel-Klasse-Familien die Balance eine große Rolle in „health moralities": vgl. Backett 1992.

Hufelands Formulierung, daß die moralische Kultur zur physischen Vollendung der Menschennatur beitrage, von einer Pflicht zur Diätetik (1964, 371). Das an Gesundheit orientierte mäßige Leben ist nur ein Ausdruck jener aufklärerischen Prinzipien, die mit der bürgerlichen Leitfigur des „Gelehrten" verbunden werden. „Meine schönste Medicin, dabey ich mich am allerbesten befunden, ist die Diaet" erklärt der Hildesheimer Superintendent Reimmann in seinem autobiographischen Rechenschaftsbericht in Sachen Gesundheit, „und habe ich mich in diesem Stück nach den Regeln und Exempeln anderer vernünftigen und gelehrten Leute gerichtet" (1745, 77).

So stark dieser Mäßigkeitsdiskurs auch auf einen Zwang zur Selbstkontrolle des Individuums abstellt, so hat seine Bedeutung für den bürgerlichen Alltag immer auch Grenzen. Auch das zeigt der oben zitierte Brief Reinhards: auf der einen Seite bringt er eine Mahnung zum Ausdruck, die dem Adressaten ein bestimmtes Verhalten abverlangt. Auf der anderen Seite handelt es sich dabei aber auch um die Aufforderung, sich von anderen gesellschaftlichen Anforderungen, insbesondere den mit der Arbeit verbundenen, zurückzuziehen. Anstrengende Arbeit" ist gleichsam die Essenz der bürgerlichen Lebensführung. Mäßigkeit ist in solchen Fällen nur eine Tugend, die mit vielen anderen konkurriert. Der Bezug auf „Mäßigkeit" legitimiert dann jedoch einen Rückzug von belastenden Alltagssituationen.

Kollektive Leiden

Viele der gefährlichen Krankheiten im späten 18. und im 19. Jahrhundert traten im Form größerer Epidemien auf. Das bedeutet, daß ein und dieselbe Krankheit zur gleichen Zeit größere Bevölkerungsgruppen betraf. Herzlich/ Pierret (1984) haben daher den kollektiven Charakter des Leidens als Hauptmerkmal dieser Epoche bezeichnet. Auch in den Autobiographien wird deutlich, daß Krankheiten oft als das verbindende Schicksal einer Gemeinschaft von Gleichbetroffenen erfahren wurden. „Die gute Gattin starb", schreibt der Göttinger Philosophieprofessor Feder über den Tod seiner Frau 1772, „an demselben faulen Fieber, welches damals so viele, junge und alte, von den Göttingischen Professoren, auch Achenwall und Schroeder, wegnahm" (1825, 81).[5] Die Gräfin Bernstorff erinnert sich noch an das Klima gemeinsamer Betroffenheit, das das erste Auftreten der Cholera - ihr werden wir uns im vierten Kapitel zuwenden - in Berlin 1831 auslöste. Man war gerade zu einer Taufe geladen, als sich die Nachricht von einem Todesfall auf einem Schiff bei der Marschall-Brücke verbreitete. „Natürlicherweise fanden wir die Gesellschaft sehr aufgeregt," schreibt sie, „und die gemeinsame Besorgniß brachte die sich bis dahin beinahe fremd gebliebenen Theilnehmer einander nahe" (Bernstorff 1897, II/215).

Wenn Krankheit als Kollektivschicksal erfahren wird, hat das auch Folgen für die Art und Weise, in der sie erklärt wird. Der Akzent liegt dann nicht mehr auf der individuellen Konstitution oder dem Verhalten des Einzelnen. Epidemien zieht man sich weniger durch sein Verhalten zu, sie „grassieren", wie Bräker von der Ruhr (1965, 204) oder Bernstorff von den „Frieseln" (*Pocken; d. Verf.*) schreiben (1897, I/68). Der bloße Hinweis auf ihr Auftreten und das „Befallen"-werden reicht daher als Erklärung oft aus. „Im Jahre 1782 überfiel mich die damals epidemische Influenza (...)" schreibt der Göttinger Orientalist und Theologe Michaelis (1793, 131) und geht nur auf die ihm sonderbar erscheinenden Begleitumstände seiner Erkrankung ein.

Bei vielen dieser Krankheiten kommen Erklärungsmodelle zum Tragen, die den Akzent stärker auf die ökologischen Rahmenbedingungen legen. Es sind die „Ausdünstungen", „Krankheitsstoffe" oder „Miasmen", die für das Auftreten epidemischer Krankheiten verantwortlich gemacht werden. Als Reichel in der Mitte des 18. Jahrhunderts im sächsischen Hermsdorf als Pfarrer lebt, herrscht dort oft ein Quartanfieber, „welches man dem dasigen Wasser Schuld gab" (1797, 74). Der Pfarrer Schmidt spricht von dem kalten Fieber, das in den 1780er Jahren mancher an der Donau Ankommende habe überstehen müssen (1968, 108). Der Historiker Lang berichtet um 1789 von einer Kleinstadt in der Nähe von Wien, daß dort „faule Ausdünstungen, die Nebel und der Regen diesen Ort zu einem der ungesündesten überhaupt machen" (1957, 86). Die Schriftstellerin Helmina von Chézy erwähnt die „Ausdünstungen" einer Zuckerfabrik in den späten 1820er Jahren (1858, II/279). Die Schrift-

---

5   Gottfried Achenwall, Historiker und Jurist, starb am 1.5.1772. Philipp Georg Schroeder, Mediziner, starb am 14.3.1772.

stellerin Charlotte von Kalb schreibt, daß sich ihre Mutter durch die „Feuchtigkeit der Kirche einen fieberhaften Anfall zugezogen" hat (1879, 26). Hier besteht eine deutliche Kontinuität zu dem oben angesprochenen Deutungszusammenhang, in dem ja auch Luft und Wasser eine entscheidende Bedeutung bei der Verursachung von Krankheiten zukam. Nach Corbin geht diese Beachtung, die der krankhaften Luft geschenkt wird, weit über den Rahmen neohippokratischer Vorstellungen hinaus und bildet in dieser Epoche den Bezugspunkt für eine ganze Reihe neuer medizinischer Forschungsarbeiten (Corbin 1984, 35ff.). Daß eine Gewöhnung an lokale Fiebermilieus möglich sei, war übrigens eine verbreitete Anschauung. „In der Umgebung herrschten damals hitzige Epidemien" erinnert sich die Schriftstellerin Charlotte von Kalb an eine Reise in den 1780er Jahren. „Die Frauen, so mich begleitet, des Klima's und der Lebensart nicht gewöhnt, erkrankten Beide" (Kalb 1879, 153).

Ein alternatives Erklärungsmodell: „Ansteckung"

In der Tradition spätmittelalterlichen Umgangs mit Pest und Lepra sowie der Theorien Fracostoros und anderer Ärzte der Renaissance über die kontagiöse Verbreitung der Syphilis kennt man auch im späten 18. und frühen 19. Jahrhundert die Vorstellung, daß bestimmte Krankheiten durch „Ansteckung" übertragen werden. Der Akzent liegt hierbei weniger auf dem individuellen Verhalten oder auf den ökologischen Verhältnissen eines Ortes, sondern auf der Übertragung der Krankheit im persönlichen Kontakt. Der Mineraloge Steffens erinnert sich, daß es im Kopenhagen der 1790er Jahre oft zu Krankheiten kam, die man „für ansteckend hielt" (1840, II/338). Nieritz, ein Lehrer und Jugendschriftsteller, berichtet, daß eine merkwürdig riechende Locke einer Toten den Verdacht erregt habe, ansteckend zu sein (1872, 238). Der Offizier Rellstab erklärt sich eine Scharlacherkrankung im Jugendalter dadurch, daß er sie von der Schule nach Hause „verpflanzt" habe (1861, 73). Der Jurist und Schriftsteller Baczko will sich auf keinen Fall „der Ansteckung durch das Nervenfieber aussetzen", da seine Gesundheit ohnehin schon geschwächt ist (1824, III/173). Der holsteinische Pfarrer Harms glaubt, sich durch den

Krankenbesuch bei einer von einem tollwütigen Hunde gebissenen Frau selbst die Hundswut zugezogen zu haben; er hatte eine kleine Wunde an der Hand:

> „Sie schien mir etwas roth zu sein und ich meinte einen kleinen Schmerz darin zu fühlen. Der Gedanke, du bist angesteckt auf dem Wege dieser leichten Verwundung, nahm überhand". Harms hilft sich zunächst, indem er sich durch seine gewöhnliche Arbeit, das Predigen, ablenkt. Schließlich kontaktiert er einen Arzt. „Allerdings er suchte die Krankheit zu einer leeren Einbildung zu machen ... und ich machte den Beschluß mit der dringenden Bitte, ärztlich mich zu behandeln, als wenn ich wirklich die Hundswuth in meinem Körper trüge." Der Arzt verschreibt eine Medizin. Als Harms am nächsten Morgen feststellt, daß seine Pupillen geweitet sind, sieht er auch darin ein Symptom der Krankheit. Der Arzt gibt ihm ein Buch zur Belehrung und zum Beweise seiner Ansicht, sein Patient sei nicht angesteckt; die Pupillenweiterung erklärt er für eine Wirkung des Medikaments. „Nach ein paar Tagen verloren sich meine Empfindungen und nach einigen Tagen mehr auch die Gedanken daran ..." (1851, 151f.).

Auch an diesem Text wird deutlich, daß es keineswegs nur die Ärzte waren, die in Verfolgung ihrer Status- und ökonomischen Interessen die Medikalisierung der Gesellschaft vorantrieben. Vielmehr war es ebenso die Nachfrage der Patienten nach medizinischen Ratschlägen und Dienstleistungen, die zur Dynamik dieses Prozesses beitrug. Hinsichtlich der meist epidemisch auftretenden Pocken ergänzen sich die Ansicht, daß die Krankheit ansteckend sei, und die, daß es sich um eine Krankheit handle, die insbesondere Kinder „befalle". Der kleine Sohn des Archivars Arneth wird 1849 „mittels der frisch gewaschenen Wäsche" durch eine „gewissenlose" Waschfrau angesteckt, deren Tochter an den Blattern erkrankt war (1891, I/434). Dagegen wird in vielen Autobiographien die Ansteckung nicht thematisiert, sondern werden die Pocken als Kinderkrankheit hingenommen. „In meinem neunten Jahre befiel ich mit den Kinderblattern", heißt es bei dem Lehrer und Schriftsteller Büsch (1794, 11), und: „Ich war noch dazu überaus glücklich durch die Pocken gekommen, die meiner Schwester desto mehr Schaden gethan hatten" bei dem Theologen Semler (1781/I, 9). Der Superintendent Reimmann spricht sogar von „sogenannten Blattern oder Kinderpocken" (1745, 73). Noch in den 1860er Jahren schreibt der Verwaltungsbeamte und Dichter Koenig über seine Jugend nach 1790:

Die „gewöhnlichen Kinderkrankheiten" verliefen leicht; ich überstand „auch die Blattern mit heiler Haut ... - und zwar die natürlichen, indem wir dürftigen Besitzer einer bloßen Ziege die Kuhpocken noch nicht kannten" (Koenig 1861, 80).

Der Häufigkeit der Krankheit entspricht eine differenzierte Semantik, in der auch eine Prozeßhaftigkeit deutlich wird, wie wir sie oben besprochen haben. Es gibt eher „harmlose" Steinpocken oder Steinblattern, die den gefährlichen Menschenblattern gegenübergestellt werden (Boyen 1953, 66), allerdings auch in „bösartiger Form" auftreten und Narben hinterlassen können (Ebrard 1888, 95); die „Schafblattern", die auch Menschen befallen und ebenfalls in „bösartige" übergehen können (Arneth 1891, I/434); ferner die „Spitzblattern" (Kügelgen 1924, 62) und die schwarzen Blattern (Nieritz 1872, 238).

„Ansteckung" und individuelle Verantwortlichkeit

Auch im Zusammenhang mit der Ansteckung wird dem individuellen Verhalten Beachtung geschenkt. Da aber Krankheiten durch den Kontakt zwischen Personen übertragen werden, kommt dem Verhalten zumindest indirekt eine wichtige Rolle zu. Hinsichtlich der Zurechnung von Verantwortlichkeit eröffnet das Ansteckungsmodell zwei prinzipiell gegensätzliche Optionen. Es sind gesellschaftliche Bewertungskriterien, von denen es abhängt, welche davon zum Tragen kommt. Oft führt das Ansteckungsmodell dazu, das Problem weniger im Verhalten des erkrankten Individuums selbst zu lokalisieren, als im Kontakt mit anderen, insbesondere Fremden. Gerade der Krieg, der Bevölkerungsmassen mobilisiert und durchmischt, wird oft als Grund ansteckender Krankheiten benannt. Der Publizist Fröbel erinnert sich an ein 1814 von den Kriegsscharen in die Gegend gebrachtes Lazarettfieber (1890, I/11). Der Offizier Hessen-Kassel glaubt, sich sein Podagrafieber dadurch zugezogen zu haben, daß er sich während eines Feldzugs an dem Fußsack seines Obristen angesteckt habe (1866, 1776). Als der preußische General Hiller von Gaertringen 1792 von einem Feldzug zurückkehrt, fühlt er sich unwohl und hat „bald erkannt, daß ich wahrscheinlich durch Ansteckung während des Rückzuges mir eine Hautkrankheit zugezogen" (1912, 51). Eine gegensätzliche Zurechnungsstrategie tritt vor allem im Zusammenhang mit den Geschlechtskrankheiten zu Tage, die klassifikatorisch noch wenig differenziert als „venerische Krankheiten" beschrieben werden. Durch die Erklärung dieser Krankheiten über den sexuellen Kontakt als Ansteckungsweg sind sie eng mit einem sozial stigmatisierten Lebensstil assoziiert. Diese „venerischen Krankheiten" sind es, die sehr viel expliziter als jene, die auf eine „unmäßige" Lebensführung zurückgeführt werden, mit stigmatisierenden Selbstverschuldensvorwürfen belastet sind. Der Gothaer Generalsuperintendent Bretschneider berichtet von einem Mitschüler auf der „gelehrte(n) Schule" in Chemnitz, der durch „lüderliches Leben" die venerische Krankheit bekommen habe und alle warnte, seinem Beispiel zu folgen. (1851, 31). Laukhard berichtet aus seiner Göttinger theologischen Studienzeit, daß dort venerische Krankheiten unter den Studenten weit verbreitet waren, es aber vermieden wurde, sich an einen Arzt zu wenden, da das Bekanntwerden der Krankheit den Ausschluß von der Universität zur Folge gehabt hätte (Laukhard 1908, 75).

Die Lokalisierung der Gefahr im interpersonalen Kontakt erlaubt aber auch einen besser kalkulierten Selbstschutz der Individuen, als die Theorie der Miasmen ihn zuläßt. Entweder werden die betroffenen Personen gemieden, oder - ein Privileg der Wohlhabenden - die betroffene Gegend wird verlassen. Da der Reisebegleiter des späteren Theologieprofessors von Hase während eines Italienaufenthaltes plötzlich am Scharlachfieber erkrankt, werden die beiden Reisenden von allen ihren dortigen Bekannten „wegen der Ansteckung" verlassen (Hase 1891, 213). Als Constance, die Tochter der Gabriele von Bülow und Enkelin Wilhelms von Humboldt, 1838 in Berlin am Scharlachfieber darniederliegt, ergreift eine Bekannte „mit den beiden ältesten Nichten sofort die Flucht nach Tegel" (Hrsg. in Bülow 1895, 398). Auch Helmina von Chézy läßt 1801 die Kinder aus dem Haus bringen, um sie vor der Ansteckungsgefahr durch die Masern zu bewahren (1858, I/224).

Solche Vorsichtsmaßregeln im Umgang mit ansteckenden Kranken, die sich nicht auf Fremde oder anonyme Massen beziehen und auch nicht, wie im Falle venerischer Krankheiten, auf einen ohnehin stigmatisierten Übertragungsweg, scheinen sich um 1800 erst langsam durchzusetzen und werden noch längst nicht von allen gleichermaßen akzeptiert. Caroline Pichler beklagt einen entsprechenden Wandel der Sitten, den sie seit ihrer Jugend zu beobachten glaubt. In ihrer erst sieben Jahrzehnte nach ihrem Todesjahre 1843 erschienenen Autobiographie schreibt sie im Zusammenhang mit einer Masernerkrankung um 1790:

„Während dieser Zeit hatten unsere jugendlichen Freunde und Freundinnen uns ohne alle Scheu an unseren Betten besucht, was uns höchst willkommen war. - Sei es nun, daß die meisten diese Krankheit schon gehabt hatten oder sich nicht davor fürchteten. Überhaupt erinnere ich mich recht wohl, daß dazumal (etwa die Kinderblattern ausgenommen, deren Verheerungen indessen die Inokulation schon mächtig entgegengearbeitet hatte) diese Scheu vor möglicher Ansteckung nicht so groß, so allgemein, so - ich möchte sagen, kindisch war wie jetzt, da man, wenn es nur angeht, das Haus nicht betritt, bei welchem bei irgendeiner Partei eine Kinderkrankheit: Scharlach, Masern usw. herrscht, oder es kaum wagt, einen Bedienten nach Erkundigung hinzusenden. Waren wir damals unbesonnener oder weniger egoistisch?" (Pichler 1914, I/167f.).

Diese Kritik verweist auf die hohe Belastung, denen persönliche Beziehungen durch ein ansteckungsvermeidendes Verhalten ausgesetzt sein können. Der Gesundheitsimperativ konkurriert hier mit den üblichen Anforderungen für die Abwicklung alltäglicher Interaktionen. Als der spätere Theologieprofessor Beyschlag 1846 einen am Nervenfieber darniederliegenden Freund besucht, rechnet dieser es ihm hoch an, daß er ohne Scheu zu ihm kommt (1896, 228). Auch der Schriftsteller Scheffner hebt anerkennend hervor, daß sein Vater, obwohl dieser selbst nie „gepockt" hatte, ihn während seiner Blattern liebevoll pflegt (1816, 56). Die Widersprüchlichkeit dieser beiden Verhaltensanforderungen zeigt sich in dem folgenden Brief, den Gabriele von Bülows Mutter Caroline von Humboldt 1801 aus Rom an Gabrieles Vater, Wilhelm, schreibt:

„In der Mitte des Maimonats begab es sich, daß die Tochter einer fremden Dame, die acht Monate hier zugebracht, Madame Brun, die Frau des reichen Banquiers dieses Namens in Kopenhagen, an dem Tage, an dem sie von hier ihre Rückreise antreten wollte, krank wurde. Die Masern erschienen drei Tage darauf. Wir hatten mit Madame Brun viel Umgang gehabt, besonders war ihre Tochter, ein liebenswürdiges und zwischen zehn und elf Jahren stehendes Kind, die intime Freundin Carolines geworden. Dennoch sahen wir uns in der Periode der Krankheit nicht, weil ich sie zu vermeiden suchte. Als aber die kleine Brun wieder genesen war, bat mich ihre Mutter so sehr, so inständig und dringend, ihr Caroline auf einige Tage anzuvertrauen, um ihrer Kleinen die Zeit zu verkürzen, daß ich es nicht abschlagen konnte. Ueber Caroline glaubte ich ganz sicher zu sein, denn sie hatte nach dem Ausspruch des Hofraths St.

die Masern gehabt. Ich trennte mich also auf einige Tage von ihr und gab sie Madame Brun. Den vierten Tag kam der Arzt und sagte mir, Caroline sei krank geworden und liege mit heftigem Fieber zu Bett" (Bülow 1895, 38).

Der Umgang mit der ansteckenden Kranken erfordert hier ein taktvolles Abwägen zwischen den Anforderungen des Schutzes vor eigener Ansteckung und der Aufrechterhaltung der sozialen Beziehung. Die Lösung dieses Konflikts geschieht mit Bezug auf das Erklärungsmuster, wonach jemand, der diese Krankheit schon überstanden hat, künftig vor ihr sicher ist. Die Zurechnung einer entsprechenden Krankheitsbiographie entscheidet somit über das Eingehen oder legitime Vermeiden sozialer Kontakte mit dem Kranken, eine Kalkulation, die in diesem Fall allerdings nicht aufging.

Vorzeichen

In der Frühen Neuzeit waren religiöse Krankheitserklärungen noch gang und gäbe. Diese Erklärungen konnten mit den Lehren der Kirchen übereinstimmen und waren damit legitimiert. Oder sie stimmten nicht damit überein und galten als illegitim. Der zeitgenössische Begriff der Magie umfaßte sowohl das Wirken göttlicher Kräfte in der Welt - Wunder z.B. - als auch das von Geistern u.ä.. Erst mit der Aufklärung wurde eine Welt des Magischen der Vernunft und der Religion gegenübergestellt (vgl. Thomas 1971; Kippenberg 1978). Im 17. Jahrhundert waren etwa in England Medizin und Astrologie noch keineswegs trennscharf geschieden (vgl. Wright 1979); in Köln waren religiöse volksmedizinische Praktiken in allen Bevölkerungsschichten durchaus verbreitet und wurden teils auch von kirchlichem Personal ausgeübt (Jütte 1991).

Zu Ende des 18. Jahrhunderts scheinen nach dem Zeugnis der Autobiographien derlei Praktiken jedoch bereits eher marginalisiert gewesen zu sein. Wir werden in Kapitel 3 auf dieses Thema zurückkommen. Hier geht es um die kulturellen Krankheitsmodelle, und wir werden sehen, daß im modernen Sinne magische Modelle im Bildungsbürgertum um 1800 quantativ und thematisch deutlich begrenzt sind. Dies läßt sich an den Vorzeichen für Krankheit zeigen.

48

Nur wenige Autoren berichten im Kontext mit Krankheit über Vorzeichen. Diese sind meist auf makabre Themen bezogen. Der evangelische Theologe und Pädagoge Dinter erzählt von einem Mitschüler, der ihm während seiner Schulzeit seinen Todestag „auspunctirt" habe. Als er zum angekündigten Zeitpunkt tatsächlich an der Ruhr erkrankt, ist er überzeugt, daß diese tödlich verlaufen wird (1829, 51). Der Schriftsteller Menzel schildert den „Aristokratentisch", einen Stammtisch im Stuttgarter Museum der 1830er Jahre:

> Der Apotheker Berg „hielt, während er sprach, wie er das oft zu thun pflegte, sein halb mit Wein gefülltes Glas in die Höhe, ohne es, weil er noch nicht ausgeredet hatte, an die Lippen zu setzen. Da plötzlich zersprang ihm das Glas in der Hand mit einem hellen Klange und war mitten durch gerissen. Berg selbst erklärte das Phänomen aus der Wärme seiner Hand, die auf das Glas gewirkt habe, doch trat in der heitern Gesellschaft eine bedenkliche Stille ein, weil nach einem alten Aberglauben ein Glas, welches von selbst zerspringt, dem der es hält, den Tod bedeutet, und wirklich fiel Berg schon in den nächsten Tagen, vom Schlage getroffen, auf der Straße um und war augenblicklich todt" (1877, 511).

Häufig werden Träume als Vorzeichen des Todes geschildert. So erwachte in den 1760er Jahren die Baronin von Bismarck eines Morgens „durch einen bösen Traum erschreckt", als die Amme ihre Tochter im Schlaf erdrückt hatte (Crome 1833, 55). Ähnlich träumte die Schriftstellerin Charlotte von Kalb als junge Frau zu Ende des 18. Jahrhunderts den Tod ihrer Schwester und ihres Vaters (1879, 23, 103).

Die bisher zitierten Beispiele zeigen, daß diese Vorzeichen relativ problemlos in den Alltag auch des bildungsbürgerlichen Milieus integrierbar waren. Gerade für dieses Milieu typisch ist der Versuch, für diese Phänomene eine naturwissenschaftliche Erklärung zu suchen. So berichtet der ehemalige Benediktiner und spätere Schriftsteller Bronner, wie seinem Vater, als dieser Flachsabfälle für den Winter zum Spinnen von den Bauern im Umland von Höchstädt (bei Dillingen an der Donau) holte, dessen Mutter in ihrer nächtlichen Todesstunde erschienen sei. Bronners Mutter und Geschwister „zweifelten damals gar nicht an der Richtigkeit dieser Geistererscheinung." Aus seiner späteren Perspektive erklärt Bronner jedoch das Phänomen mit einer Mischung von psychologischen und naturwissenschaftlichen Momenten:

„Nun war es wohl kein Wunder, wenn die starke Anstrengung seiner Augen, um den rechten Weg aufzufinden, auch ohne einen äußerlichen Gegenstand auf der Netzhaut ein phosphorescirendes Phänomen (physisches Ocularspectrum) bewirkte, und wenn seine Furcht diesem Lichtspectrum Gestalt und Bildung seiner todtkranken Mutter lieh" (Bronner 1795, I/79).

Wie unterschiedliche Deutungen nebeneinander bestehen können, zeigt die Autobiographie des Lehrers Nieritz. Er schreibt über einen hochbetagten Freund seiner Eltern in den 1820er Jahren, dessen Frau im Wohnzimmer aufgebahrt war. Der Mann wurde nachts durch einen entsetzlichen Knall geweckt, konnte im Zimmer jedoch nichts finden und meinte schon, „daß doch wohl seine Frau ihm habe ein Anzeichen auch seines baldigen Todes geben wollen". Schließlich entdeckte er, daß der Sargdeckel gesprungen war. Nieritz kommentiert:

„Wie oft schon mag das zu den Särgen verwendete nasse Holz durch sein Springen den Glauben an Todeszeichen erweckt und genährt haben!" (1872, 242).

Kapitel 2:
Kranke im häuslichen Kontext

Für die Zeit um 1800 ist es charakteristisch, daß selbst im Falle schwerer Erkrankungen der Kranke innerhalb seiner häuslichen Lebensverhältnisse verbleibt. Was kennzeichnet die Situation des Kranken? Wie bestimmt sie seine Beziehungen zu Angehörigen usw.? Was sind die Probleme, die das Kranksein um 1800 stellt, und welches sind die Ressourcen, die dem Kranken zu ihrer Bewältigung zur Verfügung stehen? Krankheit wird vorwiegend innerhalb der Familie oder zumindest in familienanalogen Sozialzusammenhängen bewältigt. Die Hospitalisierung bleibt dagegen, wie im fünften Kapitel zu zeigen sein wird, bis ins späte 19. Jahrhundert eher eine Ausnahme. Von „der" Familie als einem einheitlichen Muster sozialen Zusammenlebens kann in dieser Zeit allerdings noch nicht die Rede sein. Bis weit in das 19. Jahrhundert hinein ist die Familie für den größten Teil der Bevölkerung noch kaum als eigenständiger Sozialraum gegenüber anderen Handlungszusammenhängen ausgegrenzt. Die Lebensform, die heute gemeinhin mit diesem Begriff verbunden wird, ist eine Erfindung des Bürgertums und eng mit dessen Lebensbedingungen verbunden. Im 18. Jahrhundert entsteht hier das Leitbild einer Familie, das Rosenbaum durch drei hervorstechende Merkmale charakterisiert. Erstens durch die Intensivierung und Intimisierung der Ehebeziehungen, zweitens durch die zentrale Bedeutung der Kinder und ihrer Erziehung: „Kindheit" als ein besonderes Lebensalter grenzt sich aus, und drittens durch die Abschottung der Familie als privater Sphäre von den anderen Lebensbereichen (vgl. Rosenbaum 1982, 251).

Dieses neue Familienleitbild hängt eng mit den Lebensbedingungen des sich neu formierenden Bürgertums zusammen. In den verschiedenen Formen der ländlichen Bauernfamilie oder der Handwerkerfamilie wird das Zusammenleben dagegen eher durch die Imperative von Arbeit und Haushalt bestimmt; wenn vorhanden, werden auch das Gesinde bzw. die Gesellen in die alltägliche Lebenssphäre miteinbezogen. Im Adel werden größere Gentilzusammenhänge allmählich durch kleinere familiäre Strukturen ersetzt (Trumbach 1978).

Der Schauplatz: Das häusliche Krankenbett

Die Vielfalt der Lebensbedingungen und die entsprechende Differenziertheit der sozialen und ökonomischen Ressourcen geben der Krankheitsbewältigung unterschiedliche Rahmenbedingungen vor. Im Adel und im Bürgertum führt Krankheit zunächst dazu, daß entsprechende räumliche Arrangements getroffen werden. In den Autobiographien wird oft davon erzählt, daß ein „förmliches Krankenzimmer" eingerichtet wird (so der Schauspieler Holtei 1898, II/93). Fuchs, ein Kölner Jurist und Bürgersohn, berichtet aus der 1770er Jahren:

> „An einem Nachmittag kam mein Vater früher wie gewöhnlich nach Hause und klagte sich. Gleich wurde auf unserm gewöhnlichen Wohnzimmer im ersten Stock gartenwärts ein Feldbettchen aufgeschlagen zum Ausruhen. Als aber der herbeigerufene Arzt erklärte, es würde eine Krankheit ausbrechen, wurde er auf das Blaue Zimmer neben dem Kontor gelegt" (Fuchs 1912, 70).

Über ein Scharlachfieber, an dem während seiner Kinderzeit bis auf den Vater und die Köchin die ganze Familie erkrankt war, schreibt der Offizier Rellstab:

> „Der leichteren Uebersicht wegen, waren die sämmtlichen Krankenbetten der Familienmitglieder in unsere beiden großen Wohnzimmer, jedes von vier Fenstern Front, geschafft worden. Die Einrichtung glich einem völligen Lazareth" (Rellstab 1861, I/73).

Ebrard berichtet über die tödliche Krankheit seines Vaters 1827; es handelt sich um einen Pastorenhaushalt in Erlangen:

> „Aber auch diese letzten Gänge hörten in den ersten Tagen des September auf. Der Lehnsessel aus der Konsistoriumstube wurde heruntergebracht, und der Kranke brachte nun die Tage abwechselnd in diesem Stuhle und auf dem Kanapee zu. (...) Einige treue Freundinnen meiner Mutter unterstützten sie

getreulich in diesen letzten schweren Tagen in der Pflege des ehrwürdigen Kranken" (Ebrard 1888, 45).

Der Gatte der Gräfin Bernstorff verbringt eine Krankheit, weil er die Treppe nicht steigen kann, im „von oben beleuchteten Saal" (1897, II/24).

Man kann davon ausgehen, daß die Einrichtung eines speziellen Krankenzimmers auf den Adel und das Bürgertum begrenzt ist. Beschreibungen für das räumliche Arrangement der Krankheit in der Bauern- oder Handwerkerfamilie sind in den Autobiographien nicht zu finden. Bedenkt man aber, daß es hier, wie Rosenbaum über die Bauernfamilie feststellt," noch bis weit in das 19. Jahrhundert hinein keine speziellen Räume zum Schlafen" gegeben hat (1982, 107), dürfte schon aufgrund der Wohnverhältnisse gar keine Möglichkeit für eine entsprechende lokale Ausdifferenzierung des Krankenbetts bestanden haben. Selbst der Historiker Gervinus, der als Sohn „einfacher Bürgersleute" in Darmstadt aufgewachsen ist, erinnert sich noch des „Krankenbettchens, in dem gleichzeitig mit mir selber dieses Kind *(sein Bruder, d. Verf.)* an den Rötheln niederlag, an denen es starb" (Gervinus 1893, 13).

Aus heutiger Sicht liegt es nahe, die Einrichtung eines speziellen Krankenzimmers mit der Ansteckungsgefahr zu erklären. Tatsächlich spielte das Konzept der Ansteckung, wie wir in Kapitel 1 gesehen haben, eine große Rolle. Jedoch werden solche Motive in den Autobiographien nicht genannt. In anderem Zusammenhang hat Goudsblom (1979) darauf aufmerksam gemacht, daß der Verweis auf die Ansteckungsgefahr oft nur eine historisch nachgeschobene Rechtfertigung für Verhaltensänderungen war, die andere Gründe hatten. Möglicherweise liegt die Bedeutung dieser Praxis nicht so sehr im Schutz vor Ansteckung, als in der Ausgrenzung der Krankheit als einer spezifischen sozialen Situation. Sie organisiert einen abgegrenzten Raum von Intimität, der das Krankheitsgeschehen von den normalen Alltagsgeschäften entkoppelt. Die Gräfin Bernstorff spricht von der „Muße des Krankenzimmers" und ihrem „stillen Leben im Krankenzimmer", das sie bei ihrem kranken Gatten verbringt (1897, II/46f.).

Trotz seiner Einbettung in den familiären Rahmen stellt das Krankenbett aber immer auch einen öffentlichen Ort dar. Es bildet den Brennpunkt einer oft bunten Krankenbettgesellschaft. Neben den Krankenbesuchen der Pastoren, die in deren Autobiographien häufig ausführlich beschrieben werden (z.B.

Harms 1851), sind es vor allem Angehörige, Freunde und Nachbarn, die sich am Krankenbett versammeln. Der Historiker Leo berichtet aus seiner Breslauer Studienzeit 1817 von einem kranken Kommilitonen, daß man auf dessen Zimmer immer „eine angenehme Gesellschaft" gefunden habe (1880, 122). Die Schriftstellerin Pichler schreibt von der Krankheit ihres Bruders um 1800, daß sich bei ihm zeitweise täglich ihr gemeinsamer Freundeskreis in dem geräumigen Zimmer versammelt habe. „Wir schwätzten, spielten Karte, andere kleine Gesellschaftsspiele, die sich sitzend und ruhig spielen ließen" (1914, I/252f.).

Krankheit geht meist auch mit einer hohen Belastung für die Familie des Kranken einher. Dies gilt vor allem für bildungsbürgerliche Autoren, deren Lebensverhältnisse sehr viel mehr durch ökonomische Bedrängnisse bestimmt sind. Entsprechend enger ist daher der Spielraum für die Delegation der mit der Krankheit eines Familienmitglieds verbundenen Lasten auf Dienstboten, Wärter usw. Ebrard schreibt, daß die „ganze gewohnte Hausordnung aus den Fugen war", als sein Vater im Sommer 1820 erkrankte (1888, I/12). Es gibt für die Angehörigen in solchen Fällen viel zu tun: Arbeiten, für die der Kranke ausfällt, müssen übernommen werden. Er ist zu pflegen und bedarf emotionalen Zuspruchs. Oft müssen aufreibende Nachtwachen am Krankenbett abgeleistet werden. Der oben zitierte Fuchs mußte während der Krankheit seines Vaters „alles allein besorgen, wirklich eine harte Aufgabe, da ich um meine Studien fortzusetzen, meist morgens um drei oder vier Uhr aufstand" (1912, 70). Krankheit als Muße zu erfahren, wie dies die Gräfin Bernstorff tat, ist daher vor allem ein Privileg des Adels.

Nicht immer werden Kranke in ihrer eigenen Familie gepflegt. Das hängt dann mit deren spezifischer Lebenssituation zusammen. Zwischen der eigenen Familie und dem Spital als pflegerischer Ersatzinstitution gibt es jedoch auch verschiedene andere Arrangements, die dann diese Funktion erfüllen können. Als die Soldatentochter Engel von Langwies erkrankt, nachdem sie das Elternhaus verlassen hat, wird sie von Wirtsleuten aufgenommen und gepflegt (1825, 21). Der Jurist und Schriftsteller Baczko, der allein in Königsberg lebt, hat Umgang mit einer 80jährigen Frau, die ihm „mit zuvorkommender Güte (...) während einer Krankheit jede Erleichterung schaffte" (1824, II/147). Der Maler Grimm berichtet aus seiner Studentenzeit in München, daß immer, wenn ihm unwohl gewesen sei, seine Zimmerwirtin für ihn gekocht und seine Pflege übernommen habe (1911, 119). Manchmal wird anstelle von oder ergänzend zu den Familienangehörigen die Hilfe bezahlter „Wärterinnen" in Anspruch genommen. Das können sich vor allem Adelige leisten. So kann sich die Schriftstellerin Charlotte von Kalb die Nachtwachen am Bett ihrer Pflegemutter mit einigen Wärterinnen teilen (1879, 62). Aber auch ein Alleinstehender, wie der Dichter Bronner, läßt sich 1790 vom Arzt dazu überreden, eine Wärterin zu dingen (1795, III/37). Manchmal wird die emotionale Distanz zu den familienfremden und oft sozial niedriger stehenden Wärterinnen problematisiert. Die Schriftstellerin Johanna Schopenhauer spricht zum Beispiel von „fühllosen Krankenwärterinnen", unter deren Händen Goethes Frau gestorben sei, weil es während ihrer grausamen Krämpfe niemand bei ihr ausgehalten habe (1986, 395). Hier macht sich deutlich jenes auf Intimisierung und soziale Abgrenzung ausgerichtete Modell der bürgerlichen Familie geltend, vor dessen Hintergrund die Anwesenheit von Fremden in einer emotional geprägten Situation als Problem erscheint. Andererseits zeigt sich aber auch die Ambivalenz dieses Modells, da gerade die emotionale Bindung an die Kranke es für die Angehörigen so schwer macht, ihr Leiden zu ertragen (Knigge 1977, I/149f.).

Im Gegensatz zur Pflege durch fremde Wärterinnen wird die durch Familienangehörige geradezu zum Bewährungsfall dieses bürgerlichen Familienmodells. Oft wird die Pflege durch mitfühlende Angehörige zu einem aufopfernden Liebesdienst, auch wenn Pflegerinnen eingesetzt werden. In Zusammenhang mit der Pflege setzt sich um 1800 eine geschlechtsspezifische Bewertung durch, die im wesentlichen der Arbeitsteilung zwischen der für die innerfamiliären Angelegenheiten zuständigen Hausfrau und dem für die Außenbeziehungen zuständigen Ehemann entspricht.[1] In der Realität der bürgerlichen Familie ist es zwar meist unvermeidbar, daß auch Männer mit pflegerischen Aufgaben belastet werden. Das zeigen die Beispiele des Juristen Scheffner, der während seiner Blattern liebevoll vom Vater gepflegt wird (1816, 56), oder des jungen Fuchs, der seinerseits den kranken Vater pflegt (1912, 70). Ein weiteres Beispiel ist das des Schauspielers Holtei, der sich die

---

1   Vgl. Weber-Kellermann 1988, 49.

Nachtwachen am Krankenbett seiner Pflegemutter mit deren Tochter teilt und der (allerdings erst zu Ende des Jahrhunderts) reklamiert, daß er „nicht ohne angeborenes Talent zur Krankenpflege" sei (1898, I/219). Wenn Frauen Krankenpflege leisten, wird dies dagegen weniger auf individuelles Talent zurückgeführt. Hier deutet sich ein Verständnis von Krankenpflege und „Aufopferung" als spezifischer Bestimmung und Fähigkeit des weiblichen Geschlechts an. Der Offizier Boyen lobt die „mütterliche, sich ganz aufopfernde Pflege" seiner Tante, die sich während seiner Blattern um ihn kümmerte (1953, 67). Auch der Archivar Arneth beschreibt die Pflege seiner Frau durch seine Mutter als „aufopfernd" (1891, II/105). Der Schriftsteller Reichard berichtet von einer Kranken, die er in den 1780er Jahren mehrmals täglich besuchte, daß eine Freundin „sich mit vollem, liebendem Herzen der Pflege und Wartung hingab" (1877, 183). Nicht zufällig sind es auch ihre „Freundinnen", die Ebrards Mutter pflegen (Ebrard 1888, 45). Aber auch die Adelige von Kalb verbringt, obwohl hierzu Wärterinnen zur Verfügung stehen, abwechselnd mit diesen jede dritte Nacht am Krankenbett ihrer Pflegemutter (1879, 62).

Wie die Kranken ihre Krankheit erleben und welche Aktivitäten sie im Krankenbett entwickeln, hängt nicht zuletzt von der Art ihrer Krankheit ab. Schopenhauer erinnert sich zum Beispiel an ein Nervenfieber in ihrer Kindheit:

> „Nun aber fing meine eigentliche Qual erst an, die bei meinem sehr langsam fortschreitenden Genesen immer peinlicher mich drückte. Völlig entkräftet lag ich da, nur einzelne Stunden konnte ich, von vielen Kissen unterstützt, in meinem Bette aufrecht sitzen; (...) die Gegenwart mehrerer, besonders fremder Personen, war mir unerträglich, im ganzen war jeder Besuch mir verhaßt, ich verstand kein Wort von dem, was gesprochen wurde, denn ich war aus Nervenschwäche fast völlig taub. Bei alledem litt ich unbeschreiblich an der quälendsten Langeweile; doch nichts von allem, was Mutter, Freunde, Verwandte zu meiner Unterhaltung ersannen und herbeibrachten, konnte auch nur minutenlang mir gefallen" (Schopenhauer 1986, 119).

Dem steht das Bild der Krankheit als einer willkommenen Gelegenheit zur Muße gegenüber:

> „Als Folge der Erkältung musste ich mit einem geschwollenen Gesicht wochenlang das Bett hüten. Da hatte ich Zeit, über den Glauben der Alten

nachzudenken (...). In den besseren Stunden excerpirte ich im Bette griechische Handschriften" (so der Philologieprofessor Creuzer 1848, 52).

Dem Juristen und Politiker Hohenlohe-Schillingsfürst ermöglicht das „Einförmige des Krankenbettes", wenn nicht besondere Schmerzen auftreten, als „Denkfähigen" sogar manche angenehme Stunde (1907, I/20). Gerade die Krankenbettlektüre ist zumindest im bürgerlichen Milieu eine typische Beschäftigung des Kranken. Für die bürgerlichen Gelehrten wie Creuzer ist das bisweilen eine gemäßigtere Fortsetzung ihrer gelehrten Berufstätigkeit. Anderen dient sie zum „Zeitvertreib" (der Orientalist Michaelis 1793, 135) oder zur „Verscheuchung der Langeweile" (Baczko 1824, I/97). Auch für Johanna Schopenhauer ist es die Lektüre der „Physiognomischen Fragmente" Lavaters,[2] durch die sie sich von ihrer „Qual erlöst" fühlt (1986, 120).

An vielen Stellen zeigt sich in den Autobiographien, daß auch das Verhalten des Kranken einer strengen sozialen Kodifizierung unterworfen ist. Der Stilisierung von Aufopferung und Mitgefühl auf Seiten des Publikums, wie sie am deutlichsten in der weiblichen Krankenpflege Gestalt annimmt, steht eine Kodifizierung des Patientenverhaltens gegenüber, die vor allem um das Problem der Selbstkontrolle kreist. Mit „unaussprechlichem Schmerz" registriert die Schriftstellerin Chézy, daß ihre kranke Großmutter nicht mehr darauf achtet, wenn sich Fliegen in ihre Augenwinkel setzen (1858, I/95). Auf der anderen Seite wird immer wieder anerkennend hervorgehoben, daß der Kranke sich seiner Krankheit gegenüber als übermächtig erweist:

„Aber ich machte mich stark, und gab ihnen, von meinem Krankenbette aus, eine Lektion voll Feuer und Wahrheit" (der Theologe Huber 1798, 73).

„Seine innere Heiterkeit und Ruhe verließen ihn nicht, so sehr auch seine körperlichen Kräfte abnahmen. Sein Gedächtniß war ihm in der Erinnerung schöner Stellen aus Dichtern aller Nationen immer getreu geblieben" (Hrsg. über den Arzt und Naturwissenschaftler Reimarus 1814, 97).

„Er litt viel, und seine Schmerzen waren unbeschreiblich; aber er erduldete sie mit der unbegreiflichsten Standhaftigkeit, und es entfuhr ihm kein unwilliges Wort" (der Kaufmann Selig 1783, 165).

---

2 Johann Kaspar Lavater (1741-1801), Schweizer Schriftsteller; die „Physiognomischen Fragmente" erschienen in vier Bänden 1775-1778.

Ähnlich wie in manchen der erwähnten ätiologischen Konzepte, spiegeln sich auch hier die allgemeineren Züge der bildungsbürgerlichen Lebensform. Trägt die „Natur" des Kranken eine Schlacht um dessen körperliche Existenz aus, so verteidigt der Kranke in seinem Verhalten seine soziale Existenz - genauer, seine Integrität als soziales Verkehrssubjekt. Er darf sich den Mächten nicht ausliefern, die seinen Körper besetzt halten. Sein Schmerz darf sich nicht unmittelbar, gleichsam unter Umgehung der kulturell geregelten Bahnen sozialer Kommunikation, Ausdruck verschaffen. Durch die in den zitierten Stellen beschriebenen Praktiken demonstriert der Kranke, daß sich seine Krankheit auf den Körper beschränkt und ihn in den Hinsichten, die seine Subjektivität als Bildungsbürger ausmachen - intellektuelle Fähigkeiten, Gelehrsamkeit, Selbstkontrolle - unbeschädigt läßt. Auch in dieser Hinsicht spiegeln sich also in der Kultur der Krankheit Züge, die die Kultur des Bildungsbürgertums im allgemeinen auszeichnen. Sie ist, wie jede andere kulturelle Praxis auch, ein Ausdruck des bildungsbürgerlichen Habitus, dessen tragende Dimensionen Mäßigkeit, individuelle Selbstkontrolle und Leistungsfähigkeit sind.

Ökonomische Nöte

Für den Kranken und seine Familie ist Krankheit häufig auch mit finanziellen Bedrängnissen verbunden. Während einerseits die normalen Alltagsgeschäfte ruhen, fallen neue Kosten an, für die Apotheke, für den Arzt, für Wärterinnen oder für längere Kuraufenthalte. In den Quellen finden sich einige Beispiele für solche ökonomischen Probleme und die entsprechenden Bewältigungsstrategien der Patienten. Stirbt der Kranke, so hinterläßt er nicht selten Schulden oder fällt zumindest als Ernährer für seine Familie aus. Chézy muß in den 1820er Jahren auf eine angemessene Kur für ihren Sohn verzichten, weil sie sich einen Aufenthalt an einem weitentlegenen Kurort nicht leisten kann (1858, II/249). All dies wird um so eher zum Problem, je schwächer die Position des Kranken innerhalb des sozialen Privilegiengefüges ist. Der Schriftsteller und Politiker Blum schreibt aus seiner Kindheit in der ersten Hälfte des 19. Jahrhunderts über die Krankheit seines Vaters, eines Böttchers, und über das „Elend der Armuth, das die lange Krankheit und der Tod des Ernährers über die Familie brachte" (1878, 9f.). Aber auch der Orientalist Bohlen, zu dieser Zeit Student, muß, als er im Winter 1824 mehrere Wochen an einem rheumatischen Fieber darniederliegt, sich „zum Verkaufe einer ziemlichen Sammlung von classischen Auctoren in den besten Editionen" entschließen, um sich das Notwendigste nicht versagen zu müssen (1840, 61). Der Schriftsteller Seume berichtet im Zusammenhang mit der tödlichen Krankheit seines Vaters, daß man „mehr als zweihundert Taler umsonst verdoktert" habe. Er hinterließ die Geschäfte in der „mißlichsten Lage und meine Mutter als Witwe mit fünf Kindern (...). Es entstand eine Art von Konkurs, wobei aber durchaus niemand einen Heller verlor; nur blieb meiner Mutter nichts als die winzige Summe von zweihundert Talern, wofür ihr ein kleines Häuschen gekauft wurde" (Seume 1971, 22).

Es gibt um diese Zeit noch kein ausgebautes Krankenversicherungswesen, so daß die Kranken auf andere Formen sozialer Unterstützung angewiesen sind, wenn sie es vermeiden wollen, in das Spital zu gehen. Als der junge Student Baczko in den 1780er Jahren an einem folgenschweren Augenleiden erkrankt, ist es sein Vater, ein verarmter ostpreußischer Rittergutsbesitzer, der ihm Geld nach Königsberg schickt:

„Er bezahlte den Arzt, Wundarzt und die Arzeneimittel, meinen Tisch, die Wohnung, das Honorar für gehörte Vorlesungen, und gab mir einige Thaler. Ich wußte, daß er für seine zerrütteten Vermögensumstände viel gegeben hatte. Theils that es mir wehe, theils fürchtete ich mich auch, viel von ihm zu fordern; ich hoffte ja bald eine Bedienung zu haben, und alsdann alles bezahlen zu können. Aber meine gefährliche Krankheit hatte meine Gläubiger erschreckt; alles strömte jetzt auf mich zu. Auf manche sehr drückende Weise mußte ich jetzt Geld borgen um die dringendsten zu befriedigen" (Baczko 1824, I/251).

Auch in ökonomischer Hinsicht kommt den Familienangehörigen also eine wichtige Rolle bei der Unterstützung des Kranken zu. In anderen Fällen sind es Freunde und Gönner, wie der Philosophie- und Theologieprofessor Reinhard, der seinem früheren Schüler und späteren Kollegen Krug in dessen Nervenfieber „freundschaftlich seine Börse" anbietet. Seitens des Kranken bestehen dabei jedoch starke Skrupel, dieses Angebot anzunehmen. „Aber ich schämte mich," schreibt Krug „von dem Gönner Geld zu borgen, fürchtend, er möcht' es für Bettelei halten". Nur einmal in der höchsten Not habe er von ihm fünfzig Taler geborgt (Urceus 1825, 104). Ähnliche Probleme, Geld von anderen anzunehmen, ergeben sich auch, wenn über Standesgrenzen hinweg ein sozial niedriger stehender Patient unterstützt wird. Als der am Hofe lebende Schriftsteller Reichard 1796 auf ärztlichen Rat nach Karlsbad reisen soll, nötigt ihm der Herzog 100 Dukaten als Notpfennig für unvorhergesehene Zufälle auf. Reichard gibt das gesamte Geld bei seiner Rückkehr zurück, ohne es angetastet zu haben (1877, 308).

Diätetik und Selbstmedikation

Auch wenn bereits viele Ärzte und Heiler zur Verfügung stehen, ist die Behandlung von Krankheit um 1800 nicht allein die Sache der Heilpersonen. In den Autobiographien wird auch im Zusammenhang mit relativ schweren Krankheiten immer wieder von einer eigenständigen Behandlung von Krankheiten durch den Patienten oder andere medizinische Laien berichtet. Vor allem gilt das für die Landbevölkerung und die städtischen Unterschichten. Schon aus ökonomischen Gründen hat die Selbstmedikation hier Priorität gegenüber dem Arztkontakt. Der Schriftsteller und Verwaltungsbeamte Koenig, der in ärmlichen Verhältnissen in Fulda aufgewachsen ist, schreibt:

> „Freilich ließen Familien von unserm Budget nicht so leicht einen Arzt an sich kommen, hinter dem sie auch gleich den Apotheker stehen sahen. Und wozu hätten wir denn auch im Frühling die Schlüsselblumen gesammelt und verwahrten in reinlicher Schachtel die getrocknete Holunderblüte?" (1861, 81).

Aber auch andere Patienten behandeln ihre Krankheiten selbst. Gerade im Bürgertum herrscht das Leitbild vom Patienten als „eigenem Arzt" vor, das sich in der einer ganzen Reihe ähnlich betitelter Publikationen niederschlägt (vgl. auch Knigge 1967, II/302f.). Innerhalb des Bürgertums herrschte bereits im 17. Jahrhundert eine starke Skepsis gegenüber der Medizin, die in den Dramen Molières und anderer artikuliert wurde. Wie Göckenjan (1985) gezeigt hat, wurden die Ärzte lange mit der alten gesellschaftlichen Privilegienordnung identifiziert, an der sich das aufklärerische Bürgertum zunehmend

zu reiben begann. Eine Art anti-medizinischer „Selbstregulierungsdoktrin"
(Göckenjan 1985) setzte auf die prinzipielle Selbstverantwortlichkeit des
Individuums, das durch eine mäßige Lebensordnung Krankheiten verhüten
sollte. Aber auch manifeste Krankheiten werden nicht selten von Patienten in
eigener Regie bewältigt. 1789 vertreibt zum Beispiel der Philosoph Krug auf
eigenwillige Weise ein Fieber:

> „Ich hatte zwar nur ein gewöhnliches kaltes Fieber, konnt' es aber nicht los
> werden; es kam immer nach acht bis vierzehn Tagen wieder, vermuthlich, weil
> ich nicht genug Diät hielt. Endlich vertrieb ich mir's durch eine Desperations-
> kur von meiner eigenen Erfindung. Ich aß zwei Heringe, trank zwei Flaschen
> Merseburger (bekanntlich ein starkes und sehr bitteres Bier) dazu und lief dann
> so lange und so weit, bis ich vor Hitze und Mattigkeit niedersank. Ich fiel nun
> in einen tiefen und langen Schlaf, und als ich wieder aufwachte, war ich
> gesund wie ein Fisch im Wasser" (Urceus 1825, 73).

Krug bezeichnet dieses Heilverfahren rückblickend als „homöopathisch" und
nimmt damit für sich in Anspruch, dem Begründer der Homöopathie, Samuel
Hahnemann, zuvorgekommen zu sein (ebd., 74). Hinsichtlich der hohen
Dosen, die er benutzt, ähnelt es jedoch eher den „heroischen Therapien" des
Brownianismus als der Homöopathie, die ja gerade auf einer minimalen
Verwendung von Wirkstoffen beruht. Die Art der Mittel, die er dabei verwendet, unterscheidet sich nicht prinzipiell von den auch sonst üblichen
Selbstmedikationspraktiken, die als „Hausmittel" charakterisiert werden
können. Hierbei handelt es sich meist um Kräuter, Tees oder um normale
Nahrungsmittel, die auch sonst in der alltäglichen Lebenssphäre vorhanden
sind. Koenigs Bericht, daß man im Sommer Schlüsselblumen und Holunder
sammelt, um im Winter Krankheiten behandeln zu können (1861, 81), haben
wir bereits zitiert. Der Dorflehrer Rietschel leiht sich in den 1810er Jahren
eine Presse aus, um damit Löwenzahnsaft herzustellen, den er als Heilmittel
verwendet (1881, 34). Der Maler Kügelgen trinkt Eselsmilch (1924, 254). Der
„Großätti" des Kleinbauern und Webers Bräker bindet sich, nachdem er sich
einen Dorn in den Daumen gestochen hat, frischwarmen Kuhmist darauf. Als
die Hand schwillt und er entsetzliche Hitze spürt, geht er zum Brunnen und
wäscht die Hand wieder ab. All das hat jedoch keinen Erfolg: fünf Monate
später stirbt der Großvater, und zwar, wie Bräker rückblickend meint, an den
Folgen dieser Kur (1965, 24). Dem Offizier Hiller von Gaertringen wird 1792

während eines Feldzugs von einem Bekannten geraten, sich einzureiben und zu schwitzen (1912, 51). Der Schauspieler Holtei bereitet sich ein Getränk aus „Thee, Arac und Zucker" (1898, I/435). Der Theologe Bahrdt schreibt, daß er während einer Erkältung eine Quantität Rhabarber zu sich genommen habe (1922, 443). Gegen eine Arsenvergiftung nimmt der spätere Mineraloge Steffens in seiner Jugend Milch und Öl ein (1840, II/48). Auch die Vorstellung, Krankheiten durch Laufen überwinden zu können, wie Krug es beschreibt, dürfte damals keineswegs selten gewesen sein. So wird auch in einer anderen Autobiographie berichtet, wie sich jemand - diesmal auf Anraten eines Freundes - ein „dreytägiges kaltes Fieber" durch Laufen einstweilig vertreibt (Bronner 1795, I/165f.).

In den 1830er Jahren kommt der Lehrer Nieritz eines Tages krank nach Hause und bringt sich durch einige Tassen warmen Lindenblütentees zum Schwitzen. Ohne ärztliche Hilfe, allein durch das Schwitzen verschwindet die Krankheit, eine schwere Grippe (Nieritz 1872, 321). Auch der Alkohol findet manchmal bei Gesundheitsbeschwerden Verwendung. Über seinen Vater, einen Professor in Rostock, berichtet Wilbrandt noch aus der Zeit um 1840:

> „Sein Arzt war er selbst, seine Apotheke war die sogenannte Schenke, der Eckschrank im großen Wohnzimmer: vielleicht alle fünf, sechs Jahre einmal kam er aus seinem Arbeitszimmer und öffnete die Schenke, füllte sich ein Gläschen mit Rum: im Magen ein kleines Mißgefühl. Der Rum tat seine Schuldigkeit, der Mann war wieder gesund" (Wilbrand 1907, 5f.).

Es gibt aber auch medizinische Laien, die eigene Arzneimittel entwickeln und damit weit in das Gebiet der Pharmakologie eindringen. Bekannt dafür ist der Graf Saint Germain,[3] den der Offizier Hessen-Kassel in den 1770er Jahren in Altona kennenlernt.

> „Er kannte die Kräuter und Pflanzen aus dem Grunde und hatte Arzneien erfunden, deren er sich beständig bediente, und welche sein Leben und seine Gesundheit verlängerten. Ich habe noch alle seine Recepte, aber nach seinem Tode eiferten die Aerzte sehr heftig gegen seine Wissenschaft. Wir hatten einen Arzt Lossau, welcher Apotheker gewesen war, und dem ich jährlich

---

3 Der Graf St. Germain - er nannte sich auch Aymar oder Marquis de Bethmar - , ein Alchimist und Abenteurer, war wahrscheinlich Portugiese. Er tauchte um 1770 in adligen Pariser Kreisen auf, lebte dann an verschiedenen Fürstenhöfen und starb 1794 oder 1795.

zwölfhundert Thaler gab, um die Arzneien zuzubereiten, welche der Graf St. Germain ihm vorschrieb, unter andern und vorzugsweise seinen Thee, den die Reichen gegen Bezahlung und die Armen umsonst erhielten; Letztere genossen auch die Pflege dieses Arztes, welcher eine Menge Leute heilte und welchem meines Wissens Niemand starb" (Hessen-Kassel 1866, 145).

Über ein halbes Jahrhundert später erlebt der spätere Pastor Frommel, der sich in seiner Jugend mit einigen Freunden auf einer Fußreise im Schloß eines Barons aufhält, daß dieser gegen Frommels Leibschmerzen eine Medizin braut und dabei nach einem „bewährten medizinischen Buch" vorgeht (o.J., 187). Der Arzt Weikard schreibt über Kaiser Leopold II., daß dieser sich „als Rosenkreuzer" seine Arzneien selber bereitete (1802, 461). Die Schriftstellerin Chézy teilt ein Rezept gegen Stickhusten mit, das nur wenige Ärzte hätten empfehlen wollen (1856, II/66). Der Archivar Arneth berichtet, daß sein Großvater starb, nachdem er ein „Übermaß an China" geschluckt habe (1891, I/41).

Neben Hausmitteln und anderen Medikamenten spielt aber auch die Diätetik eine wichtige Rolle bei der Krankheitsbewältigung. Während die pharmazeutische Therapie vor allem bei Adligen Anklang findet, bildet die Diätetik gleichsam den Kern der bürgerlichen Vorstellung vom „eigenen Arzt". So wie Krankheit als Folge einer aus den Fugen geratenen Lebensordnung gedeutet wird, so gilt ihre Bewältigung als ein Prozeß, in dem diese sukzessiv wiederhergestellt wird. In bürgerlichen Autobiographien tragen Beschreibungen diätetischer Selbstbehandlung oft medizinkritische Töne. Ärztlicher Eingriff, insbesondere Medikamente, erscheinen vielen gegenüber der langsamen diätetischen Reorganisation der Gesundheit als „unnatürlich", ein Thema, das im folgenden noch genauer aufgegriffen wird. Ausführlich berichtet zum Beispiel der Staatsmann und Historiker Meyer von Knonau von der „Heilung eines eingewurzelten körperlichen Leidens durch selbstgewählte diätetische Lebensweise". Dabei handelt es sich um eine „hartnäckige Erschütterung des Unterleibes", die ihn mehrere Jahre durch Rückfälle plagt. Im Sommer 1817 befällt ihn eine nach Ansicht aller, die ihn in dieser Zeit beobachten, lebensgefährliche „Entzündung im Unterleibe", die der ärztlichen Behandlung mit Medikamenten standhält.

„Endlich nahm ich meine Zuflucht zu einer diätetischen Heilart. Ich enthielt mich während einiger Monate aller leichten oder anreizenden Speisen und nährte mich beinah einzig durch Brod und mehlige, auch durch Milchspeisen und hielt den Unterleib warm, doch ohne ihn zum Schweiß zu reizen. So nahm die Verdauung allmälig wieder einen geregelten Gang und das Uebel, welches während dreizehn Jahren mehrere Male eine Erschöpfung der Kräfte herbeizuführen schien, verließ mich. - Schon früher und auch seither habe ich oft die Erfahrung gemacht, daß man durch Beobachtung seiner Natur oft sein eigener Arzt sein kann und daß Befolgung derjenigen Diät, die der Körper fordert, ohne dabei ängstlich zu sein, daß Bewegung und Vermeidung starker Arzneimittel oder eines öfteren Gebrauches derselben sehr heilsam sind. Dazu bediente ich mich bis in's höhere Alter mit vielem Vortheil des Gebrauches des See- und Flußbades" (Meyer v. Knonau 1883, 237).

Krankheitsbewältigung wird hier als ein langfristiger Prozeß beschrieben, in dem das gestörte Gleichgewicht zwischen Körper und Lebensordnung wieder hergestellt wird. Das ist ein wichtiger Unterschied zu den Hausmitteln, denen als solchen und unabhängig von der Individualität des Kranken heilsame Wirkungen zugeschrieben werden. Die Diätetik ist mit einem anderen Typus des Wissens verbunden. Sie ist für Meyer-Knonau ein Erkenntnisprozeß „seiner Natur": wer mit Hausmitteln heilt, muß sich mit in der Welt der Kräuter und anderen gesunden Substanzen auskennen; wer eine diätetische Methode wählt, muß sich selbst kennen. Die Störungen im Verhältnis zwischen Lebensordnung und Körper erschließen sich erst im Prozeß der Selbstbeobachtung, in dem der Kranke seine körperlichen Reaktionen bewußt wahrnimmt:

„Solange ich mich ruhig verhalte, mir mäßige Bewegung mache, keine sehr kopfbrechende Arbeit vornehme und keinen Aerger habe, befinde ich mich ganz wohl, wenn ich aber Kälte und Hitze ertragen muß, wenn ich spät esse und lange bei Tische sitze, steigt mir das Blut zu Kopf und verursacht mir unangenehme Empfindungen" (von Bülow, Frau eines Diplomaten, 1895, 438).

Wie man sich im Krankheitsfalle zu verhalten hat, wird in den wenigsten Fällen vom Patienten allein entschieden. Üblich ist es vielmehr, daß Angehörige und Freunde mit Ratschlägen und Ermahnungen in diesen Prozeß einbezogen sind. Als sein Schwiegervater mit einem langwierigen Brustübel kämpft, macht Holtei ihn darauf aufmerksam, daß „die unruhige Hast und Angst, mit der er die Speisen verschlang" schädlich sein müsse (1898, II/234). Daß Empfehlungen von Laien noch um 1860 hohe Bedeutung beigemessen wird, dokumentiert sich auch darin, daß es über den Journalisten Oetker heißt, er habe sich gleichermaßen auf „Ärzte und Nicht-Ärzte" gestützt, als als er sich zur Kur begab (Oetker 1895, III/218). Auch der oben zitierte Meyer v. Knonau berichtet in einem anderen Zusammenhang ausführlich, wie er seine diätetische Lebenspraxis aufgrund der Empfehlungen von Bekannten modifiziert. Seine von Kindheit an schwache Sehkraft verschlechtert sich 1812/13 zusehends:

> „Gute Menschen und wohlgemeinte Räthe blieben nicht zurück. Man rieth mir äußerliche und innerliche Mittel, empfahl mir galvanische Versuche u. A. m., ferner den Gebrauch von Brillen, die Enthaltung von vielen Speisen, von starker Bewegung u. s. f. Ich gebrauchte einige innere und äußere Mittel, vereinfachte meine Diät, versagte mir größere Spaziergänge, die bisher meine Erholung gewesen waren; allein das Uebel nahm von Monat zu Monat zu, und ein gleichsam aus dem Innern des Kopfes nach dem Auge hin sich ausdehnendes Stechen, das ich von Zeit zu Zeit empfand, verminderte sich keineswegs. Brillen von verschiedener Art, die ich mir, folgsam gegen meine Rathgeber, anschaffte, halfen nicht; sondern wenn ich durch dieselben sah, wurden die Augen gereizt, und oft erschien mir Alles röthlich. Kurz ich begriff bald, daß mein Zustand amaurotisch, eine Annäherung des sogeheißenen schwarzen Staares sei. Ich wünschte des Lichtes noch so lange als möglich zu genießen und gedachte des alten Sprichwortes: 'Nichts ist gut für die Augen' - , das, zwar auf äußerliche Augenkrankheiten und auf den grauen Staar wenig anwendbar, auf meinen Zustand nach allen meinen Erfahrungen ganz paßt. Ich entsagte dem Gebrauche aller Gläser, hörte auf zu lesen, schrieb nur noch einzelne Zeilen, meistens mit Bleistift. Bald hörte das Stechen in den Augen auf. Ich erlaubte mir wieder starke und angreifende Bewegungen, beobachtete keine andere Diät, als vorher, und fühle jetzt seit 28 Jahren kaum eine unbedeutende Vermehrung meines Augenübels, während Andere, die mit mir und nach mir von dem nämlichen Uebel befallen wurden, schon lange ganz blind sind" (Meyer v. Knonau 1883, 257).

In den 1820er Jahren erkrankt der Vater Ebrards, ein Pastor in Erlangen. Die Krankheit, die zuerst in einem immer wiederkehrenden hartnäckigen Hustenanfall besteht, äußert sich im Sommer 1826 in extremer Appetitlosigkeit.

> „Meine Mutter kochte von alten Hennen eine ausgezeichnet kräftige Sulze, und brachte sie ihm, da er auch hiegegen den entchiedensten Widerwillen empfand, ohne sein Wissen, aufgelöst in der Schleimsuppe nach und nach bei, um den leidenden Körper doch mit etwas Nahrungsstoff zu versehen. Freunde, Bekann-

te kamen mit guten Ratschlägen; ein Hering, Ingwer, dies und jenes sollte den Appetit reizen; es wurde alles versucht und blieb alles vergeblich" (Ebrard 1888, 41).

Krankheit wird hier im Rahmen eines über die Familie hinausreichenden Netzwerks verhandelt. Gerade den Frauen kommt hierbei eine spezielle Expertenschaft zu. „Ich weiß, daß oft Leute kamen und die Mutter um Rat fragten," schreibt der Maler Grimm, „und viele, die für Kranke Essen und Trinken holten" (1911, 63). Zu Holtei, der als Soldat während des Rückzuges auf einem Gutshof eine Magenkolik erleidet,

> „kam die Frau vom Hause mit einem in ihrer Verwandschaft erblichen Universalmittel, bestehend in einem Pflaster, zum Vorschein. Besagtes Pflaster wurde auf ein Stück Leder gestrichen, welches, mit Erlaubnis zu sagen, die Oberfläche meines ganzen Bauches einnahm und mir trotz alles Sträubens halb mit Gewalt aufdisputiert wurde" (Holtei 1898, I/271).

Der Pfarrer Denner erwähnt, daß er bei einer sich anbahnenden Krankheit um 1858 von der Hausfrau zur Schonung gemahnt wird (1860, 331). Den Juristensohn Schumacher, der von den Ärzten bereits aufgegeben ist, rettet als Kind eine Behandlung mit gekochten Schwalbennestern, die der Familie von der Köchin anempfohlen wird (1935, 128).

Dieses Wissen der Frauen genießt allerdings keine ungebrochene Autorität. Sein Geltungsanspruch kollidiert vor allem mit dem (männlichen) Leitbild des aufgeklärten „Gelehrten", wie es innerhalb der „gebildeten Stände" gepflegt wird. Steffens beklagt sich, daß er während einer Magenkrankheit in den 1810er Jahren von den verschiedensten Frauen mit Ratschlägen bestürmt wurde (1840, VIII/317). Auch der Ton, den Holtei anschlägt, wenn er von dem Pflaster erzählt, das ihm die Gutsfrau aufnötigt, verrät seine Skepsis gegenüber dieser Ratgeberin. Auf dieser Konfliktlinie ist auch eine Situation angesiedelt, die der Theologe Bretschneider schildert. Seine Frau war trotz ihrer schwankenden Gesundheit nicht zu bewegen, etwas Ernsthaftes dagegen zu unternehmen. „Sie verließ sich auf Hausmittel, die ihr immer wohlgethan hatten" (1851, 101). „Ernsthaftes" - gemeint ist hier die Konsultation eines (männlichen) Arztes - wird so gegen die (weibliche) Sphäre der Hausmittelmedizin ausgespielt.

Kapitel 3:
Kranke und Ärzte

In den 1870er Jahren kann der siebzigjährige Publizist Friedrich Oetker auf eine lange Karriere als Patient zurückblicken, die ihn mit den verschiedensten Heilern zusammengebracht hat:

> „Von da an jedoch habe ich keine völlig gesunde Stunde mehr gehabt, war dagegen stets 'ein interessanter Fall' für die Mediziner. Heiserkeit, Kurz- und Schwerathmigkeit, Reizbarkeit der Schleimhäute, Nerven- und Hautschwäche wurden stehende Leiden; dazu kamen Lungenentzündungen und viele, viele andere Leiden und körperliche Mißgeschicke. Kein Wunder also, wenn ich viel mit Aerzten in Berührung kam! 51 haben mich bis jetzt förmlich 'behandelt'; die Zahl Derjenigen, welche mich beiläufig untersuchten oder beriethen, von den marburger Studenten bis zu Oppolzer, beträgt sicher das Dreifache; die Sympathetiker, Magnetisierer, Besprecher, kundigen Schäfer und alten Frauen noch gar nicht gerechnet. Medicorum turba perii, sagte, glaube ich, Hadrian. Ich kann, Gott sei Dank, mehr sagen: non perii" (Oetker 1878, I/31).[1]

Dieser Rückblick dokumentiert die breite Vielfalt von Heilern, die einem bürgerlichen Patienten wie Oetker in dieser Zeit zur Verfügung stehen. Vor allem handelt es sich offenbar um die „gelehrten" Ärzte, jene Ärzte also, die an einer Universität Medizin studiert haben. Anders als in den modernen Gegenwartsgesellschaften gibt es jedoch noch keine monopolistische Dominanz der studierten Ärzteschaft als professioneller Kerninstitution des Gesundheitssystems. Die Situation ähnelt eher dem auch heute noch in vielen Peripheriegesellschaften bekannten „medizinischen Pluralismus", in dem ver-

---

1   Johann Ritter von Oppolzer (1808-1871), Medizinprofessor 1841-1848 in Prag, 1848-1850 in Leipzig, dann in Wien.

schiedene medizinische Systeme nebeneinander existieren und dem Patienten Wahlmöglichkeiten eröffnen (vgl. Staiano 1986). So erwähnt Oetker auch eine Reihe nichtärztlicher Heiler und Berater. Schließlich gibt es auch noch die große Gruppe der „Wundärzte", die entweder eine handwerkliche oder eine nicht-universitäre Ausbildung an den im frühen 19. Jahrhundert entstandenen Chirurgenakademien absolviert haben.

Was sind die typischen Lokalitäten, an denen die Kontakte mit den Ärzten stattfinden? Wie orientieren sich die Kranken in dieser Vielfalt unterschiedlicher Heilsysteme? Wie bahnen sich die Kontakte mit den Heilern an? Welche Autorität genießen sie beim Laienpublikum? Welcher Art sind die sozialen Beziehungen, die die Kranken zu den Heilern unterhalten? Wie erleben die Kranken die Begegnung mit dem Arzt? Was tut der Arzt, und wie bestimmt sein Handeln die Krankheitserfahrung des Patienten? Die autobiographischen Zeugnisse geben in dieser Hinsicht unterschiedlich genau Auskunft. Oft begnügen sich die Autoren damit, Arztkontakte beiläufig zu erwähnen. Andere Autobiographien enthalten dagegen ausführliche Beschreibungen der Interaktion mit dem Arzt, einschließlich der Details von Diagnose und Therapie. Auch hier ergibt sich die Ausführlichkeit der Beschreibung offensichtlich aus der relativen Bedeutung des Erlebnisses für den Gesamtzusammenhang der Autobiographie. Die meisten Heilerkontakte, über die in den Quellen berichtet wird, bestehen zu den studierten Ärzten. Das hängt wieder mit dem sozialstrukturellen Zuschnitt der Quellen zusammen: die meisten Autobiographien stammen aus dem Bürgertum, und hier ist der akademisch gebildete Arzt der wichtigste Ansprechpartner. Oetkers Auflistung, in der die Ärzte exakt gezählt und die anderen „gar nicht gerechnet" werden, gibt eine entsprechende Prioritätenskala in der Bewertung von Heilspezialisten zu erkennen. Es ist daher nicht das Ziel dieses Kapitels, einen vollständigen Überblick über alle Heilerkulturen des späten 18. und frühen 19. Jahrhunderts zu geben. Im Mittelpunkt stehen vielmehr die akademisch gebildeten Ärzte und die Wundärzte. Am Ende des Kapitels werden den Praktiken dieser approbierten Heiler jedoch auch einige in den Autobiographien beschriebene nicht-ärztliche Heilpraktiken gegenübergestellt.

Die „gelehrten" Ärzte

Diejenigen gesellschaftlichen Gruppen, aus denen sich die Autoren der Autobiographien rekrutieren, also vor allem das Bildungsbürgertum und der Adel, bilden die Hauptklientel der akademisch gebildeten Ärzte. Zwar haben wir im vorigen Kapitel gesehen, daß gerade im Bürgertum, zu dem der „gelehrte Arzt" selbst gehört und mit dem er ein gemeinsames kulturelles Milieu teilt (vgl. Lachmund/Stollberg 1989), die Vorstellung herrscht, der gelehrte Bürger könne als sein „eigener Arzt" selbständig seine Krankheiten kurieren. Auch Oetker betont, obwohl er in Behandlung so vieler Ärzte war, daß er „eigentlich gar kein Schwärmer für ärztliche Behandlung" gewesen sei. Das Leitbild vom „eigenen Arzt" widerspricht keineswegs notwendig dem Arztkontakt. Vielmehr handelt es sich, wie wir im folgenden noch sehen werden, um eher komplementäre, wenn auch oft konfligierende Strategien des Umgangs mit Krankheit, die beide zum festen Bestandteil auch der bürgerlichen Kultur der Krankheit gehören.

Vor allem zwei Gründe veranlassen die Patienten dazu, einen Arzt zu konsultieren. Die Autobiographien verweisen einerseits auf ein Verlaufsmuster der Krankheitsbewältigung, das mit unterschiedlichen Formen der Selbstbehandlung beginnt und erst, wenn diese nicht ausreichen, zur Konsultation eines Arztes führt. In einem Brief schreibt Schopenhauer 1806: „Den 18. *(Oktober; d. Verf.)* war ich fast stumm und nahm, da Hausmittel nicht halfen, meine Zuflucht zum Arzt" (1986, 338). Andererseits wird der Arztkontakt unmittelbar mit der Art der Erkrankung in Zusammenhang gebracht:

> „Und nun glaubte ich einige Tage lang, ein ordentliches dreytägiges Fieber zu haben, (...) Deswegen versäumte ich auch einen Arzt rufen zu lassen. Aber ich wurde indessen immer schlechter und ließ mich nun nach der Stadt bringen, um die Hülfe eines Arztes zu suchen" (so der Gymnasiallehrer Sulzer 1809, 56).

Ausschlaggebend ist hier die Selbstdiagnose des Betroffenen, insbesondere hinsichtlich der Unterscheidung zwischen „ordentlichen" oder „gewöhnlichen" Krankheiten einerseits und „gefährlichen" Krankheiten andererseits. Während erstere oft sich selbst überlassen bleiben oder durch bekannte Hausmittel behandelt werden, verlangen letztere eine ärztliche Behandlung.

Der Übergang von der Sphäre der Selbstbehandlung zum Arzt steht oft am Ende eines längeren Bewertungsprozesses, an dem verschiedene Akteure beteiligt sind.[2] Der Königsberger Schriftsteller Baczko wird eines Morgens, nachdem er tags zuvor in schwachem Dämmerlicht gelesen hat, darauf aufmerksam gemacht, daß sein Auge rot sei. Er selbst fühlt bereits einige Schmerzen. Durch den Gebrauch „gewöhnlicher Mittel" nimmt die Entzündung zunächst ab. Einige Tage später wird er durch einen Brand in der Nachbarschaft aus dem Bett aufgeschreckt und verbringt längere Zeit leicht bekleidet im Freien. Als am folgenden Morgen die Augenentzündung wieder schlimmer wird, gebraucht er nochmals „die mir bekannten Mittel". Wieder scheint die Entzündung abzunehmen, bis ihm einige Tage später ein Bote sagt, sein Auge sei sehr rot. Auch auf der Straße wird er von verschiedenen Bekannten auf sein Auge aufmerksam gemacht. Erst jetzt beschließt er, seinen Arzt aufzusuchen. Da der aber gerade verreist ist, übernimmt ein anderer Arzt seine Behandlung (1824, I/246f.). Der Übergang von der Sphäre der Selbstbehandlung zum Arzt verläuft hier also über einen längeren Prozeß, der einerseits durch Versuche der Selbstmedikation bestimmt ist, andererseits durch eine kollektive Bewertung der Krankheit, an der verschiedene Akteure beteiligt sind.

Für die Heranziehung von Ärzten gibt es offensichtlich bestimmte kulturelle Regeln, die in der Lebenswelt der bürgerlichen Patienten weithin akzeptiert werden. Auch wenn oft ernste Erkrankungen mit Diätetik und Hausmitteln bekämpft werden, bildet die Schwere der Erkrankung offenbar ein wichtiges Kriterium dafür, ob ein Arzt herangezogen wird. Als der Beamte im Finanzministerium und Schriftsteller Grillparzer 1836 „alle Anzeichen starken Fiebers" spürt und dennoch keinen Arzt konsultiert, ist er überzeugt, daß jeder andere in seiner Situation ärztliche Hilfe gesucht haben würde (1965, 575). Bei der Aufrechterhaltung dieser Regeln spielt nicht zuletzt das Publikum des Patienten eine wesentliche Rolle, das durch Ermahnungen und Überredung auf dessen Verhalten Einfluß nimmt. „Dabei war ich gar kein Schwärmer für ärztliche Behandlung" beteuert zum Beispiel der eingangs zitierte Oetker, „sondern bequemte mich oft nur dazu, um Andere zu beruhigen, oder um

---

2 „Laienüberweisungssystem" nennt dies Freidson (1979).

ordnungsmäßig krank zu sein" (1878 I/31). Rücksicht auf die Sorge der Anderen und ein kultureller Begriff von dem, was „ordnungsgemäß" Kranksein bedeutet, sind ein deutlicher Hinweis auf den vom Publikum ausgehenden sozialen Druck, der die Aufrechterhaltung dieser Standards bewirkt. Was Parsons (1958) später zu einem der zentralen Merkmale der modernen Krankenrolle erklären wird, die Erwartung, daß der Kranke kompetenten Beistand sucht, gehört also bereits zum Handlungsrepertoire des frühen 19. Jahrhunderts. Allerdings ist, wie wir sehen werden, die Medizin, die in dieser Zeit für kompetent erachtet wird, noch eine völlig andere, als sie Parsons vor Augen steht.

Manchmal wird die Frage, ob ein Arzt herangezogen werden soll, zum Anlaß von Konflikten. Als der Philosophieprofessor Feder im Mai 1821 an einer Unpäßlichkeit leidet, die gegen Abend zunimmt, lehnt er ab, daß seine Tochter nach dem Arzte schickt (Hrsg. in Feder 1825, 218f.). Ähnlich erzählt der Theologe Ebrard von seiner Mutter, die sich weigert, einen Arzt kommen zu lassen (1888, I/172). Das Beispiel Bretschneiders, dessen Frau nichts „ernsthaftes" gebrauchen möchte, ist schon genannt worden (1851, 101).

Die Inanspruchnahme von Ärzten vollzieht sich um 1800 in drei verschiedenen Formen. In den meisten Fällen wird der Arzt zum Kranken gerufen und behandelt ihn in dessen Haus. Das kann mehrmals täglich geschehen. So berichtet der Maler Kügelgen aus dem Jahr 1816, daß der Arzt dreimal täglich zu ihm kommt (1924, 263). Auch der Schauspieler Holtei erzählt, daß der Arzt seinen Vater um 1800 drei- bis viermal täglich aufsucht (1898, I/29); 1825 kommt Gräfe, der Holteis Frau behandelt, täglich zwei bis drei Mal (ebd., II/95).[3] In einem anderen Fall legt der Arzt den weiten Weg willig zurück und bleibt sogar einige Nächte. Oft werden mehrere Ärzte gleichzeitig oder nacheinander an das Krankenbett gerufen - eine Praxis die noch eingehender zu behandeln sein wird. Manche Umstände können dazu führen, daß sich der Kranke selbst zum Arzt begibt und dort behandelt wird. Reisende, die unterwegs krank werden, haben oft gar keine andere Möglichkeit. Daneben gibt es aber auch den Fall, daß sich Patienten zu einem Arzt

---

3   Karl Ferdinand von Gräfe (1787-1840), seit 1811 Professor der Chirurgie in Berlin.

von Ruf begeben, in eine andere Stadt reisen, weil sie sich dort eine bessere Behandlung versprechen, als von den Ärzten vor Ort.

Wenn die Krankheit die Mobilität des Kranken einschränkt, andererseits aber ein weit entfernt lebender Arzt konsultiert werden soll, kommt es vor, daß der Kontakt schriftlich oder durch einen Mittelsmann hergestellt wird. Der Theologe Semler schreibt wegen einer Krankheit eines Freundes nach Göttingen und Altdorf bei Nürnberg, um Rat von den an den dortigen Universitäten etablierten Medizinern zu erhalten (1781, I/227). Der Jurist Strombeck berichtet, wie er sich ebenfalls im Auftrage eines kranken Freundes mit dessen selbstaufgesetzter Krankengeschichte zu dem Geheimen Rat H. in Berlin begibt und dort zunächst eine gute Viertelstunde antichambrieren muß, bis er vorgelassen wird (1835, I/191). Hierin wie auch in der arroganten Behandlung, die Strombeck widerfährt, manifestiert sich nicht zuletzt die relativ starke Stellung, die dieser angesehene Arzt selbst gegenüber einem Bildungsbürger einnimmt. Überhaupt scheint die letztgenannte Form des Arztkontaktes oft Ausdruck für eine dem Patienten gegenüber vergleichsweise hohe soziale Autorität des Arztes zu sein.

Die bisherigen Ausführungen beziehen sich auf die Schilderungen des Arztkontaktes in bürgerlichen Autobiographien. Hiervon unterscheidet sich das medikale Verhalten in den nichtbürgerlichen sozialen Milieus dieser Zeit in einigen wichtigen Hinsichten. Bürgerliche Patienten stehen mit ihren Ärzten auf einer vergleichbaren sozialen Position. Die gemeinsame soziale Identität als „gelehrter Stand" bildet daher auch einen wichtigen argumentativen Bezugspunkt der zeitgenössischen Berufspolitik der Ärzte (vgl. Lachmund/ Stollberg 1989). Auch die Art und Weise, in der bürgerliche Autoren ihre Ärzte schildern, spricht für ein relativ enges und an sozialer Reziprozität orientiertes Beziehungsmuster. Man hat oft seinen Arzt, den man lange kennt und mit dem man gute Erfahrung gemacht hat. „Ich ward augenblicklich zu Bette gebracht; man eilte unsern Arzt, den damaligen Doktor Menn zu rufen" (Fuchs 1912, 70). Insbesondere in den bildungsbürgerlichen Autobiographien wird der Arzt immer wieder als guter Bekannter oder sogar als Freund des Hauses bezeichnet, der selbstverständlich in jeder Krankheit konsultiert wird:

„sein edler Freund, der treffliche Doktor Braune" (Seume 1971, 140; vgl. auch Pichler 1914, I/208).[4]

Im hohen Adel überbrückt die Arzt-Patient Beziehung dagegen zugleich eine Standesgrenze. Die ungleichen Positionen, die der adelige Patient und der bürgerliche Arzt innerhalb des gesellschaftlichen Privilegiengefüges einnehmen, strukturieren ihre gesamte Beziehung. Ökonomische Restriktionen spielen hier weniger eine Rolle: viele Adlige können relativ unbeschränkt über eine Vielzahl von Ärzten verfügen. Nirgends wird ein so extensiver Gebrauch von Ärzten gemacht, wie im Hochadel. Zum einen gibt es in der Regel einen oder mehrere Leibärzte, die unmittelbar der Patronage etwa eines Fürsten unterstehen. Dazu kommt die Praxis, bei ernsthaften Krankheiten immer auch weitere Ärzte hinzuzuziehen. Der Arzt agiert hier typischerweise im Kollektiv, im „Consilium",[5] das sich vor den Augen der höfischen Gesellschaft um das Krankenbett versammelt. So berichtet Caroline Pichler über die Krankheit des österreichischen Kaisers Franz I. 1835:

„Jeden Tag klangen die Nachrichten bedenklicher. (...) Andere Ärzte wurden noch nebst den gewöhnlichen Leibärzten berufen" (1914, II/314).

Am 28. November 1780 hatte der Kölner Jurist Fuchs einen Brief aus Wien erhalten:

„Wir haben jetzt sehr betrübte Tage. Wir verlieren unsere liebe Kaiserin. Ihr werdet vielleicht schon wissen, daß sie unpäßlich sei. Erst am 25. wurde es in der Stadt kundbar, daß Ihre Majestät einen starken Katarrh habe, daß man vor drei Tagen Ader gelassen, aber daß die Brust ganz befangen sei, kein Auswurf sich einstelle und der Baron v. Störck schon einige Nächte in der Burg geschlafen habe. Am 26. hatte sie aber kaum eine Viertelstunde geschlafen, konnte im Bett wegen Atemnot nicht liegen, hatte oft Anfälle bis zum Ersticken; Consilia wollte sie nicht, doch ließ der Baron v. Störck einige Ärzte rufen, um ihr Gutachten zu hören" (Fuchs 1912, 179).[6]

---

4 Christian Gottfried Karl Braune (1765-1814), Arzt in Leipzig.
5 So der Leibarzt der Zarin Katharina, Weikard (1802, 462).
6 Anton Frh. v. Stoerck (1731-1803), seit 1760 Leibarzt der Kaiser und Könige in Wien. Kaiser (bis 1806 römisch-deutscher K., 1804-1835 K. v. Österreich) war von 1792-1835 Franz II. (1768-1835). Kaiserin war von 1740 bis zu ihrem Tode am 29.11.1780 Maria Theresia (1717-1780).

Umgekehrt handelt es sich bei der Behandlung eines hohen Adligen für den Arzt um eine ausgesprochen attraktive Option. Hier sind nicht nur vergleichsweise hohe Honorare zu erwarten. Nichts kann das Ansehen eines Arztes besser vermehren, als die spektakuläre Kur eines Fürsten. Die jeweiligen Territorialfürsten nehmen schon insofern eine entscheidende Schlüsselstellung in der beruflichen Karriere des Arztes ein, als von ihrem Wohlwollen auch die Bestallung zum Physikus abhängt und damit die einzige Aussicht auf eine dauerhafte Sicherung der eigenen Existenz (vgl. Huerkamp 1985).

Anders stellt sich die Situation für die Landbevölkerung und die städtischen Unterschichten dar, die in den Autobiographien jedoch nur sehr lückenhaft dokumentiert ist. Die Bemessung der Honorare hat sich an der geringen Zahlungskraft der Patienten zu orientieren. Mittellose Patienten haben Anspruch auf kostenlose Armenbehandlung. Auf dem Lande wird die Konsultation von Ärzten darüber hinaus durch die geringe Arztdichte eingeschränkt. Im Zusammenhang mit der Krankheit seines Vaters berichtet der Gymnasiallehrer Kohlrausch, im Dorf habe es weder Arzt noch Chirurg gegeben (1863, 10). Als der Vater des Vorarlberger Kleinbauern Felder 1849 im Sterben liegt, mußte man „in das nur eine leichte Stunde entfernte Dorf Au" gehen, um den Doktor zu holen (1904, 97). Der Gang zum Arzt ist daher insbesondere auf dem Lande keineswegs selbstverständlich. Bürgerliche Zeugen registrieren mit Abscheu die Roheit der bäuerlichen Sitten, zum Beispiel Buechsel, der aus seiner Zeit als Landpfarrer im frühen 19. Jahrhundert den folgenden Dialog wiedergibt:

> „Als einmal die Frau eines wohlhabenden Bauern sehr krank war und alle Hausmittel nicht halfen, redete ich ihm zu, nach der Stadt zum Arzt zu schicken, da antwortete er: 'wenn sie leben soll, wird sie wohl so gesund werden, und wenn sie sterben soll, stirbt sie doch.' Ich erwiderte ihm: 'als aber neulich Ihr Pferd krank war, schickten sie doch zum Thierarzt.' Nach einigem Besinnen sagte er: 'das war auch ein Thier, meine Frau aber ist ein Mensch'" (Buechsel 1869, III/88).

Welche Rolle dem Gebrauch von Ärzten innerhalb der Unterschichten und der Landbevölkerung tatsächlich zukommt, läßt sich aus den autobiographischen Quellen nicht befriedigend klären. Die wenigen Stellen, die meist von aus den Unterschichten in das Bildungsbürgertum aufgestiegenen Autoren stammen, bestätigen jedoch keineswegs eine durchgängige Ablehnung des Arztes. So wurde Bräker, der „arme Mann im Toggenburg", in seiner Jugend regelmäßig von einem „Dr. Müller" behandelt (1965, z.B. 63). Der Dithmarscher Müllersohn Harms erinnert sich, wie er 1796 zunächst von einem Arzt aus Marne, dann von einem anderen aus Meldorf behandelt wurde (1851, 37). Für weite Teile der städtischen und ländlichen Unterschichten dürfte eine eher ambivalente Haltung gegenüber dem Arzt typisch gewesen sein, wie sie Gutzkow, Sohn eines Berliner Stallbeamten, am Beispiel seiner Eltern beschreibt: einerseits wurde ihr Arzt „bei jedem Uebel angegangen", andererseits aber gehörten die Eltern „wie alle Menschen aus dem Volke, weniger der lateinischen Heilkunde, als der traditionellen Hausmittellehre an" (1852, 136f.).

Ähnlich wie bei den Adligen verläuft die Arzt-Patient-Beziehung auch hier über eine soziale Standesgrenze hinweg. Mit dem Arzt dringt die Welt der „gebildeten Stände" in die Domäne der Volkskultur vor:

> „Die Vermittelung mit dem Arzte ist bei manchen Lebenslagen dann ohnehin die einzige, die eine ganze Schicht der Gesellschaft überhaupt einmal in unmittelbare Bildungsnähe bringen kann. Es kann so arme Existenzen geben, daß der Arzt der Einzige ist, der jemals aus der Welt des Fracks und der Handschuhe mit ihnen in Berührung kommt, der Einzige, der in gewählter Sprache nach ihrem Wohl und Wehe frägt" (Gutzkow 1852, 136).

Hier kommt eine soziale Distanz zum Ausdruck, die nicht nur in der Konfrontation eines Experten mit einem Laien besteht, sondern im Universalitätsanspruch bürgerlichen Lebensstils als solchem, wie er durch die genannten Insignien - Bildung, Kleidung, Sprachverhalten - repräsentiert wird. In Gutzkows Beschreibung des Hofrates, der ihn und seine Eltern in der Kindheit behandelt, ist noch viel von dem Unterlegenheitsgefühl zu spüren, das solche Begegnungen bei den Patienten hinterlassen konnten:

> „Aber in dem Vorfahren und dem Eintreten jenes kleinen, strengen, kurzangebundenen, scharfblickenden, raschbefehlenden Hofrath K. lag etwas so unendlich Vornehmes und Erschreckendes, daß darin allein schon jeder Krankheit ein momentanes Halt! geboten wurde" (ebd., 136).

Ein Problem, das die Auswahl des Arztes für die Patienten besonders schwer macht ist die immer wieder beschworene Gefahr der Iatrogenesis. 1784 verliert der Dichter Bronner seinen Bruder:

„Ein herumziehender Quacksalber hatte ihm die Gliedersucht in die Eingewei-
de gejagt, er schwoll stark auf, und starb voll Seelenruhe in den Armen meiner
Mutter" (1795, II/27).

Es sind nicht jedoch nur angeblich gewissenlose Scharlatane, denen nach-
gesagt wird, ihren Patienten durch ihre dilettantischen Kurmethoden zu
schaden. Während Merkel Hofmeister bei einem livländischen Pfarrer ist,
stirbt einer seiner Zöglinge „an der Ungeschicklichkeit des Landarztes, der die
Krankheit nicht einmal zu nennen wußte" (1839, 150). 1814 muß der Historiker Raumer schmerzlich Abschied nehmen von einem Freund, dem man zu
viel Opium gegeben hatte (1861, 241). Die holsteinische Gräfin Bernstorff
gibt der Ungeschicklichkeit der Kieler Ärzte die Schuld am Tod ihres „Knaben" im Jahr 1807 (1897, 71). Der Arzt kann oft die einige Rettung sein, aber
er muß gut gewählt werden: „Es ist mein einziger Trost, Dich in den Händen
eines so geschickten und Dir so viel Vertrauen einflößenden Arztes zu wissen", schreibt Gabriele von Bülow, Tochter Wilhelm von Humboldts, 1828 in
einem sonst sehr verzweifelten Brief an ihre kranke Mutter (1895, 223).

Manchmal - etwa auf dem Lande oder auf Reisen - lassen die Umstände
dem Patienten keine Wahl, von welchem Arzt sie sich behandeln lassen. Als
Reichel, Pfarrer in Neukirch,[7] 1794 erkrankt, wird „der Arzt an unserem
Orte", d.h. in Herrnhut, herbeigerufen (J.G. Pech, Hrsg., in Reichel 1797,
119). In den meisten Fällen wählen die Kranken den Arzt aber bewußt und
orientieren sich dabei an verschiedenen Bewertungskriterien.

Oft verlassen sich die Kranken bei der Wahl ihres Arztes auf den Ratschlag von Freunden und Bekannten (z.B. Hiller v. Gaertringen 1912, 51;
Reichard 1877, 187; Baczko 1824, II/26), so daß die Ärzte einem mehr oder
weniger kollektivem Bewertungsprozeß unterliegen.

In diesem Zusammenhang wird oft die spezifische medizinische Richtung
berücksichtigt, der der jeweilige Arzt verpflichtet ist. Nicht nur, daß die Ärzte
mit diversen nichtakademischen Heilern konkurrieren, auch in sich ist die
Ärzteschaft keineswegs homogen (vgl. Drees 1988). Das gemeinsame hippo-

---

7   Reichel (1718-1794) war seit 1754 Pfarrer in Neukirch am Hochwald. An diesem Berg des
    Lausitzer Gebirges verläuft heute die deutsch-tschechische Grenze. Herrnhut, das Zentrum
    der pietistischen Brüdergemeine, liegt zwischen Görlitz und Zittau.

kratische Erbe, auf das sich viele Ärzte berufen, hat nur eine geringe Integrationskraft: zum einen ist es allgemein genug, um noch genügend Raum für kontroverse Standpunkte zu bieten, zum anderen ist es längst der Konkurrenz neuer Denkstile ausgesetzt. Die Erklärungsweisen und Kurverfahren hängen daher wesentlich von der Herkunftsuniversität oder der theoretischen Mode ab, der der jeweilige Arzt gerade anhängt. Zumindest das gebildete Publikum nimmt dies aufmerksam zur Kenntnis. So bezeichnet Caroline Pichler den Arzt, der ihren kranken Vater 1798 in Wien behandelt, als „Schüler des großen Stoll" (1914, I/208f.).[8] Vor allem zwei medizinische Richtungen ziehen in dieser Zeit die Aufmerksamkeit des Publikums auf sich und werden für die Patienten zu einem wichtigen Kriterium der Bewertung ihres Arztes. Ende des 18. Jahrhunderts formuliert der Schotte John Brown seine Erregungstheorie. Danach besteht jede Krankheit entweder auf einem Übermaß oder einem Mangel an „Erregung", die Kur entsprechend in einer Wiederherstellung eines ausgewogenen Maßes an Erregung durch anregende oder abregende Mittel.[9] Der Theologe Bretschneider berichtet, daß der junge Arzt, der ihn 1802 in Altenburg behandelte, Brownianer war (1851, 41). Die zweite Richtung ist die Homöopathie, eine medizinische Richtung, die im frühen 19. Jahrhundert an Bedeutung gewinnt und die im vierten Kapitel besprochen wird. Während Caroline Pichler den Homöopathen Dr. Baer lobt, der sie 1825 in Prag behandelt (1914, II/207),[10] äußert sich der Maler Blaas skeptisch über einen Homöopathen, der ihn in den 1830er Jahren traktiert (1876, 103).

Die Ärzte werden jedoch selten nur im Hinblick auf ihre allgemeine medizinische Expertenschaft hin beurteilt. Mindestens ebenso wichtig ist dem Publikum, daß der Arzt mit der spezifischen „Natur" des Kranken vertraut ist.[11] Der engen Beziehung, wie sie insbesondere im Bürgertum oft zum Arzt besteht, wird daher immer auch en praktischer Sinn beigemessen. „An Hrn.

8   Maximilian Stoll (1742-1787), seit 1776 Medizinprofessor in Wien.
9   Vgl. Rothschuh 1978, 342-352.
10 Josef Siegmund Baër (gest. 1857), Arzt in Prag.
11 Ähnlich stellt Warner in seiner Untersuchung über die nordamerikanische Medizin im frühen 19. Jh. fest: "The physician best able to know what was natural for the patient and most capable of restoring the system to a natural balance, when it was disrupted, was a practitioner well acquainted with the patient's personal history, and with the pecularities of the locality and its diseases." (1986, 85).

Prof Osiander", heißt es etwa über den Philosophen Heyne, „hatte er zugleich einen Freund und einen Arzt, dessen theilnehmende Sorgfalt um so mehr die etwaigsten Besorgnisse entfernte, da er seine Constitution auf das genaueste kannte" (A.H.L. Heeren, Hrsg., in Heyne 1813, 446; ähnl. Kohlrausch 1863, 352).[12] Umgekehrt gibt es zu Besorgnissen Anlaß, wenn der Arzt den Kranken nicht kennt:

> „Im Februar desselben Jahres 1784 fühlte ich stark die Anwandlungen einer Krankheit, welche mich besorgt machte, und ich brauchte Gegenmittel; allein ich verlohr gerade um die Zeit, da er mir am nöthigsten war, meinen Arzt, der mich kannte" (so der Orientalist Michaelis 1793, 135).

„Ein schlimmer Umstand war es wohl", sorgt sich auch Caroline Pichler, „daß der Arzt und Freund meiner Kinder, Doktor Bischoff, gerade zu dieser Zeit zu seiner Schwägerin Westenholz war gerufen worden" (1914, II/205).[13]

Anstelle der Vertrautheit mit der individuellen Natur des Kranken kann auch dessen bekundete Erfahrung mit der spezifischen Krankheit, die er kurieren soll, den Ausschlag für die Wahl eines Arztes geben.[14] 1831 schreibt Carl von Clausewitz in Posen über die Choleraerkrankung eines Feldmar-schalls. Während dieser es ablehnt, sich vom Medizinalrat der dortigen Regierung behandeln zu lassen, „hatte er eine Vorliebe für diesen Krajewski, der ein unbedeutender Mensch war, weil er seinen Reitknecht Scholz an der Cholera mit Erfolg behandelt hatte" (1916, 486). Anläßlich seiner eigenen Krankheit - eines Katarrhalfiebers verbunden mit Nervenfieber - schreibt Clausewitz 1809 aus Königsberg:

---

12 Friedrich Benjamin Osiander (1759-1822), Göttinger Professor der Geburtshilfe. Führte u.a. den Gebrauch der Geburtszange ein. Sein Sohn Johann Friedrich (1787-1855) war dort ebenfalls Medizinprofessor.

13 Ignaz Rudolf Bischoff Edler von Altenstein (1784-1850), Prof. der Medizin in Prag 1812, 1825 in Wien.

14 Jütte stellt eine mittelalterliche und frühneuzeitliche Form von Expertentum dar, „das nicht auf dem Nachweis einer formalen Ausbildung oder gar eines universitären Abschlusses beruhte. Es ging damals im Unterschied zu heute noch nicht darum, sich mit Hilfe des Allgemeinmediziners in der verzweigten medizinischen Hierarchie zurechtzufinden und von einem bestimmten kompetenten Facharzt behandelt zu werden, sondern es kam darauf an, selbständig oder mit Hilfe des Laiensystems den Spezialisten für eine bestimmte Krankheits-ursache zu finden." (1991, 226).

„Bald hätte ich vergessen, Dir zu sagen, daß nicht Hufeland, sondern Dr. Elsner, ein hiesiger Arzt von Ruf, mich behandelt. Da die Krankheit hier zu Hause ist, so kann man wohl bei derselben in den Händen eines hiesigen Arztes ebenso sicher sein als in den Händen eines Berliner; übrigens muß ich nach dem bisherigen Verlaufe der Krankheit sehr mit ihm zufrieden sein" (Clausewitz, K. ebd., 211)[15]

Hier werden die Vertrautheit eines überdies berühmten Arztes (des Christoph Wilhelm Hufeland, 1762-1836) mit dem Kranken gegen die Erfahrungen mit der in dem fremden Ort endemischen Krankheit abgewogen, über die der andere Arzt verfügt.

Verschiedene Stellen zeigen, daß sich die Bewertung von Ärzten auch an „extrafunktionalen" Merkmalen, wie seinem Charakter und seiner Bildung, orientiert. Vor allem im Adel unterliegt der Arzt immer auch dem Anpassungszwang an dessen soziale Welt. Selbst ein „Gelehrter", dessen soziale Stärke vor allem auf der gesellschaftlich sanktionierten Verfügung über ein funktionsbezogenes Leistungswissen besteht, agiert er hier immer auch innerhalb des Gravitationsfeldes der höfischen Gesellschaft mit ihren spezifischen Ritualen und Verhaltensstilisierungen. Daher auch die Bedeutung, die dem persönlichen Betragen bei der Bewertung des Arztes beigemessen wird. So erinnert sich die Gräfin Bernstorff an den jungen Pfaff,[16] der sie nach ihrer Blatternimpfung für längere Zeit begleitet: „Seine originelle fröhliche Lebendigkeit ermunterte das Beisammensein sehr und ergötzte auch mich ungemein" (1897, I/18).

Auch außerhalb der höfischen Gesellschaft spielen solche Kriterien eine wichtige Rolle. 1803 schreibt Caroline von Humboldt in Rom einen Brief an ihren Vater, in dem sie den Hannoveraner Arzt Kohlrausch charakterisiert, der ihren Sohn behandelt. Dabei nimmt auch sie gleichermaßen auf fachliche wie persönliche Kompetenzen dieses Arztes bezug. Nachdem sie zunächst die „ungemeine Erfahrung" herausgestellt hat, die dieser sich bei der Armee und

---

15 Christoph Friedrich Elsner (1749-1820), 1773 Dr. med. in Königsberg, 1785 dort Professor der Medizin. Sein Sohn Christoph Johann Heinrich (1777-1834), seit 1808 Professor der Medizin in Königsberg.

16 Christoph Heinrich Pfaff (1773-1852), 1795-97 ärztlicher Begleiter des Grafen Reventlow in Italien, seit 1802 Prof. der Chemie etc. in Kiel.

durch sein „emsigstes Studium" in Göttingen und Wien erworben hat, fährt sie fort:

> „Er ist aus einer angesehenen, wohlhabenden Familie, und sein ganzes Benehmen trägt die Spur sorgfältiger Erziehung. Er kam als Fremder hierher, wurde uns empfohlen und ging gern mit uns um, und wir mit ihm. Humboldt brauchte ihn zuerst bei einem sehr schlimmen Halse als Arzt, und dann führte ich ihn nach L'Arriccia. Ach! obgleich seine Bemühungen nichts fruchteten, so hat er mir doch durch das, was er that, durch seine Besonnenheit, seine Geistesgegenwart, den einzigen Trost gegeben, den ich bei diesem Verluste empfinden kann, den, daß keine Kunst ihn mehr retten konnte. Und als Mensch ist er mir unaussprechlich theuer geworden" (C.Humboldt in Bülow 1895, 45 f.; Arriccia liegt bei Castel Gandolfo).

Nicht alle nehmen solche eher charakterlichen Aspekte gleich ernst. Strombeck schreibt anläßlich der Begegnung mit jenem berühmten Arzt, der ihn so arrogant behandelt, „Die Hauptsache ist, er erfüllte die Bitte: äußere Höflichkeiten sind bei einem Arzte wiewohl eine angenehme Zugabe etwas Unwesentliches" (1835, I/192). Eine solche Äußerung hat wohl am ehesten im bürgerlichen Milieu Platz, wo sie die abstrakte individuelle Leistungsfähigkeit als Basis sozialer Stärke herausstreicht. Dennoch scheint diese Haltung in solcher Konsequenz nur hinsichtlich sehr distanzierter Arzt-Patient-Beziehungen formulierbar, wie sie in diesem Falle gegenüber dem an einem fremden Orte praktizierenden Arzt besteht.

Die „handwerklichen" Ärzte

Den akademisch gebildeten Ärzten steht die Gruppe der handwerklich ausgebildeten Heiler gegenüber, die Wundärzte, Bader, Barbiere und Chirurgen und die in militärischen Diensten stehenden Feldschere. In vielen Territorien werden im 18. Jahrhundert gesetzliche Verordnungen erlassen, die den Zuständigkeitsbereich dieser „Handwerkschirurgen" (Sander 1989) umschreiben und vor allem gegenüber den Tätigkeitsfeldern der akademischen Ärzte abgrenzen. Die Differenzierung gegenüber den Ärzten wird dabei durch den Gegensatz zwischen „innerer Medizin" und der Chirurgie getroffen; als solche werden dabei die Behandlung von Wunden, Verletzungen und auch größere Operationen bezeichnet. Bei der Behandlung innerer Krankheiten sehen die Regelungen nur eine Beteiligung des Wundarztes als Gehilfen des Arztes vor, wie wir sie unten im Zusammenhang mit den „Kuren" beschreiben werden. Daneben bestehen interne Differenzierungen der verschiedenen Klassen von Wundärzten und anderen handwerklichen Heilern.

Die Unterscheidung von Ärzten und Wundärzten, Chirurgen usw. findet sich auch in den autobiographischen Krankheitsbeschreibungen der Laien wieder. Allerdings wird die rechtliche Differenzierung in verschiedene Klassen von Wundärzten dabei nirgends beachtet, so daß man davon ausgehen kann, daß ihr im Alltag der Bevölkerung keine große Bedeutung zukommt. Grundsätzlich finden sich im autobiographischen Material weit weniger Beschreibungen über Kontakte mit handwerklichen als mit akademischen Heilern. Das muß nicht bedeuten, daß die Autoren nur relativ selten mit dieser Heilerkategorie in Kontakt kommen. Sowohl deren niedrigerer sozialer Status als auch die vielleicht als weniger bedrohlich empfundenen Krankheiten, die sie normalerweise behandeln, mögen ein Grund dafür sein, daß die Autoren den handwerklichen Heilern in ihren Autobiographien weniger Beachtung schenken. Wenn die Rede auf diese Heiler kommt, so fällt die rhetorische Form auf, in der sie dem Leser präsentiert werden: während der Arzt fast immer mit Namen genannt wird, wird meist nur allgemein von „dem Wundarzt" oder „dem Chirurgen" gesprochen. Diese geringere Individualisierung der handwerklichen Heiler durch die Autoren dürfte auf ein von der Arzt-Patient-Beziehung abweichendes Muster der Sozialbeziehung verweisen. Offenbar waren die Beziehungen zum Wundarzt sporadischer und erreichten nicht jene Intimität, wie die gerade in bürgerlichen Kreisen übliche Assimilation an Freundschaftsbeziehungen. Auch hierin offenbart sich die soziale Distanz der meist städtisch-bürgerlichen und adeligen Autoren gegenüber den handwerklichen Heilern, die dagegen in kleinstädtische und ländliche Honoratiorenkreise gut integriert waren (Sander 1989).

In den Fällen, in denen der Wundarzt als Gehilfe eines akademischen Arztes auftritt, dürfte sich der Kontakt durch dessen Vermittlung hergestellt haben (vgl. Schopenhauer 1986, 102). Sonst ist es aber üblich, daß sich die Patienten direkt an einen Wundarzt oder Chirurgen wenden. Das gilt natürlich vor allem bei jenen Beschwerden, die auch offiziell in die Domäne des Wundarztes fallen, also von Wunden, Knochenbrüchen, Geschwülsten usw. Aus seiner Kindheit in den 1790er Jahren in Dresden berichtet Nieritz, wie ein Wundarzt gerufen wird, als er sich beim Spielen den Kopf aufgeschlagen hat:

> „Meine Mutter erschrak tödtlich, als plötzlich durch die Schulsthür ihr Söhnlein mit blutüberströmendem Antlitze und einem tiefen Loche in der rechten Stirnseite hereingeschrien kam. Der Wundarzt mußte schleunigst herbeigerufen werden, welcher noch viele Tage lang erschien, um die Wunde zu besichtigen, frisch zu beflastern und mit einem Instrumente das wilde Fleisch daraus zu entfernen, was nicht ohne Schmerzen abging" (Nieritz 1872, 9).

In ihrer historischen Untersuchung über die Handwerkschirurgen in Württemberg hat Sander gezeigt, daß der Berufsalltag dieser Heiler keineswegs immer mit der offiziellen Definition ihres Tätigkeitsfeldes übereinstimmte. Vor allem auf dem Lande führte die nur geringe Versorgung mit akademischen Ärzten dazu, daß die handwerklichen Heiler Dienstleistungen erbrachten, die formell den akademischen Ärzten vorbehalten waren. Einer strikten Durchsetzung des offiziellen Systems der Arbeitsteilung standen sowohl vage formulierte Ausnahmeregelungen entgegen, als auch der Pragmatismus der lokalen Aufsichtsbehörden, die diese Praxis oft tolerierten. Auch in den Autobiographien finden sich Hinweise darauf, daß der Tätigkeitsbereich der handwerklichen Heiler nicht immer klar von dem der Ärzte differenziert ist. Einen Einblick in die Situation auf dem Lande gibt die Beschreibung Kohlrauschs über eine Krankheit seines Vaters, eines Dorfpfarrers in den 1780er Jahren: der Vater hat sich durch starke Überanstrengungen in seinem Amte einen „Fehler in der Brust" zugezogen und bricht eines Tages zusammen. Arzt und Wundarzt werden nun zwar kategorial unterschieden, wegen der schlechten medizinischen Versorgung jedoch faktisch gleichrangig nebeneinandergestellt:

> „Im Dorfe war weder ein Arzt noch Chirurgus, der letztere wird eine Stunde weit aus Ebergötzen herbeigeholt und läßt meinen Vater zur Ader" (1863, 10; Ebergötzen liegt bei Göttingen).

Selbst in einer Stadt wie Halle, deren Universität u. a. der Mediziner Georg Ernst Stahl (1660 - 1734) berühmt gemacht hatte, wird der Theologiestudent Laukhard in den 1780er Jahren an einem Faulfieber, einer inneren Krankheit, von einem Wundarzt behandelt:

„Indessen ward ich krank und mußte einen Arzt haben. Der Chirurgus Noskovius hielt meine Krankheit für Faulfieber, aber er irrte. Ich mußte aber einen Arzt haben. Goldhagen kannte ich noch nicht; ich schickte also zu einem gewissen anderen Herrn und ließ ihn bitten, mich zu besuchen. Es hieß, er wäre nicht zu Hause; ich jagte die Aufwärterin in einem Tage wohl zehnmal hin, aber der Herr kam nicht.-- Das drückte mich beinahe ganz zu Boden; ich ließ mir also von Noskovius Arzenei vorschreiben" (Laukhard 1908, 232).

Zumindest in seiner retrospektiven Darstellung liegt Laukhards Präferenz eindeutig bei der Behandlung durch einen akademischen Arzt, und die Behandlung durch Noskovius wird als Notlösung beschrieben. Am nächsten Morgen empfiehlt ihm ein Studienfreund den im Zitat erwähnten Arzt Goldhagen,[17] der seine Krankheit als ein „hitziges Fieber" diagnostiziert und anstelle des Wundarztes die weitere Behandlung übernimmt. Dennoch ist für Laukhard, obwohl von Anfang an nur von einer „inneren" Krankheit die Rede ist, der Wundarzt offensichtlich sein erster Ansprechpartner. Allerdings wird deutlich, daß er von diesem nur eine vorläufige Diagnose erwartet und sich daraufhin an einen studierten Arzt wendet. Als dieser nicht anzutreffen ist, läßt er sich dann aber doch vom Wundarzt auf eine Weise behandeln, die keineswegs mehr in den offiziellen Rahmen wundärztlicher Tätigkeit gehört. Anders als auf dem Lande, ergibt sich die Notlage des Patienten hier offensichlich nicht aus einer prinzipiellen Unterversorgung mit Ärzten. Es scheint, daß der persönlichen Bekanntschaft mit dem Arzt bzw. als deren Surrogat der Empfehlung durch einen anderen Laien hier eine größere Bedeutung beigemessen wird, als dem formalen akademischen Abschluß des Arztes.

Es gibt auch Fälle, in denen Patienten die Fähigkeiten handwerklicher Heiler ausdrücklich höher einschätzen als die eines akademischen Arztes. Als sich Krug in den 1780er Jahren als Eleve der sächsischen Landschule Pforte beim Tanzen eine „doppelte Hydrokele"[18] zuzieht, wird er zunächst von dem „unwissenden Schularzt" behandelt. Der hält es für eine „schlechte Krankheit" - Krug meint offensichtlich die Syphilis - und behandelt ihn längere Zeit

---

17 Johann Friedrich Gottlieb Goldhagen (1742-1788), 1765 Dr. med. in Halle, 1769 dort Professor der Medizin.

18 Hydrocele: „Wasserbruch", eine wäßrige Geschwulst des Nabels oder insbes. der Hoden.

erfolglos mit Quecksilberpräparaten. Auf sein Drängen hin holt ihn seine Mutter nach Hause:

„Der heimatliche Arzt, obwohl kein Doktor, sondern nur ein Feldscher, Namens Eckard, beurtheilte die Krankheit sogleich aus dem richtigen Gesichtspunkte. Um sicherer zu gehn, fuhr er mit mir nach Wittenberg und ließ mich vom D. Böhmer und D. Langguth untersuchen. Beide stimmten ihm bei. Ich mußte mich also einer schmerzlichen Operazion unterwerfen" (Urceus 1825, 64).[19]

Die Anwendung der Kategorie „heimatlicher Arzt" auf den handwerklich gebildeten Feldscher verweist wieder auf eine relativ geringe Differenzierung dieser Kategorien auf dem Lande - Krugs Eltern leben in Radis bei Wittenberg. Der Wechsel verläuft hier entgegen der offiziellen Hierarchie vom akademischen Arzt zum handwerklichen Heiler, und letzterem wird die höhere Kompetenz bescheinigt. Allerdings erachtet dieser selbst es offenbar für notwendig, sich wiederum bei zwei akademischen Ärzten abzusichern.

Ein anderes Beispiel für eine hohe Einschätzung wundärztlicher Kompetenz enthält die Autobiographie der Schriftstellerin Helmina de Chézy. Sie hält sich wegen einer Wasserkur ihres Sohnes in Brunnthal bei München auf, wo „ein einfacher Chirurg mit Kenntniß und seelenvollem Eifer die Curanstalt leitete". Gegen ihren Widerspruch, aber mit Einverständnis ihres Sohnes, führt der Chirurg eine erfolgreiche Schwitzkur durch (1858, II/381). Solche Wasserkuren gehören zu den zu dieser Zeit gegen die orthodoxe Medizin verfochtenen „natürlichen Heilmethoden". Da sie nicht auf der Verabreichung von Medikamenten beruhen, ist der Übergriff des Wundarztes in das Terrain des „gelehrten Arztes" ist hier weniger offensichtlich. Dennoch hat diese Behandlung wenig mit den Tätigkeiten zu tun, die offiziell von Chirurgen erbracht werden sollen. So handelt es sich auch hier wiederum um eine „innere Krankheit", und von den Ärzten wurde sie zunächst auch medikamentös behandelt.

---

19 Georg Rudolf Böhmer (1723-1803), 1750 Dr. med. in Wittenberg, seit 1752 dort Professor der Medizin. Georg August Langguth (1711-1782), seit 1746 Professor der Anatomie und Botanik in Wittenberg. Sein Sohn Christian August (1754-1814), 1779 Dr. med., seit 1782 Professor der Medizin in Wittenberg.

Der ärztliche „Ausspruch"

Im Mittelpunkt der Interaktion von Arzt und Patient steht zunächst die Herstellung einer verbindlichen Definition der Krankheit, d.h. die Diagnose und vor allem die damit verbundene Prognose des weiteren Krankheitsverlaufes. Aus der Zeit seines Medizinstudiums in den 1790er Jahren berichtet der ehemalige Mönch Spenn, daß er täglich 14 Stunden mit eigenem Studieren und mit Privatunterricht verbracht habe:

> „Ich war mit einemmale sehr krank, mein würdiger Freund und großer Gönner, der nun verstorbene Doktor Böhmer besuchte mich, und war mein Arzt. Ich erholte mich bald wieder, da Böhmer, nachdem er alle vorhergehenden Umstände gehört hatte, der Ursach meiner Krankheit gleich auf die Spur kam" (Spenn 1803, 171).

In den Jahren 1818/19 hält sich Therese Devrient, die Tochter eines Hamburger Kaufmanns, auf dem Gut Babigora bei Breslau auf. Nachdem es kurz zuvor zu einer Auseinandersetzung mit dem Gerichtsvollzieher gekommen war, fühlte sich ihre Mutter in der Nacht sehr unwohl, war am Morgen unfähig aufzustehen und erregte auch durch ihr Aussehen die Besorgnis der Familie:

> „Wir mußten zu einem Arzt schicken. Nachdem er sich von uns die mögliche Veranlassung der Krankheit hatte schildern lassen - wir konnten ihm den Schreckensabend nicht verhehlen -, ging er zu Mutter; er setzte sich ruhig und freundlich an ihr Bett, war sehr eingehend und tat dann den beglückenden Ausspruch, daß durchaus keine Gefahr vorhanden" (Devrient 1905, 140).

Diese Beispiele machen deutlich, welche zentrale Bedeutung hierbei dem Diskurs des Patienten selbst zukommt: der Arzt „hört die Umstände" bzw. „läßt sich die mögliche Veranlassung der Krankheit schildern". Tatsächlich bildet das Gespräch mit dem Patienten in dieser Zeit die wichtigste Grundlage der ärztlichen Diagnose, und nicht wie heute die apparativen Hilfsmittel der Medizin. Das verschafft dem Patienten eine entscheidende strategische Stellung: Nachlässigkeiten beim Bericht gefährden die ärztliche Diagnose und Therapie. Als Baczko in den 1760er Jahren, wie er meint aufgrund des Ärgers über seine Mitschüler, an den Blattern erkrankt, entdeckt er seinem Arzt „aber nicht die wahre Ursache, sondern klagte bloß über Kopfschmerz, Hitze und

Uebelkeiten" (1824, I/201). Dies rächt sich in der Verkennung der Krankheit durch den Arzt und ihrer, wie Baczko rückblickend meint, völlig unangemessenen Behandlung durch abführende Mittel.

An wenigen Stellen wird auch das Fühlen des Pulses als ärztliches Diagnoseverfahren genannt:

> „Wrisberg, dem ich auf der Straße begegnete, faßte mich bey der Hand, befühlte den Puls, und sagte mit Heftigkeit: Was zum - machen Sie hier? geschwinde nach Hause, und legen sich zu Bette, Sie haben heftiges Fieber" (Feder 1825, 77).[20]

Die folgende Beschreibung des ehemaligen Mönchs Spenn über die Behandlung durch einen Klosterarzt in den 1760er Jahren deutet darauf hin, daß eine auf die Untersuchung des Pulses beschränkte Untersuchung nicht zuletzt von den Patienten als oberflächlich angesehen wird. Spenn, der seine damalige Krankheit auf das Leiden am Klosterleben zurückführt, berichtet:

> „Er besuchte mich, verrieth aber durch sein ganzes Benehmen, daß er meine Krankheit für sehr unbedeutend hielt. Er untersuchte bloß meinen Puls, und verließ mich gleich darauf wieder mit der Versicherung: es sollte für mich gesorgt werden ..."(Spenn 1803, 115).

Es besteht offenbar eine enge Beziehung zwischen der Bedeutung, die dem eigenen Diskurs für die ärztliche Diagnose beigemessen wird, und den Erklärungsmodellen des Patienten: Was Baczko seinem Arzt verschweigt und was Spenns Arzt nicht hören will, sind gerade die für das laienmedizinische Erklärungssystem der Epoche so zentralen Aspekte der Lebensumstände.

An vielen Stellen enthalten die Autobiographien auch genauere Wiedergaben der ärztlichen Diagnosen. Die diagnostischen Kategorien und Erklärungsmodelle der Ärzte sind von demselben Stil beherrscht, wie die der Patienten. Wenn es sich zum Beispiel 1822 bei der Krankheit des Herzogs August von Gotha, der ärztlichen Nachricht zufolge, um ein „gallig-rheumatisches Seitenstechfieber" handelt (Reichard 1877, 478), ist das zwar spezifischer als die Bezeichnungen, die die Patienten sonst in ihren Krankheitsbeschreibungen verwenden, bewegt sich aber im wohlvertrauten Rahmen des

---

20 Heinrich August Wrisberg (1739-1808), seit 1765 Professor der Medizin in Göttingen.

humoralpathologischen Schemas. Die ärztlichen Erklärungen stimmen auch insofern mit den Sichtweisen der Patienten überein, als sie den Akzent meist auf die Lebensumstände als einen wesentlichen Faktor der Krankheitsverursachung legen. Als der preußische Offizier François 1812 von einer schweren Krankheit erfaßt wird, wird diese vom „Arzt für die Folge einer heftigen Gemüthsbewegung" erklärt (1889, 92). 1842 deutet der Arzt ein „Panaritium"[21] am Daumen der rechten Hand des Juristen Delbrück „als Zeichen einer unrichtigen Lebensweise" (1905, II/95).

Nicht immer sind die Kranken und ihre Angehörigen auf eine komplizierte Diagnose aus, vor allem, wenn sie nicht auch sichtbare problemlösende Handlungsanweisungen beinhaltet. Der Archivar Lang etwa berichtet aus dem Jahre 1772, daß sich seine Familie einer Krankheit seines Großvaters wegen „an den berühmten Arzt Tissot in Lausanne" wandte, der diese Krankheit „in seinen Werken umständlich beschrieben" habe; dies sei aber erfolglos geblieben, da Tissot die Krankheit nur benennen, nicht aber heilen konnte. Schließlich sei der Großvater gestorben (1957, 9).[22] Das Publikum erwartet vom ärztlichen Ausspruch vielmehr ein Deutungsangebot für die sowohl emotional wie praktisch desorientierende Situation, die die Krankheit mit sich bringt. Ist die Krankheit gefährlich? Wird sie lange dauern? Bestehen Aussichten der Heilung? Der autoritative Spruch des Arztes bestätigt eigene Vermutungen, zerstreut Besorgnisse oder gewöhnt, wenn es sein muß, an das unvermeidliche Unheil. Der hanseatische Diplomat Rist zitiert den Arzt, der seinen Freund Kerner 1812 behandelt:

> „Der Weg dieser Krankheit geht in jedem Fall bis an die Pforten des Todes; die Krisis steigert sich, die Natur arbeitet unaufhaltsam an ihrem Proceß, in den der Arzt nicht eingreifen kann" (Rist 1880, II/145).

Der Bezug auf eine schicksalhafte Natur steht jedoch nicht notwendig im Gegensatz zur ärztlichen Behandlung. Weniger unmittelbar überwindend als bloß unterstützend versteht auch der Arzt seine Aufgabe, von dem Clausewitz während eines Nervenfiebers schreibt:

---

21 Panaritium: „Neidnagel", Nagelgeschwür.
22 Simon André Tissot (1728-1797), Schweizer Arzt und medizinischer Schriftsteller, u.a. „Avis au peuple sur la santé ..." (Lausanne 1761 u.ö.).

„Der Arzt behauptet, daß sich nichts dagegen tun lasse, als durch Diät, Verhalten und Medizin die Stärke desselben soviel als möglich zu mäßigen; unmittelbar abkürzen, heben lasse sich diese Krankheit nicht, sondern sie müsse ihre Perioden durchlaufen" (Clausewitz 1916, 210).

Für den Arzt sind Diagnose und Prognose immer auch eine Selbstinszenierung seiner eigenen Autorität:

„Acht Tage nach unserer Rückkehr ward Klara, die ich eben als Braut vorstellen wollte, von einem leichten Unwohlsein ergriffen, welches Stosch ganz entschieden für Scharlachfieber erklärte" (Bernstorff 1897, I/156).

Es ist letztlich die Person des Arztes, die für die Autorität von Diagnose und Prognose bürgt.

„Und was die Zukunft bringt, mag ich ruhig erwarten, seitdem (der Hausarzt Dr.) Wolff mir bei seiner Ehre versicherte, daß niemals die direkte Folge des Kopfübels, so wie es jetzt besteht, Wahnsinn sein kann" (Sibylle Mertens 1835 an Ottilie v. Goethe, in Goethe 1971, 42).

Auf der anderen Seite ist die ärztliche Definitionsmacht gegenüber dem Publikum prekär. Die Erfahrungsnähe der diagnostischen Kategorien und der interpretative Bezug des ärztlichen Spruchs auf den Diskurs des Kranken ermöglichen letzterem immer auch eine Kontrolle von Diagnose und Therapie. Clausewitz beruft sich gleichermaßen auf die gelebte Erfahrung seiner Krankheit wie auf den Ausspruch des Arztes, wenn er in dem oben bereits zitierten Brief fortfährt:

„(ich) trage ein Gefühl von Lebenskraft noch im Bewußtsein, daß ich um deswillen auch ohne alle ärztliche Prognostika überzeugt sein würde, daß die Krankheit keinen hohen Grad erreichen kann" (Clausewitz 1916, 210).

Hinweise auf eine skeptische Aufnahme ärztlicher Diagnosen durch die Laien finden sich in den rhetorischen Formen, in denen diese in den Quellen manchmal wiedergegeben werden, etwa wenn Baczko schreibt:

„Hier bekam ich die Blattern, wenigstens wurden sie von einem dortigen Arzt, und einem Regimentschirurgus dafür erklärt" (1824, I/49f.).

Deutlicher widerspricht Sibylle Mertens dem Spruch des Arztes, wenn sie 1849 ihrer Freundin Ottilie von Goethe mitteilt:

„Ich schreibe mit zerrissenem und blutendem Herzen, meine theure Freundinn, aber ich halte es für meine Pflicht, Sie über den Zustand unserer armen Adele nicht im Unklaren zu lassen. G.R. Vogel meinte zwar, die Anfälle der Krankheit d.h. jene entsetzlichen Verblutungen und Ausstoßen der Polyptheile würden sich erschöpfen und dann sei eine Heilung möglich. Ich habe an diese Hoffnung mich mit aller Gewalt angeklammert, aber ich glaube, daß wir sie aufgeben müssen! Sie haben keinen Begriff davon, wie schwach Adele ist, wie abgemagert, so daß sie kaum zu erkennen, trotzdem daß sie früher immer sehr mager war. Sie schläft unterbrochen und wenig, sie ißt mit Hast und ist gleich übersättigt, sie dürstet unaufhörlich und hat stets Verlangen nach kalten Getränken. Ich fürchte daß die heftigen Schmerzen, der Blutverlust, das innere Arbeiten der Krankheit, die überdem mit dem alten Drüsenübel combinirt ist, ein Zehrfieber erzeugen, gegen welches alle unsere Bemühungen umsonst sein werden!" (Goethe 1971, 129f.).[23]

Hier fällt vor allem die Souveränität auf, mit der die Briefschreiberin eine selbständige medizinische Argumentation entwickelt. Gerade für bildungsbürgerliche Patienten ist dies nicht untypisch - was im folgenden noch zu behandeln sein wird.

Gerade in der Zeitdimension ist der ärztliche Spruch massiven Gefährdungen ausgesetzt. Dazu trägt nicht zuletzt die relativ geringe Spezifität der diagnostischen Kategorien bei, die immer Raum für Neu- und Uminterpretationen läßt. Insbesondere die verschiedenen Formen der „Fieber" werden hinsichtlich ihrer typischen zeitlichen Verlaufsmuster klassifiziert. 1835 erkrankt der Sohn des Schauspielers Holtei:

„Ich ließ einen Arzt aus Glatz holen, einen lieben sanften Mann, - den jetzt auch schon verstorbenen Dr.Schorn, - und dieser erklärte, daß ein kaltes Fieber im Hinterhalt liege, von dem nur zu wünschen sei, es möge tüchtig ausbrechen (...) Der arme Junge schleppte sich in einem qualvollen Zustande wochenlang umher. Der Arzt, jedesmal wenn er uns besuchte, ernster und stiller, fing endlich an von einem schleichenden nervösen Fieber zu reden. Dies war da, bevor wir es entdecken konnten" (Holtei 1898, II/410; ähnl. Otte 1893, 108).

Vor allem bei der Prognose des Krankheitsverlaufes läuft der Arzt immer wieder Gefahr, sich zu irren. Das ist besonders dann prekär, wenn es um

---

23 Karl Vogel (1798-1864), seit 1826 Hofmedicus und Arzt in Weimar.

Leben oder Tod des Kranken geht. So wird einerseits von Patienten berichtet, die vom Arzt „aufgegeben" werden und dann doch genesen, wie von solchen, die trotz hoffnungsvoller Prognose des Arztes sterben. Der Arzt ist hierbei immer gegensätzlichen Anforderungen ausgesetzt. Einerseits wird von ihm erwartet, daß er den Kranken heilt, und sein Ruf hängt davon ab, daß er durch erfolgreiche Kuren am Krankenbett überzeugt; andererseits muß er die Grenzen seiner Kunst rechtzeitig eingestehen, damit der mögliche Tod des Kranken nicht seinem individuellen Versagen zugerechnet wird. Für den Arzt ergibt sich daraus die Notwendigkeit einer kalkulierten Vorsicht hinsichtlich des Ausspruchs von Diagnosen. Gerade deshalb steht wiederum für das Publikum manchmal die Authentizität des ärztlichen Ausspruchs in Frage. Als die Schriftstellerin Caroline von Pichler erfährt, daß der Arzt, der ihren Bruder behandelt, gegenüber einer Bekannten wenig Hoffnung geäußert hat, hält sie das „für jenen gewöhnlichen Kunstgriff (...), den Fall für bedenklicher auszugeben, als er wirklich war, um die Ehre der Kur zu vergrößern" (1914, I/252).

Diese Ambivalenzen der prognostischen Situation führen dazu, daß der körperliche Ausdruck des Arztes als eine unterhalb des expliziten Diskurses angesiedelte Kommunikationsebene besondere Beachtung findet. Mehrere Stellen in den Quellen zeigen, wie sich Patienten oder ihre Angehörigen bemühen, die in den Gesten und der Mimik des Arztes versteckten Botschaften zu entschlüsseln:

> „Gräfe wollte seine Befürchtungen hinter trostreichen Worten verbergen, war aber doch nicht immer Herr seiner Mienen und versank oft, wenn er die Kranke beobachtend und forschend lange anschaut, in ein schmerzliches Schweigen" (Holtei 1898, II/95).

Der Maler Kügelgen bemerkt das „geheimnisvolle Angesicht" des Arztes (1924, 209). Richter, ebenfalls ein Maler, erinnert sich an die „bedenklichen Gesichter der beiden geschickten Ärzte" (1885/86, I/316f.).

Die ärztliche „Kur"

Neben Diagnose und Prognose bildet die Therapie, oder in der Sprache der Zeit die „Kur", den zweiten wichtigen Tätigkeitskomplex des Arztes. Die autobiographischen Quellen geben sowohl Einblick in das Repertoire unterschiedlicher Heilmittel, das dem Arzt zur Verfügung stand, als auch in die Bewertung ihrer Wirkung durch die Patienten. Das ärztliche Kurverfahren beruht im wesentlichen auf drei miteinander verbundenen Strategien: erstens blutentziehende Methoden, wie der Aderlaß oder das Anlegen von Blutegeln, zweitens die Verordnung von Medikamenten und drittens flankierende diätetische Ratschläge an den Patienten.

Die blutentziehenden Maßnahmen finden in den Quellen die meiste Beachtung. Dem Kleinbauern Bräker wird 1754 „eine doppelte Aderlässe" verordnet, nachdem ihn Frost und Fieber befallen haben (1965, 63). Der Pädagoge Dinter erhält den einzigen Aderlaß seines Lebens 1807 anläßlich einer Gelbsucht, weil sein Arzt diesen „für das einzige Rettungmittel" (1829, 229) hält. Der Aderlaß rettet Dinter, wenn er sich auch bedeutend geschwächt fühlt (ebd., 456). Dem späteren Theologen Beyschlag werden als Kind 36 Blutegel am Hals angesetzt (1896, 37). Der Publizist Corvin wird mit 60 Blutegeln traktiert (1880, II/243). Die Schriftstellerin Pichler erhält in den 1830er Jahren, d.h. mit fast 70 Jahren, zum ersten Mal in ihrem Leben Blutegel, die „beruhigend" und „abspannend" wirken (1914, II/333). Auch der Lehrer Nieritz spürt „merkliche Erleichterung", nachdem der Arzt ihm unter anderem eine Blutentziehung gegen seine „versteckten Hämorrhoiden" verordnet hat (1872, 243).

Nicht immer sind die Folgen der Blutentziehung so glücklich; es gibt Berichte von verfehlten (Bernstorff 1897, I/332) oder zu spät erbrachten (Ranke 1890, 266) Aderlässen, die dem Kranken nicht mehr helfen oder ihm sogar schaden. Mit solchen Erfahrungen wird jedoch in der Regel keine grundsätzliche Kritik an dieser Praktik verbunden.

Es ist üblich, daß die Durchführung dieser Maßnahmen nicht durch den anordnenden Arzt selbst erfolgt, sondern durch einen Wundarzt oder, wie Nieritz es beschreibt, durch einen mitgebrachten „Gehülfen" (1872, 170). Solche Delegation manueller Aufgaben an sozial tieferstehendes Hilfspersonal ist Teil der Selbststilisierung der Ärzteschaft zum „gelehrten" Stand (vgl. Huerkamp 1985). Es kommt zwar auch vor, daß ein „gelehrter" Arzt selbst zur Ader läßt, wie in dem vom Herausgeber der Autobiographie des Philologieprofessors Heyne beschriebenen Fall. Allerdings erscheint ihm dies keineswegs selbstverständlich, denn er begründet es ausdrücklich mit der besonderen Dringlichkeit der Situation: „Sein herbeygeeilter Arzt ließ ihn sogleich selber zur Ader" (A.H.L. Heeren, in Heyne 1813, 457).

Die genannten Praktiken hängen eng mit einem von Ärzten und Patienten gleichermaßen geteilten Erklärungsmodell zusammen. Heilung, so der Grundgedanke, besteht im wesentlichen in der Unterstützung des behinderten Abflusses schädlicher Stoffe. „Die Krankheitsstoffe brachen sich durch offene Wunden nach außen Bahn" (Holtei 1898, I/75) heißt die gängige Formulierung. Im Hinblick auf den Aderlaß schreibt der Gymnasiallehrer Kohlrausch über die Behandlung seiner herzkranken Frau:

> „Es war nicht das heftige Klopfen des Herzens, welches abwechselnd eintrat, was so beängstigte, sondern das krampfhafte Zusammenziehen desselben, wodurch der Herzschlag stillstand, das Blut aus Kopf und Lunge nicht zurückströmen konnte und das Gefühl des augenblicklichen Schlagflusses eintrat. Dann konnte nur ein rascher Aderlaß Erleichterung geben, und so ist die arme Kranke in den ersten vier Wochen ihrer Krankheit zwölfmal zur Ader gelassen" (Kohlrausch 1863, 249f.).

Blut besitzt in der Kultur der Zeit eine hohe symbolische Bedeutung. Das hängt unmittelbar mit seiner zentralen Position innerhalb des humoralpathologischen Erklärungssystems zusammen. Der Aderlaß ist immer auch ein Moment der Wahrheit, in dem die Natur des Patienten offen zu Tage tritt. In seiner bereits 1745 erschienenen Autobiographie schreibt der Theologe Reimmann im Rückblick auf seine Gesundheit:

> „Bey diesen Umständen solte man denken, mein Geblüt hätte ganz faul und stockig und unartig werden müssen. Allein ich kan mit Wahrheit versichern, daß da noch itzo in meinem 68ten Jahre zur Ader gelassen, wie ich alljährlich zweimahl zu thun gewohnt bin, mein Geblüt noch so wohl und gesund ausgesehen, als das Geblüte eines jungen Knaben" (Reimmann 1745, 80f.).

Einen genaueren Einblick in die Erfahrung des Aderlasses durch den Patienten gibt die folgende Beschreibung des Kölner Rechtsanwaltssohnes Fuchs, der sich an eine Krankheit in den 1770er Jahren erinnert:

„Inzwischen griff mich, der ich der Kolik sehr exponiert war, (die Arbeit) doch mächtig an. Eines Tags war ich im besten Schreiben auf'm Kontor begriffen, als mich mit einem mal eine Ohnmacht, durch Kolik veranlaßt, vom Stuhl fallen ließ. Ich ward augenblicklich zu Bette gebracht; man eilte unsern Arzt, den damaligen Doktor Menn, zu rufen, und als dieser nach wenigen Stunden schon zur Hand war, führte man mich ihm vor, und ich sank während seiner Untersuchung von neuem zu Boden. Ich mußte gleich wieder zu Bett gebracht und auf Befehl des Arztes nachmittags drei Uhr, wenn der Paroxysmus des Kolikfiebers am heftigsten sein würde, zur Ader gelassen werden. Dieser Befehl wurde pünktlich besorgt, und ich genas augenblicklich" (1912, 70).

Die Ausführung des Aderlasses trägt hier nicht zuletzt auch rituelle Züge: Krankheit und Kur werden gegeneinander in Szene gesetzt. Auf der einen Seite der Befehl des Arztes, auf der anderen Seite die äußerste Heftigkeit der Krankheit. Zugleich folgt das Geschehen einer festen zeitlichen Ordnung, die die Aufmerksamkeiten und Hoffnungen der Beteiligten auf ein dramatisches Moment hin orientiert, in dem sich alles entscheidet.[24]

So erleichternd die blutentziehenden Maßnahmen für den Kranken auch sein mögen, zunächst einmal sind sie oft eine schmerzvolle Prozedur. Das gilt vor allem, wenn zu diesem Zweck mit Salben, Pflastern usw. versucht wird, einzelne Stellen des Körpers über längere Zeit offenzuhalten. So schreibt der Pfarrer Ebrard:

„...nur durch wiederholte Vessicatore gelang es endlich, der Entzündung Herr zu werden. Einer Freundin meiner Mutter, und zwar einer nichts weniger als nervösen Frau, wurde es übel, als sie meinen durch mehrere Blasenzüge geschundenen Rücken sah und sie begriff nicht die Geduld, womit ich mir Blase auf Blase setzen ließ. Aber man trägt eben gern einen geringeren Schmerz, um einen empfindlicheren loszuwerden" (Ebrard 1888, I/96).[25]

Außer den genannten Formen der Blutentziehung bildet die Verordnung von Arzneimitteln ein weiteres Element der ärztlichen Kur. Hierzu gehören vor allem Purgiermittel, Laxiermittel etc. eine Behandlung, der die gleiche Logik zugrundeliegt wie der Blutentziehung: auch auf diese Weise soll das Übel aus dem Körper austreten. Daneben tauchen in den Quellen aber auch „innere"

---

24 So bei dem Pädagogen und Theologen Dinter (1829, 229).
25 Vesicatorium: blasenziehendes Mittel, z.B. Senfsalbe u.ä.

Arzneien auf, denen eine stimulierende Wirkung auf die Gesundheit zugeschrieben wird. Zum einen ist das Repertoire an Medikamenten auf relativ
wenige Mittel begrenzt, zum anderen bestehen fließende Übergänge zu den
in der Selbstmedikation der Patienten üblichen Hausmitteln, wie Brühen,
kräftigen Suppen, Tees usw.. Als Kügelgen in seiner Kindheit um 1815 am
gerade grassierenden Scharlachfieber erkrankt und der Arzt abwesend ist,
glaubt man auch so zu wissen, was er anordnen würde, „nämlich Bettwärme
und Fliedertee" (1924, 303).

Viele Medikamente sind für den Patienten kaum angenehmer als die
Blutentziehung. Was dort der Schmerz, ist hier der Ekel. Nur mit Widerwillen
nimmt der Mund die ihm „eingeflößten Kampherpulver ein" (Nieritz 1872,
170). An anderer Stelle urteilt derselbe Autor über das „isländische Moos",
daß er die „Rentiere nicht um diesen Leckerbissen" beneide (ebd., 200). Das
dürfte auch der Grund dafür sein, daß, wie sich Ebrard erinnert, das isländische Moos „gehackt und mit Schokolade zubereitet wurde" (1888, I/13).
Welche ambivalenten Gefühle aus Ekel und Genesungshoffnung den Gebrauch
der Arznei begleiten können, dokumentiert die folgende Passage aus einem
Brief, den Holtei 1833 von seinem Freund Schall erhält:

> „Du weissest ja wohl, (...), was Calomel Hochwohlgeboren sind? O, eine
> verruchte Medizin! Ich habe sie in den letztvergangenen Wochen als Haupt-
> giftheilmittel in Pillenform und in so drastischen Dosen in meinem vermager-
> ten Cadaver rumoren lassen müssen, daß ich dadurch ein Krankenleben führte,
> in welchem sich physischer und psychischer Ekel unaufhörlich überboten und
> meine Leiden zu einer so noch nicht empfundenen verzweifelnden Unerträg-
> lichkeit steigerten, die mir die Marterwoche zu einer wirklich solchen machte
> und bis in die Feiertage hinein verlängerte. Erst seit ein paar Tagen ist diese
> Ekelkurperiode vorüber und einige Lebenslust mir wiedergekehrt" (Holtei
> 1898, II/315f.).[26]

Wenn Schall von einem „Giftheilmittel" spricht, bedient er sich bereits eines
Schlüsselbegriffs der Arzneimittelkritik, wie sie seit der Jahrhundertwende,
zunächst von der Homöopathie und später von der Naturheilbewegung,

---

26 Calomel: Quecksilber-Chlor-Verbindung, als Abführ- und Ätzmittel.

artikuliert wird. Dennoch stellt Schall noch an keiner Stelle in Frage, daß sich die Quälerei der Medikamenteneinnahme auch lohnt.

Die Medikamente werden von den Kranken mitunter in hohen Dosen eingenommen. Gegen seine Augenentzündung gebraucht Baczko um 1780 unter anderem schwärzliche Pulsatillen und mehrere Störkische Extrakte,[27] die er „immer in steigenden Dosen" zu sich nimmt (Baczko 1824, I/249). Bronner berichtet von einem Küchenmädchen, dem gegen Unruhe und Schlafstörungen vom Arzt „ein Paar Loth Salpeter verschrieben" wurden (1795, II/23f.). In seinem Nervenfieber kurz vor der Jahrhundertwende nimmt der Philosoph Krug „Chinarinde, die ich in großen Gaben verschluckte" (Urceus 1825, 104). Holtei bereitet eines heftigen Fieberfrostes wegen, der ihn in den 1820er Jahren in Breslau ergreift, „in einem riesengroßen Bierglase" ein „Höllengetränk von Thee, Arac und Zucker" (1898, I/435). Die Patienten bewegen sich hier ganz im Muster der sogenannten „heroischen Therapien". Auch Schall nimmt, wie wir sahen, das Calomel in „drastischen Dosen" ein. Die Einnahme von Medikamenten wird vor allem auf den Aspekt der Quantität konzentriert. Der Effekt von Arzneien und Hausmitteln scheint in den Augen der Autoren vor allem daher zu rühren, daß die Krankheit durch deren möglichst massiven Einsatz gleichsam kämpferisch überwältigt wird. Ein solches Verständnis wird auch durch die im Zusammenhang mit Arzneimitteln verwendeten Attribute wie „bitter", „stark" u.ä. unterstrichen, die diesen im wesentlichen solche Eigenschaften beimessen, die mit Stärke oder Heftigkeit verbunden sind.

Die Kur ist immer auch eine Angelegenheit des Patienten: Die sorgfältige Portionierung der Speisen, Mäßigkeit, vor allem hinsichtlich der Arbeit, körperliche Bewegung. Diese im weitesten Sinne diätetische Krankheitsbewältigung ist nicht nur eine Ressource, auf die der Patient unabhängig vom Arzt zugreifen kann, sondern sie ist immer auch integrierter Bestandteil des Kurverfahrens, auf den sich ein großer Teil der ärztlichen Verordnungen selbst erstreckt:

---

27 Störkische Extrakte: Kräuter- und Pflanzenextrakte, deren Heilwirkung der Wiener Arzt und Medizinprofessor Stoerck (s.o. Anm. 6) im Tier- und Selbstversuch zu ergründen suchte. - Pulsatilla: „Küchenschelle".

„Endlich befragte ich unsern lieben Hausarzt um Rath. Derselbe setzte mir zunächst Blutegel unter die kürzeren Rippen, verordnete den Gebrauch eines Arzneimittels und verwies vor allen Dingen zur Mäßigkeit in allem meinem Thun. Mein Uebel rührte jedenfalls von versteckten Hämorrhoiden her, die sich mir auf die Brustorgane geworfen hatten. Nachdem ich durch die Blutentziehung und den Genuß der Arznei eine merkliche Erleichterung fühlte, verfolgte ich die weitere Cur, indem ich zunächst meine leidenschaftlich gewordene Sitzlust überwand und durch Gehen, wie durch allerlei Handarbeiten, mir häufige Bewegung machte. Von großem Nutzen hierbei war das Kleinspalten des Brennholzes, wodurch das auf der Brust angehäufte Blut zertheilt wurde, und später, nachdem meine Kräfte sich etwas gehoben hatten, das gemächliche Spazierengehen in den Nadelwäldern, deren kräftiger Harzduft meiner Lunge außerordentlich zusagte und wohlthat" (der Lehrer Nieritz 1872, 243).

Diese Beschreibung einer Krankheit um 1825 dokumentiert noch einmal die Erklärungsmodelle und Körperbilder der Epoche. Vor allem aber zeigt sie, wie sich vom Arzt erbrachte Maßnahmen und diätetisches Handeln des Patienten gegenseitig ergänzen.[28] Die relativ unspezifische Mahnung des Arztes zur Mäßigkeit überläßt dem Patienten einen großen Spielraum für die eigenständige Gestaltung dieser Kooperation.

Solche diätetischen Maßregeln werden bei den verschiedensten Krankheiten getroffen - ob es Hämorrhoiden sind, ein Fieber oder eine Augenkrankheit. Die ärztlichen Ratschläge erstrecken sich auf fast alle Aspekte der Lebensführung. Immer wieder die Arbeit: der Juraprofessor Pütter wird von seinem Arzt darauf hingewiesen, daß seine Krankheit nicht gefährlich sei, wenn er nur nicht zu lange stehend am Pult arbeite und sich überhaupt in der Arbeit mäßige (1798, 277ff.). Oft fällt es schwer, diesen Anordnungen nachzukommen. Als etwa der Wiener Arzt Stoll der Schauspielerin Arneth nach einer Lungenentzündung das Theaterspiel untersagt, überreden sie ihre Freunde, weiter zu machen (1891, I/35). Dem Juristen und Gutsbesitzer Scheffner werden die Krankenbesuche seiner Freunde vom Arzt untersagt, als der Kranke Fieber bekommt (1860, 451). Baczko gewöhnt sich wegen seiner Augenentzündung auf Anraten der Ärzte den Gebrauch des Schnupftabaks an

---

28 „... self-medication and professional medicine complemented and supplemented each other" resümieren auch Porter/Porter (1989, 214) für England im 18. Jahrhundert.

(1824, I/256). Dem Theologen Bretschneider werden ebenfalls gegen eine Augenentzündung „Strümpfe von Schaafwolle" empfohlen (1851, 43).

In vielen Fällen raten die Ärzte dem Kranken auch zu einem längerfristigen Ortswechsel. In den 1820er Jahren wird der Schriftstellerin Helmina de Chézy nahegelegt, mit ihrem Kind auf das Land zu ziehen, weil es sonst dahinsiechen würde (1858, II/243). Dem Pflegekind der Gräfin Bernstorff verordnet der Arzt den „Gebrauch von Seebädern" (1897, I/199). Dem Prinzen Eugen von Württemberg raten die Ärzte 1809, in das schlesische Bad nach Warmbrunn zu gehen (Wolzogen 1851, 49). Reichard, der Bürgerliche am Hof des Herzogs Ernst von Gotha, berichtet, wie 1800 die Leibärzte den Herzog nach Karlsbad drängen (1877, 324). Aber auch einem bürgerlichen Patienten wie dem Pfarrer Harms wird nach einer längeren Krankheit eine vierzehntägige Reise nahegelegt (1851, 139). Der junge Kügelgen begleitet Anfang des Jahrhunderts seine kranke Mutter und ihre Bekannte, die „Mutter Volkmann", auf einer vom Arzt angeordneten Brunnenkur in Radeberg. Man mietet sich dort nicht im Badeetablissement, sondern in einer Wohnung im benachbarten Lotzdorf ein. Beide Frauen, schreibt Kügelgen, „waren übrigens durch den Gebrauch des Bades und den wohltätigen Einfluß der Landluft zusehends erstarkt" (1924, 50).

Der Kuraufenthalt bedeutet jedoch noch nicht den Eintritt in eine nach medizinischen Imperativen strukturierte Welt, wie sie im folgenden Kapitel geschildert wird. Auf die Rolle, die dem Einfluß des Klimas oder der örtlichen Gegebenheiten bei der Verursachung von Krankheiten beigemessen wurde, sind wir schon eingegangen. Gerade der Wechsel des angestammten Ortes gilt im 18. Jahrhundert als prekär. Allerdings gibt es auch Orte, deren Klima ein besonders wohltätiger Einfluß auf die Gesundheit zugeschrieben wird und die von Patienten mit bestimmten Krankheiten aufgesucht werden. Gegen Endes des Jahrhunderts kommt es sogar zur Aufwertung der Ortsveränderung als solcher. „Nichts ist dem Leidenden schädlicher, als ständig am selben Ort zu bleiben," erklärt der dänische Dichter Baggesen, der 1789 eine Reise durch Deutschland unternimmt. „Es gibt nichts Natürlicheres, scheint mir, denn das Leben selbst ist nichts anderes als Bewegung" (1985, 107).

Wie gesagt, sind es oft die Ärzte, die den Patienten in die Fremde schik-ken; häufig haben aber auch die Kranken selbst eine Vorliebe für einen bestimmten Kurort, der ihnen früher schon wohlgetan hat. „Im ganzen sieht es jetzt mit Goethens Gesundheit übel aus," schreibt Johanna Schopenhauer 1818 an den Verleger Friedrich Arnold Brockhaus, „alle seine Freunde und auch die Ärzte dringen darauf, daß er nach Karlsbad gehe" (1986, 402). Für die Gräfin Bernstoff, die sich 1824 in Södern bei Hildesheim aufhält, gibt es „wohl kaum einen zweiten Ort auf der Welt so geeignet, um kranke Nerven zu stillen und einen ermüdeten Körper auszuruhen" (1897, II/29). Über Salzhausen am Vogelsberg, wohin der Statistiker Crome 1827 eine Badereise unternimmt, schreibt er:

> „Gegen rheumatische Uebel etc. hielt man dieß Bad für sehr wirksam. (...) Indessen war das Salzhäuser Bad doch nicht wirksam genug, um den Beschwerden meines Unterleibes abzuhelfen, weßhalb ich in den folgenden Jahren zwei Badereisen nach Wiesbaden machte" (1833, 432f.).

Der Orientalist Bohlen, der in den 1830er Jahren an einem rheumatischen Fieber leidet, lobt das südfranzösische Hyères:

> „Die Natur hat hier Alles gethan, um dem Brustkranken seine Leiden zu mildern oder ihn zu einer möglichen Genesung hinzuführen, und ich habe wohl einzig und allein der balsamischen Luft des Südens, in welcher sich mein Fieber gänzlich verlor und meine Kräfte wiederkehrten, die Verlängerung meines Lebens zu danken" (Bohlen 1840, 77).

Der Aufenthalt in der Fremde ist aber auch mit Anstrengungen und Entbehrungen verbunden:

> „Die Gasthäuser in Hyères sind für den ganzen Winteraufenthalt viel zu theuer und entbehren ohnehin fast alle erforderlichen Bequemlichkeiten, so wie sie denn auf sorgfältige Pflege und besonders auf leichte Krankenspeisen durchaus keine Rücksicht nehmen. Man ist daher genöthigt, sich ebenfalls um einen hohen Preis eine Privatwohnung zu miethen, d.h. kellerartige Stuben, die mit kalten steinernen Fußböden, mit einer Vertiefung in der Wand, welche einen Kamin vorstellen soll und zur Heizung wenig geeignet ist, mit luftigen Thüren und Fenstern, die dem fürchterlichen Nordwestwinde, Mistral, freien Zugang lassen, und nur mit nothdürftigsten Meublen versehen sind" (ebd., 78).

Der von Bohlen angesprochene finanzielle Aspekt schränkt die Möglichkeit zur Kur auf die Wohlhabenderen ein. Es sind die Adeligen und wohlhabenden Bürgerlichen, die sich Kuren leisten können. Mit welchen finanziellen Anstrengungen ein Kuraufenthalt verbunden sein kann, zeigt ein Brief Johanna

Schopenhauers, in dem sie 1821 um die baldige Zusendung des Honorars für einen Aufsatz bittet und dabei auf einen notwendig gewordenen Aufenthalt in Karlsbad Bezug nimmt, um der Bitte Nachdruck zu verleihen (o.J., 412). Auch die Auswahl der Kurorte wird manchmal von ökonomischen Rücksichten bestimmt. Als mehrere Ärzte in den 1820er Jahren Chézy empfehlen, mit ihrem kranken Sohn entweder ein reines Meerbad oder ein reines Schwefelbad aufzusuchen, entscheidet sie sich für das Schwefelbad Baden in der Nähe von Wien. „Ich würde das Meerbad vorgezogen haben," schreibt sie, „aber der Weg dahin war zu weit, der Aufenthalt zu theuer" (1858, II/249). Die hohen finanziellen Hürden sichern dem Kuraufenthalt andererseits eine soziale Exklusivität, die auch von bürgerlichen Patienten geschätzt wird. Crome schreibt über die interessante „Badegesellschaft" in Salzhausen, unter anderem „der liebenswürdigen Gräfin Bose und ihrer beiden hoffnungsvollen Söhne aus Böhmen" und zweier Forstmeister, die er dort kennen lernt. Noch besser gefällt es ihm in Wiesbaden. So „war die Gesellschaft dort viel zahlreicher und daher noch interessanter wegen der vielen Fremden", von denen er „einige Gelehrte" nennt (Crome 1833, 433).

Die ausgehandelte Ordnung der Kur

Kurieren ist ein autoritatives Schauspiel, in dem der Arzt häufig den dominanten Pol besetzt: durch „erklären", „bestimmen", „verordnen" usw. etabliert er eine für alle Beteiligten (Patient, Angehörige) gültige Situationsdefinition. In den Autobiographien finden sich jedoch auch viele Beispiele für offene Konflikte zwischen den Ärzten und Patienten sowie deren Angehörigen.

Häufig ergeben sich solche Konflikte aus dem kooperativen Charakter ärztlicher Anordnungen. Der Arzt kann zwar Medikamente verschreiben, diätetische Maßregeln treffen usw. - die Durchführung dieser Maßnahmen beruht jedoch stets auf der Mitwirkung des Patienten. Von daher besteht die Arzt-Patient-Interaktion in einem fortwährenden Aushandeln, durch das die Handlungslinien von Arzt und Krankem aneinander angepaßt werden. Aus seiner Zeit als Registrator am Augsburger Kirchenamt (1790) berichtet Bronner von einer Krankheit:

„Im Zimmer des Arztes mußte man meine weichenden Lebensgeister mit Essig und Schlagwasser wieder zurückrufen. Die Zunge war höchst unrein, und der Arzt verordnete mir auf der Stelle Brechmittel. Allein ich verstand ihn nicht recht. Anstatt es sogleich zu nehmen, glaubte ich bis den anderen Tag morgens damit warten zu müssen. Sehr frühe besuchte mich der Arzt, war böse über den Mißverstand, daß ich die verschriebene Arzney nicht sogleich genommen hatte, und befahl mir, sie ungesäumt zu gebrauchen. Ich that es, ward müde und matt, und mußte mich zu Bette legen" (Bronner 1795, III/36).

Das Auseinanderbrechen der Kooperation wird hier rückblickend einem Mißverständnis der ärztlichen Anordnungen zugerechnet. Der Arzt scheint dagegen wohl eher von fehlender Kooperationsbereitschaft des Patienten ausgegangen zu sein. Bronner beschreibt auch eine Strategie, mit der es dem Arzt dann doch gelingt, seine Anweisung als eine gemeinsame Situationsdefinition gegenüber dem Patienten zu etablieren. Gleichsam durch die rituelle Selbstverstärkung der ursprünglichen Anordnung („böse über den Mißverstand"/„befahl mir") wird die Autorität des Arztes wieder hergestellt und damit handlungsprägend wirksam. Andere Beispiele zeigen, daß der Arzt bei solchen Konflikten manchmal auf die Unterstützung durch die umstehenden Angehörigen angewiesen ist, die den Patienten überzeugen, seine Medikamente einzunehmen.

Eine zweite Konfliktquelle liegt in der Beurteilung des ärztlichen Handelns durch den Patienten bzw. seine Angehörigen. Zunächst einmal impliziert das Heranziehen eines Arztes immer schon eine Zuweisung von Kompetenz, die diesem gleichsam ein „Startkapital" an Autorität für die folgenden Interaktionen verleiht. Dennoch unterliegt das ärztliche Handeln auch weiterhin der ständigen Begutachtung durch sein Publikum:

„Nur zu bald fing ich an zu bemerken, daß Gräfe an seiner ersten Ansicht über ihre Krankheit irre wurde. Er gab die dahin schlagenden Mittel auf, versuchte andere, abweichende und schien eigentlich im Ungewissen zu sein. Auf einmal, zu meiner höchsten Überraschung, verordnete er einige Aderlässe. Das reichlich entströmende Blut wies sich als heftig entzündet und verdorben aus. Er selbst vermochte nicht zu leugnen, daß dieser Schritt früher, vielleicht gleich anfänglich hätte geschehen müssen" (so der Schauspieler Holtei 1898, II/93).

Diese Abhängigkeit von der Kritik durch das Publikum ist nicht zuletzt die Kehrseite einer auf Darstellungseffekte ausgerichteten Kur. Gerade weil sie auf die dramaturgische Überzeugung des Publikums zielt, können Fehler und Unwägbarkeiten sofort den gegensätzlichen Effekt haben. Die zitierte Episode gibt auch einen Hinweis auf die impliziten Beobachtungsregeln, nach denen das Publikum das Handeln des Arztes beurteilt. Der Autor verfährt hier ganz nach der in der Ethnomethodologie beschriebenen „dokumentarischen Interpretation", d.h. das Handeln des Arztes wird als Ausdruck eines dahinterliegenden Musters gesehen, hier der „Ansicht" über die Krankheit (Garfinkel 1967). Die gemeinsame Situationsdefinition ist in dem Moment gefährdet, wo es dem Publikum nicht mehr gelingt, das ärztliche Handeln weiterhin mit dem einmal etablierten Muster übereinzubringen. Die beschriebene Episode endet jedoch damit, daß sich der Arzt mit seinem Publikum auf eine neue Definition einigt: durch das Eingeständnis des Arztes, daß der Aderlaß hätte früher geschehen müssen, wird die von allen geteilte Evidenz „verdorbenen" oder „schlechten" Blutes zum Ansatzpunkt einer Umdefinition der Situation, von der aus das vorangegangene Handeln neu interpretiert wird.

In anderen Fällen stützt sich die Beurteilung des ärztlichen Handelns auf Erfahrungen mit früheren Arztkontakten. Als Nieritz 1813, gerade von einem Nervenfieber genesend, eine Purganz verordet wird, protestiert er dagegen, sowohl, weil er des „Verschluckens der übelschmeckenden Arznei überdrüssig" ist, als auch, „weil ich an meinen gestorbenen Bruder dachte, dem nach endlich überstandenem Keuchhusten eine Purganz den Tod gebracht hatte." Es dauert nicht lange, bis Nieritz seinen Protest bereut. Angesichts peinlicher Schmerzen und eines salzartigen Ausschlags, der sich an seinen Beinen bildet, „behielt mein erfahrener Arzt doch Recht" (1872, 172). Dieses Beispiel zeigt, wie ein Laie die Erfahrungen aus vorhergehenden Arztkontakten in die Beurteilung künftiger Arztkontakte einbringt und wie diese dort wiederum durch neue Erfahrungen modifiziert werden.

In den zeitgenössischen Ratgebern für die ärztliche Berufspraxis findet sich vor allem die Klage über Frauen, die am Krankenbett stehen und durch falsche Ratschläge dem Arzt in das Werk pfuschen (vgl. Frevert 1984). Auch in den Autobiographien finden sich Hinweise auf Kompetenzstreitigkeiten zwischen Ärzten und Frauen, denen, wie im Kapitel 2 bereits betont, eine relative Expertenschaft hinsichtlich der familiären Selbstmedikation zukommt. Aus der Mitte des 19. Jahrhunderts berichtet der Pfarrer Asmist, daß er, um seiner Mutter keine unnötigen Sorgen zu machen, allein mit seinem Arzt spricht. Dennoch entgeht es ihrem „lauschenden Ohr" nicht, daß der Arzt ihm rät, „einige Tage das Bett zu hüten und durchaus schmale Diät zu beobachten", und wie ihr Sohn über diese Anweisung staunt.

> „'Mein Herr Doktor', rief sie, als sie rasch zur Thür eintretend, mich fest aufgerichtet im Bette sitzen und ihr unvermuthetes Erscheinen mit munterem Lächeln begrüßen sah. - 'Das geht nicht wohl an, mit der Krankensuppe, ich kenne meines Sohnes Natur aus häufiger Erfahrung bei vorübergehenden Erkältungsfällen. Ich bin im Gegentheil dafür, eine Scheibe Kalbsbraten rasch ein wenig erwärmt und ein Gläschen Rothwein dem Magen zu bieten...'" (Asmist 1883, 274).

Nicht immer enden Konflikte zwischen Ärzten und Patienten mit der Durchsetzung der ärztlichen Situationsdefinition. So verfolgt in dem eben zitierten Fall die Mutter die Kur ihres Sohnes entgegen den Anweisungen des Arztes nach ihren eigenen Vorstellungen. In dem Bericht über sein Nervenfieber schildert auch der Dichter Bronner wenige Seiten nach der oben zitierten Episode einen erneuten Konflikt mit seinem Arzt:

> „Der Arzt verordnete mir täglich eine Fleischsuppe nebst allerley Mixturen. Ich konnte aber nur mit dem äußersten Ekel ein Paar Löffel Suppe voll hineinzwingen, gehorchte hierin dem Arzt nicht, so sehr er auch in mich drang, und unterließ es bald ganz, sie zu kosten, so daß ich etwa 14 Tage nichts Warmes oder Nahrhaftes genoß. Desto fleißiger und pünktlicher nahm ich die Arzneyen, trank täglich drey große Krüge voll Wasser aus, und erquickte mich mit Citronensaft, den ich Tag und Nacht in die vier Wassergläser drückte, welche stets in einer Orgelreihe vor meinem Bette standen. Tissots Anleitung für das Landvolk lag immer unter meinem Küssen. Ich ließ mir seiner Vorschrift zufolge von der Wärterinn präparirten Weinstein holen, und nahm manche Dosis in Wasser aufgelöset ein" (Bronner 1795, III/39).[29]

In diesem Fall gelingt es dem Arzt nicht, seine Anweisungen durch ihre bloße Bekräftigung durchzusetzen. Wenn Bronner den therapeutischen Sinn der verordneten Mixturen auch nicht in Frage stellt, so ist ihm der damit verbundene Ekel doch Grund genug, deren Anwendung zu verweigern. Der Dissens mit dem Arzt besteht fort, führt aber nicht zum offenen Konflikt, weil

---

29 Vgl. o. Anm. 22.

Bronner in seinem Handeln nicht an die Übereinstimmung mit dem Arzt gebunden ist. Seine Strategie besteht in einer selbständigen Modifikation der Kur, erstens durch die lediglich selektive Aufnahme seiner Anweisungen (sofern sie sich auf die Arzneien beziehen) und zweitens über ihre Ergänzung durch die Selbstmedikation nach Tissots Anleitung. Der Handlungsspielraum des Patienten ist, wie dieser Rückgriff auf einen populären medizinischen Ratgeber zeigt, nicht zuletzt auch ein Ausdruck der zu dieser Zeit geringen Monopolisierung medizinischen Wissens: die Vermittlung durch den Arzt ist zumindest für einen Teil der männlichen Bildungsbürger nur eine Form der Aneignung medizinischen Wissens unter anderen. Die Modifikation der Therapie kann darauf beruhen, daß der Patient Handlungsspielräume ausnutzt, die nicht unmittelbar mit dem Arzt zu koordinieren sind. Die Autobiographien enthalten aber auch Beispiele für eine Durchsetzung neuer Situationsdefinitionen durch den Patienten, die zu einer Modifikation des ärztlichen Handelns selbst führen. Von einer Krankheit ihres Gatten 1833 berichtet die Gräfin Bernstorff über den behandelnden Arzt Dr. Bremer,[30] der den gerade abwesenden Hausarzt vertritt:

> „Leider kennt er dessen Natur gar nicht, und ich glaube mich befugt, ihn gegen einen Aderlaß zu warnen, weil ich weiß, daß mein Mann und sein Arzt solchen für unverträglich mit seiner Natur ansehen. Vierundzwanzig Blutegel werden ihm statt dessen an Hinterkopf und Nacken gesetzt und bringen Bewußtsein und Sprache zurück ..." (Bernstorff 1897, II/241).

Die Gräfin glaubt hier gute Gründe zur Skepsis zu haben, da ein wesentliches Kriterium der Arztwahl, nämlich die Kenntnis der individuellen Natur des Kranken, nicht erfüllt ist. Das Wissen um die Erklärungsmodelle des Hausarztes und des Kranken selbst, die hier gleichwertig nebeneinandergestellt werden, verschafft ihr einen kontextspezifischen Wissensvorteil gegenüber dem kontextfremden Wissen des Arztes. Wir wissen nicht, ob der Arzt sich von den besseren Argumenten überzeugen läßt oder ob die Autorität der sozial höher stehenden Gräfin den Ausschlag gibt. Das Ergebnis ist jedenfalls eine Modifikation des Kurverfahrens, die ihren Einwänden Rechnung trägt.

---

30 Wilhelm August Eduard Bremer (1787-1850), Arzt und Impfarzt in Berlin.

Am Palmsonntag desselben Jahres erkrankt auch der junge Theologe Otte, der gerade sein Studium beendet hat und als Prädikant in Berlin predigt. Der Arzt meint zunächst, er werde eine gerade in der Stadt verbreitete Grippe bekommen. „Es wurde aber ein hartnäckiges Wechselfieber, das mich sehr herunterbrachte, da es nach kurzen Unterbrechungen ungeachtet aller angewandten verschiedenen China-Präparate bis in den hohen Sommer sich hineinschleppte" (1893, 108). Nachdem er auf Anraten des Arztes den Rest des Sommers in Merseburg verbringt, wo er schlesischen Obersalzbrunn mit Molken trinkt, geht es ihm zunächst besser. Doch im November ist er wieder krank:

> „Der Arzt erklärte meine Krankheit für ein rheumatisch-nervöses Fieber, welches 10 Tage dauern würde und meinte, als die 10 Tage vorüber waren, und mein Zustand derselbe blieb, nun daure es zwanzig Tage. Er hielt einen Aderlaß für nötig, und ich wurde sehr schwach. Da ich schon im Frühsommer alle möglichen China-Präparate hatte einnehmen müssen und jetzt wiederum Chinin nehmen sollte, leistete ich passiven Widerstand und verordnete mir selbst unter Zustimmung des Arztes alten Burgunder-Wein, den ich eßlöffelweise wie eine Arznei einnahm. So überdauerte ich den Rest der zwanzig Tage und fand mich wie neu geboren, wenn auch sehr geschwächt" (ebd., 110).

Hier bildet der Rückzug in die Selbstmedikation eine bedeutende Handlungsressource des Patienten. Anders als in der oben zitierten Episode aus der Biographie Bronners, gelingt es dem Patienten jedoch, für seine selbständigen Entscheidungen die Anerkennung des Arztes zu finden und so seine Modifikation der Therapie als gemeinsame Situationsdefinition durchzusetzen. Deutlicher wird dies noch im folgenden Text des Theologen Ebrard:

> „Aber in dieser mehrseitigen Thätigkeit wurde ich recht unliebsam unterbrochen durch eine katarrhalische Augenentzündung. Die Augen röteten sich und schmerzten; die besorgten Pfarrleute ließen sogleich ihren Arzt, den Hofrat Dr. M., von Homburg kommen, einen alten, in der Therapeutik nicht eben fortgeschrittenen Arzt, der mir seine Augenpanacee,[31] Einspritzung von Tropfen (ich weiß nicht mehr, ob Erocus? ob Opium?) verordnete. Das war den 20. November. Ein paar Tage ging es besser (...) Aber kaum hatte ich die ersten Paragraphen fertig, als den 28. Nov. ein Rückfall und nach leichter Besserung

---

31 Panacee meint eigentlich Allheilmittel.

den 6. Dez. ein abermaliger heftiger Rückfall eintrat. (...) Ich beschloß nun, die Kur auf eigne Faust in die Hand zu nehmen, ließ mir den 7. Dez. drei Blutegel holen, und setzte mir dieselben nach Tische selbst an, vor dem Spiegel in meiner Mansarde sitzend. Bis vier Uhr ließ ich sie nachbluten. Als dies aber geschehen war, fühlte ich mich plötzlich so schwach und angegriffen, daß ich mich auf mein Bett legte, und hier überfiel mich eine höchst seltsame Stimmung. Die offenbare Überreizung meiner Nerven infolge der vorm Spiegel vorgenommenen Operation äußerte sich in einem Anfall höchst wunderlichen Heimwehs (...) Dr. M. der am folgenden Sonntagnachmittag wiederkam, beruhigte mich; Baldrian-Tropfen, die er verschrieb, thaten die beste Wirkung. Briefe von der lieben Mutter und vom ehrwürdigen Baron Kottwitz und ein Besuch Pfeiffers stimmten mich heiter.(...) Inzwischen war der Arzt auch zu einer vernünftigeren Behandlung übergegangen, wirkte durch Spießglanzpulver auf Blut und Unterleib und erreichte, daß die Entzündung sich bald völlig und gründlich hob..."(1888, III/518ff.; zu Spießglanz vgl. Anm. 45).

Dieses Beispiel dokumentiert eine deutliche Diskrepanz der Vorstellungen von Arzt und Patient über die Art der Therapie. Auffällig ist die Differenz zwischen einer eher lokal ansetzenden Behandlung des Arztes (Einspritzungen und Reibungen am Auge) und dem eher „ganzheitlichen" Zugriff des Patienten, der über eine Blutentziehung an Hals und Hinterkopf auf das Auge einwirken will und dies in enger Beziehung zu seiner Gemütslage sieht. Auch die von ihm akzeptierte Behandlung, zu der der Arzt später übergeht, zielt nicht mehr auf einen lokalen Eingriff, sondern wirkt über die Manipulation von Blut und Unterleib auf die Augen ein. Eine sehr weitgehende Modifikation der Therapie folgt auf einen noch sehr viel konsequenteren Rückzug des Patienten in die Selbstbehandlung, als in der von Otte beschriebenen Episode: mit seiner Blutegelkur versucht Ebrard, seine Kur ganz „in die eigene Hand zu nehmen", und dringt damit in den Kernbereich ärztlichen Handelns vor. Dennoch wird der Kontakt mit dem Arzt nicht abgebrochen. Die negativen Nachwirkungen der Blutegelkur werden sogar vom Arzt mit Baldriantropfen kompensiert, ohne daß ihr Sinn damit in Frage gestellt würde. Es wird nicht klar, ob als Reaktion auf seinen Widerstand oder aus anderen Gründen - die Episode endet jedenfalls damit, daß wieder eine neue Situationsdefiniton von Arzt und Patient geteilt wird.

Wenn die ausführlicheren Krankheitsbeschreibungen in den Autobiographien oft auf Konflikte Bezug nehmen, ist das nicht zuletzt der Selektivität dieser Quellengattung zuzurechnen, die immer eher zugunsten solcher Ereignisse wirkt, die aus der Normalität des gewöhnlichen Alltagslebens herausfallen. Es gibt daher gute Gründe, davon auszugehen, daß in vielen Fällen der Arztkontakt ohne tiefgreifende Streitigkeiten abläuft und die ärztlichen Anweisungen vom Patienten mehr oder weniger fraglos mitvollzogen werden. Dennoch zeigen die angeführten Beispiele von Konflikten zwischen Ärzten und Patienten, daß die ärztliche Kur im späten 18. und frühen 19. Jahrhundert entschieden von der situativen Zustimmung des Patienten abhängt. Hieraus und aus der Selbstmedikation als Alternative ergibt sich eine relativ weitreichende Gestaltungsmöglichkeit der Patienten und ihrer Angehörigen gegenüber dem Arzt.

Streitende Ärzte und Arztwechsel

Ganz andere Konfliktkonstellationen ergeben sich, wenn mehrere Ärzte an der Behandlung eines Kranken beteiligt sind. Das ist vor allem im Adel üblich, wo die gleichzeitige Verfügung über mehrere Ärzte nicht zuletzt auch eine Demonstration eigener Macht ist, obgleich dies in der zeitgenössischen Tugendlehre kritisiert wird (z.B. Knigge 1967, II/304f.). Dennoch gehört auch bei bürgerlichen Patienten die Konsultation mehrerer Ärzte zu den üblichen Verhaltensweisen in schweren Krankheiten. Eine längere aussichtslose Behandlung endet oft damit, daß der Patient sich an einen anderen Arzt wendet. „Ich litt sehr dabei", erinnert sich beispielsweise der Philosoph Krug an ein „hartnäckiges Hüftweh (...), und wurde erst nach vielen vergeblichen Versuchen anderer Aerzte durch den geheimen Hofrath Gruner in Jena davon befreit" (Urceus 1825, 79).[32] Auch über die gleichzeitige Konsultation mehrerer Ärzte wird, wenn auch weniger selbstverständlich als bei den Adeligen, von bürgerlichen Patienten berichtet: „Vergebens hatte mein Vater außer seinem Hausarzt noch einen der trefflichsten Ärzte der Stadt, Dr. Marcin-

---

32 Christian Gottfried Gruner (1744-1815), Professor der Medizin in Jena seit 1773.

kowski, zugezogen" (so der Schulmann Wendt 1909, 7).[33] Der Theologe Wiggers berichtet, daß seine Eltern während einer Kinderkrankheit um 1812 neben dem Hausarzt noch zwei andere Ärzte hinzuziehen (1901, 1). Dagegen ist es die fehlende Bereitschaft eines „konsequenten Brownianers", eine antiphlogistische Kur durchzuführen, die den Vater der Sophie Hahn, einen französischen Emigranten, dazu bringt, wegen der Augenentzündung seines Sohnes einen anderen Arzt aufzusuchen (Hahn 1964, 16).

Die Beteiligung mehrerer Ärzte an der Kur kann zwei entgegengesetzte Folgen haben. Auf der einen Seite kann sie zu einer gegenseitigen Bestätigung der ärztlichen Definitionen führen und ihnen eine größere Autorität gegenüber dem Patienten verschaffen. Als sein Vater 1821 gefährlich krank liegt, erhält der Holzschneider und Publizist Gubitz von dessen Arzt die Erklärung: „nach übereinstimmender Ansicht noch zweier Aerzte könne der Vater diesmal nicht genesen und sein Lebensende sey nahe" (1868/69, II/318). Der ärztliche Spruch erhält durch die gegenseitige Bestätigung der beiden Ärzte eine höhere Autorität. Dies dürfte wohl auch der Grund dafür sein, daß auch seitens der Ärzte bei komplizierten Krankheitsfällen manchmal die Hinzuziehung eines Kollegen verlangt wird. So zieht der Arzt, der den Philosophen Feder 1767 an einem Nervenfieber behandelt, „aus eigenem Antriebe" einen Kollegen „mit zu Rathe" (1825, 77). Als sich das Nervenfieber seiner Frau verschlimmert, wird auch Holtei von dem behandelnden Gräfe um die Erlaubnis gebeten, einen anderen Arzt mitzubringen (Holtei 1898, II/95).

Auf der anderen Seite kann die Beteiligung mehrerer Ärzte die Autorität des Arztes gefährden. Immer wieder wird berichtet, daß es zum Dissens oder sogar zu heftigen Auseinandersetzungen zwischen den Ärzten kommt. In einem Brief schreibt Reinhard 1793 an Krug:

„Noch muß ich Ihnen die bedenklichen Gesundheitsumstände melden, in welchen ich mich befinde. Ein Schwindel, der mich schon seit fast drei Jahren plagt, ist seit einigen Wochen so heftig geworden, daß ich sehr gefährlich scheinende Angriffe desselben auszustehen habe, und weder predigen noch sonst etwas Anstrengendes arbeiten kann. Die Aerzte, deren ich mich bediene, es sind die Leibärzte des Churfürsten, streiten über die Ursache des Uebels,

---

33 Karl Marcinkowski (1800-1846), seit den 1820er Jahren Arzt in Posen.

und mithin auch über die zu wählende Curart, mit denen, welche ich in Wittenberg hatte, sonderlich mit Langguthen. Daß ich bey dieser Fehde nicht eben wohl daran bin, und mein Schicksal sehr zweydeutig finden muß, sehen Sie ohne mein Erinnern ein" (Urceus 1825, 243f.).[34]

Das Zustandekommen einer gemeinsamen Situationsdefinition scheitert hier nicht an der Skepsis des Patienten, sondern an der Widersprüchlichkeit der ihm angebotenen Definitionen. An der folgenden Episode in der Autobiographie des Pfarrers Asmist wird deutlich, daß solche Divergenzen in den Ansichten von Arzt und Patient auch zu völlig entgegengesetzten Anordnungen an den Patienten führen können. Über den kranken Theologen Neander, den er während seines Studiums an der Berliner Universität kennenlernt, schreibt der Autor:

„So trug der Patient auf Anordnung seines Hausarztes stets solche Stiefel, deren Inneres durchweg dicht mit Pelz gefüttert war. Der in weiteren Kreisen bekannte Geheime Rath Nasse, Professor der Medizin in Bonn, mußte das erfahren haben, Neander schätzte ihn hoch als Capacität in seinem Fach und unterhielt sich gern mit ihm, schon weil der Bischof Gobat in Jerusalem der Gatte seiner Tochter ist. Helfen Sie doch, daß der Pelz so schnell wie möglich entfernt wird, da nichts schlimmer und verderblicher auf die Füße und auf das ganze Wohlbefinden einwirken kann, als eine so thörichte Fußbekleidung, die sicherlich größere Schuld trägt an seinem elenden Zustand als er denkt, wie ich schon selbst ihm vorgestellt habe. Das war Nasse's dringlicher Rath. Welchem von beiden sich völlig widersprechenden Aerzten sollte er folgen? Sein Vertrauen auf Rath und Kunst aus menschlichem Munde war im Lauf der Jahre stark erschüttert und derartige Widersprüche waren nicht geeignet, es zu stärken. Deshalb blieb er auch bei seinen bisherigen Gewöhnungen und Bedürfnissen stehen, diesen schloß er mechanisch an, was die Badeärzte für ihn verordneten" (Asmist 1883, 208).[35]

Wenn der Patient die Initiative hier selbst in die Hand nimmt, liegt das, anders als in den vorhin zitierten Fällen, nicht daran, daß er gegenüber den Ärzten

---

34 Georg August Langguth (1711-1782), seit 1746 Professor der Anatomie und Botanik in Wittenberg. Sein Sohn Christian August (1754-1814), 1779 Dr. med., seit 1782 Professor der Medizin in Wittenberg.

35 Johann August Wilhelm Neander (1789-1850), ein getaufter Jude, seit 1813 Professor der Kirchengeschichte in Berlin. - Christian Friedrich Nasse (1778-1851), Schüler Reils, seit 1819 Professor der Medizin in Bonn.

auf einer eigenständigen Situationsdefinition beharrt. Vielmehr läßt die gegenseitige Dementierung der verschiedenen Ratschläge der Ärzte - und zusätzlich offenbar auch des Autors der zitierten Autobiographie - ihm gar keine andere Wahl, als selbst zu entscheiden, und sei es eben für die bloße Beibehaltung seiner bisherigen Gewohnheit.

So ambivalent die Folgen auch sein mögen - die Möglichkeit, verschiedene Ärzte zu beteiligen, verschafft dem Patienten weitere Handlungsspielräume hinsichtlich der Gestaltung seiner Kur. Ähnlich wie der Rückzug in die Selbstmedikation oder das Aushandeln mit dem Arzt gehört auch die Hinzuziehung eines weiteren Arztes zu den Möglichkeiten des Patienten, auf Konflikte, Unsicherheiten und Unzufriedenheiten mit der Behandlung zu reagieren. Als 1800, kurz nach dem Tod ihres Bruders, die Mutter an einer Lungenentzündung erkrankt, wünscht Caroline Pichler, daß der Arzt die Kranke zur Ader läßt. Ein solches Verfahren erscheint ihr „der gewöhnlichen Erfahrung gemäß". Demgegenüber lehnt der Arzt einen Aderlaß mit der Begründung ab, daß die Krankheit „durch langen Kummer und Erschöpfung der Kraft erzeugt" und daher „nicht wie eine gewöhnliche Entzündung zu behandeln" sei.

„Trotz meiner Achtung vor Türkheims Wissenschaft im allgemeinen, vermochte ich doch meine Angst nicht ganz zu beschwichtigen; ich wollte ganz beruhigt sein, und mit Türkheims Erlaubnis berief ich den Doktor Closet, der schon früher für wichtigere Fälle unsere Zuflucht gewesen war, und sein Ausspruch bestätigte vollkommen das Urteil, welches Türkheim mit seinem Scharfblick, der ihn vor so vielen Ärzten auszeichnete, erkannt hatte. Er nannte die Krankheit eine nervöse Lungenentzündung, und fand bei der vorliegenden Ursache derselben und den hohen Jahren der Patientin eine Aderlaß nicht nur nicht anwendbar, sondern schädlich" (Pichler 1914, I/257f.).[36]

Die Hinzuziehung eines zweiten Arztes bestätigt hier dessen Einschätzung, die daraufhin von der skeptischen Tochter übernommen wird.

---

36 Vermutlich Dr. Nikolaus Closet, aus Malmedy gebürtig, gest. 1824 in Wien. Ludwig Freiherr von Türkheim (1777-1846), Hausarzt und Freund des Hauses Pichler, u.a. Vizedirektor des medizinisch-chirurgischen Studiums (also der akademischen Ausbildung der Chirurgen) in Wien, zweimaliger Rektor der dortigen Universität.

Bei massiveren Konflikten oder wenn sich die Behandlung über längere Zeit als ineffektiv herausstellt, wechseln viele Patienten ganz in die Behandlung durch einen anderen Arzt. Um 1840 wird Lenz, zu dieser Zeit Pfarrer in Gützlaffshausen, von einem „aus Treptow a. R. herbeigeholten Arzt"[37] behandelt. Der Arzt läßt zweimal zur Ader, setzt noch 20 Blutegel und betrinkt sich in der Nacht, in der er bei ihm wachen will. Das Ganze endet damit, daß Lenz' Frau den betrunkenen Arzt nach Hause schickt und den Regimentsarzt Doniges holen läßt. Der behandelt sofort anders und erklärt, daß der Patient „bei dem starken Blutverluste dem Tode nahe gewesen und der Krankheit hätte erliegen müssen", wenn er nicht „eine so kräftige, unverdorbene Natur gehabt und ein so nüchternes und mäßiges Leben geführt hätte". Die Behandlungsweise des ersten Arztes wird auch in der Retrospektive nur noch als „falsch und gewissenlos" beurteilt (1910, 113). Die Lösung liegt hier in der Aufkündigung des Vertrauens und dem Abbruch der Beziehung zu diesem Arzt. Gleichzeitig wird mit dem Wechsel zu dem zweiten Arzt eine neue Situationsdefinition ausgehandelt, die diesen Schritt rückblickend rechtfertigt.

Wie selbstverständlich manche Patienten zwischen verschiedenen Ärzten wechseln und damit den Gang der Kur entscheidend mitdefinieren, zeigt der Fall des bei Caroline Pichler erwähnten Freiherrn von Türkheim. So war die Familie gerade erst kurz zuvor an diesen Arzt geraten. Noch in demselben Jahre wurde der tödlich an einem rheumatischen Leiden erkrankte Bruder von dem ebenfalls erwähnten Dr. Closet behandelt. Nachdem dieser „sonst sehr erfahrene Mann" an der Krankheit des Bruders gescheitert war, berief dieser andere Ärzte, zuletzt den von einer Freundin der Familie empfohlenen Freiherrn v. Türkheim, der die weitere Behandlung trotz anfänglicher Zweifel zur Zufriedenheit der Familie übernahm (1914, I/251). So ist es nur konsequent, wenn dieser Arzt nach dem Tode des Bruders wieder berufen wird, um die kranke Mutter zu kurieren. Dennoch ist der Arzt, den die Autorin hinzuzieht, nachdem neue Unsicherheiten auftauchen, wiederum jener Dr. Closet, dem man Türkheim gerade erst vorgezogen hat. Was sich hier reibungslos zu vollziehen scheint, führt mitunter auch zu zusätzlichen Konflikten. Gerade bei relativ festen Beziehungen, wie sie sich oft zwischen bürgerlichen Familien

---

37 Treptow an der Rega, heute Trzebiatów, Stadt in Pommern.

und ihrem „guten Hausarzt" herstellen, wird manchmal eine Aufkündigung seitens des Patienten problematisch. Dies dürfte auch der Grund dafür sein, daß Sophie von Hahn[38] glaubt, daß es in „damaliger Zeit *(1808; d.Verf.)*, zumal bei dem so regen Zartgefühl meiner Eltern, schwerer fiel als jetzt, einen zweiten Arzt hinzuzuziehen" (Hahn 1964, 16). Der 1812 geborene Jurist und Schriftsteller Eberty erinnert sich, wie seine Eltern, die bisher immer den Hofrath Wolf konsultiert haben, beschließen, einen neuen Arzt zu berufen. Anläßlich einer Kinderkrankheit, die ihn in den 1810er Jahren befällt, erinnert er sich:

„Ob es bei dieser oder einer anderen Gelegenheit war, daß Wolf, der nach alter Sitte einer von den groben, und zwar einer der gröbsten Doktoren war, sich den Unwillen meiner Eltern zuzog, weiß ich nicht. Genug, sie beschlossen, ihm untreu zu werden und den erst kürzlich nach Berlin gekommenen Dr. Horn zu engagieren, der sich schnell einen großen Ruf erworben hatte. Man war dabei in äußerster Angst vor dem alten Wolf und getraute sich nicht, ihm zu sagen, daß man einen anderen Arzt nehmen wollte. Horn wurde vorläufig nach Charlottenburg gebeten, um mit ihm Rücksprache zu nehmen. Während er mit meinen Eltern sprach, kam Wolf vorgefahren. Das verursachte dem anderen Arzt ein solches Entsetzen, daß er in äußerster Angst hinter den Ofen kroch und daselbst verblieb, bis der gefürchtete alte Grobian sich empfohlen hatte. Seitdem blieb Horn unser Arzt bis zu seinem Tode" (Eberty 1925, 134).[39]

Das ausgehende 19. Jahrhundert wird den Hausarzt der hier behandelten Epoche verklären. Es wird das Bild einer in die Intimität einer persönlichen Beziehung eingebundenen medizinischen Autorität normativ gegen die kühle Distanz des verwissenschaftlichten Arzt-Patient-Verhältnisses der medizinischen Moderne richten (vgl. Göckenjan 1985). Die Autobiographien aus dieser Zeit vermitteln dagegen ein sehr viel fragileres Bild von der Arzt-Patient-Beziehung. So wichtig die persönliche Beziehung zum Arzt und dessen Vertrautheit mit der „individuellen Natur" des Kranken auch sein mögen: die Patienten um 1800 sind weitaus untreuer, als es der Mythos vom mensch-

---

38 Sophie von Hahn (1804-1863), Tochter des französischen Emigranten Comte de Graimberg und einer preußischen Generalstochter, lebte zunächst mit ihren Eltern am Hofe in Karlsruhe. Sie heiratete den russischen Reichsrat und Majoratsherrn auf Asuppen/Kurland, Baron Paul v. Hahn, und wohnte lange Jahre in Kurland.

39 Ernst Horn (1774-1848), seit 1806 Militärarzt und Prof. der Chirurgie in Berlin.

lichen Hausarzt ihnen später zutrauen wird. Auf der einen Seite hat es den Wunsch nach einer kompetenten Definition des eigenen Leidens immer gegeben, auf der anderen Seite steht dem aber um 1800 noch die Angst gegenüber, die im Zweifel immer wieder zur Suche nach einer Alternative führt.

Ein Sonderfall: Die Operation

In den Autobiographien werden auch verschiedene Operationen beschrieben. Hierbei handelt es sich traditionell um die Domäne des Wundarztes. Die Form der Behandlung unterscheidet sich in verschiedenen Hinsichten vom üblichen ärztlichen Kurverfahren. So spielt der sprachlich-interpretative Aspekt, der für die Arzt-Patient-Beziehung so wichtig ist, hier nur eine untergeordnete Bedeutung. Bei der Wundbehandlung geht es weniger um die Definition der Situation - die Wunde spricht gleichsam für sich. Selbstverständlich kann man davon ausgehen, daß kompliziertere Behandlungen von Brüchen, Verrenkungen usw. immer auch auf einer vorhergehenden Diagnose beruhen. Dennoch, es gibt hierbei offenbar keine lange Erhebung der Krankengeschichte, keinen Rekurs auf die „Natur" des Kranken, auch kein Äquivalent zum „ärztlichen Ausspruch". Der Patient erwartet weniger eine Definition der Situation. Das Relevanzsystem der wundärztlichen Behandlung ist enger gezogen als das der ärztlichen Medizin: es zielt auf ein eingegrenztes Territorium, wie die offene Wunde, das Geschwür oder das gebrochene Bein. Auch die Durchführung der Behandlung ist wesentlich weniger vom diskursiven Austausch bestimmt: statt mit Verordnungen und Anweisungen, die letztlich auf die Umsetzung durch den Patienten angewiesen sind, wird hier der Körper unmittelbar traktiert.

Eine Episode in Holteis Autobiographie zeigt deutlich, wie diese beiden Behandlungsformen unterschiedlich wahrgenommen und bewertet werden. Er beschreibt dort die Behandlung seiner querschnittsgelähmten Tante. Den Wundarzt, der zweimal täglich kommt, „um alle diese Qualen aufzufrischen", stellt er dem „liebenswürdigen, mitfühlenden Arzte" gegenüber (1898, I/75).

Die Beschränkung operativer Praktiken auf die handwerklichen Wundärzte löst sich in der Zeit um 1800 jedoch zunehmend auf. Sander (1989) hat darauf hingewiesen, daß die Wundärzte selbst sogar äußerst zurückhaltend waren, was die Durchführung komplizierter Operationen angeht, so daß diese in ihrem Berufsalltag eher die Ausnahme blieben. Auf der anderen Seite handelte es sich hier aber auch um ein Gebiet, das für die studierten Ärzte zunehmend an Attraktivität gewinnt. Im frühen 19. Jahrhundert ist die Chirurgie längst nicht mehr die alleinige Domäne des Wundarztes. So wie Wundärzte in der Praxis immer auch in den Bereich der „inneren Medizin" vorgedrungen sind, gibt es jetzt immer häufiger auch studierte Ärzte, die sich zusätzliche Kenntnisse in der Chirurgie angeeignet haben.[40] Als Ausführende größerer Operationen werden in den Autobiographien dieser Zeit daher sowohl Wundärzte als auch akademische Ärzte genannt. Im oben zitierten Falle Krugs wird zwar ein Arzt zur Diagnose mit herangezogen, die eigentliche Operation wird aber offenbar vom Feldscher selbst vorgenommen. Als der preußische General Wolzogen 1816 an einer Mastdarmfistel operiert wird, führt dagegen der Leibarzt des Herzogs von Weimar das Skalpell (1851, 282). Im Gegensatz zu den einfachen wundärztlichen Routinetätigkeiten, wie dem Aderlaß, dem Anlegen von Blutegeln oder der einfachen Wundbehandlung, paßt das Geschick zu komplizierten Operationen jetzt durchaus in das Bild des standesgemäßen Arztes und kann seinen Ruf heben.

Eine typische Figur, die die Entwicklung der Chirurgie hervorgebracht hat, ist die des reisenden Operateurs. Baczko geht in seiner Autobiographie ausführlich auf die Brüder Pellier ein, die sich 1781 in Königsberg aufhalten und dort durch einige erfolgreiche Operationen von sich reden machen. Als

---

40 Die Integration der Chirurgie in die akademische Medizinerausbildung, die in England längere Tradtition hatte, wurde in Preußen, dem Vorreiter der deutschen Entwicklung, zwar erst 1852 mit der Einführung des medizinischen „Einheitsstandes" (Praktischer Arzt, Wundarzt und Geburtshelfer) abgeschlossen; doch stieg die Zahl der promovierten Ärzte, die zugleich Wundärzte waren, seit den 1830er Jahren deutlich an (Huerkamp 1985, 51). - Umgekehrt wurde zu Ende des 18. Jahrhunderts für Wundärzte vielerorts die Möglichkeit eröffnet, ihr Handwerk an Akademien zu lernen. In der ersten Hälfte des 19. Jahrhunderts wurde diese Ausbildungsart, die auch Elemente der inneren und der klinischen Medizin einschloß, für Wundärzte obligatorisch, sofern sie nicht auf Hilfsdienste beschränkt werden wollten (so 1810/11 in Bayern; 1814/1830 in Württemberg, 1825 in Preußen). Parallel wurde die Chirurgie in die universitäre Arzt-Ausbildung integriert, und mit der Professionalisierung der Ärzte wurden die Chirurgenschulen wieder geschlossen (1843 in Bayern) bzw. die handwerksmäßige Ausbildung abgeschafft (in Württemberg 1858) (Huerkamp 1985; Probst 1985; Drees 1988; Sander 1989; Brändli 1990).

der Autor, der schon seit langem erfolglos an einem Staphylom[41] am rechten Auge laboriert, mit ihnen Kontakt aufnimmt, fällt es ihnen nicht schwer, ihm Hoffnung auf eine glückliche Operation zu machen. Es wird ein Preis ausgehandelt, Baczko muß sich noch Geld ausleihen, dann wird ein Tag festgesetzt und schließlich die Operation durchgeführt. Als Baczko deutlich wird, daß die Operation ein Fehlschlag war, muß er ohne die Operateure mit den Folgen fertig werden, da diese bereits aus Königsberg abgereist sind (1824, I/268ff.). Diese reisenden Operateure sind jedoch von den „Quacksalbern" zu unterscheiden, die ohne irgendeine offizielle Ausbildung durch das Land ziehen und mit eigenwilligen Heilmitteln die Aufmerksamkeit des Publikums auf sich ziehen: bei den Brüdern Pellier handelt es sich um ausgebildete Wundärzte, wahrscheinlich sogar studierte Ärzte.[42] Es gibt gute Gründe für das Vagabundentum solcher Operateure. Der erste Grund ist ökonomischer Art. Die Nachfrage nach größeren Operationen ist längst nicht so hoch, daß sich ein Operateur dauerhaft in einem Ort niederlassen könnte (vgl. Sander 1989). Dazu kommt, daß es sich bei den Operateuren nicht selten um Spezialisten handelt, deren Virtuosität gerade in der Beschränkung auf einen bestimmten Typ von Operationen besteht. Es dürfte aber auch noch einen dritten Grund geben, der gegen eine Seßhaftigkeit der Operateure spricht. Bedenkt man, daß sich einerseits die Patienten bei der Wahl eines Operateurs an dessen Ruf orientieren, andererseits auch der geschickteste Operateur mit „unglücklichen" Kuren rechnen muß, erscheint das Herumreisen als eine ideale Strategie, sich diesen Bedingungen anzupassen. Solange die Operationen gelingen, kann der Operateur, wie im Falle der Pelliers, einen guten Ruf bei dem lokalen Publikum gewinnen. Sobald dieses Ansehen durch den irgendwann unvermeidlichen Mißerfolg gefährdet wird, kann er sich den Folgen durch den Wechsel der Stadt entziehen.

Genauso wie reisende Operateure gibt es auch umgekehrt Patienten, die größere Entfernungen zurücklegen, um sich an einem fremden Ort von einem als erfolgreich geltenden Arzt operieren zu lassen. So reist der Pastor Oetinger

---

41 Staphylom: eine Vorwölbung der Augapfelhüllen (der den Glaskörper umhüllenden Häute).
42 Vielleicht Guillaume Pellier de Quengsy (1750/51-1835), Augenarzt in Montpellier und Toulouse?

in den 1740er Jahren von seinem Wohnort Schnaithaim[43] nach Ulm, um sich „dort einer großen Operation an einem Wasserbruch zu unterziehen" (1961, 83). Mit der ständig präsenten Gefahr des Mißerfolgs dürfte es auch zusammenhängen, daß sich die Operateure, ähnlich wie es die Ärzte auch sonst bei schweren Krankheiten tun, vor einem Eingriff durch die Heranziehung eines Kollegen absichern. Bei Baczko sind es von vornherein zwei Operateure, die ihn untersuchen. Der Feldscher, den Krug in der oben zitierten Stelle erwähnt, reist mit ihm aus diesem Grunde nach Wittenberg. Als die Hamburger Pastorenfrau Milow wegen eines immer härter werdenden Knotens in ihrer Brust ihren Arzt aufsucht, ahnt sie zwar, daß dieser eine Operation für nötig hält. Aber „er wollte sein Urteil nicht sagen, ehe er mit Dr. Seip gesprochen hatte" (1987, 129). Es muß offen bleiben, ob die zusätzliche Bewertung der Operationsaussichten durch einen anderen zu sichereren Abschätzungen führt. Auf jeden Fall wird damit aber eine Entlastung der Operationsentscheidung erreicht, da sie nicht mehr als eine individuelle erscheint.

Wo findet die Operation normalerweise statt? Üblicherweise besitzen die Wundärzte besondere Werkstätten, in denen sie ihre Patienten behandeln können (vgl. Sander 1989). In den Autobiographien finden sich darauf jedoch keine Hinweise. Noch ist die Operation offenbar nicht an ein spezielles Territorium gebunden, wie später an den Operationssaal im Krankenhaus. Bei Baczko und Urceus wird der Ort nicht weiter beschrieben, an dem die Operation vorgenommen wird. Die Pastorenfrau Milow wird auf einem Stuhl im Haus eines Hamburger Arztes operiert, wo sich dessen Gattin um sie kümmert (1987, 130). Die Mutter der Sophie von Hahn, Tochter eines preußischen Generals, wird dagegen in Anwesenheit des Gatten, hinter verschlossenen Türen, in ihrer eigenen Wohnung operiert (Hahn 1964, 265).

Wie erleben die Patienten ihre Operation? Die Gefährlichkeit bestimmt auch die Wahrnehmung der Patienten. Die Operation bedeutet immer den

---

43 Schnaithaim ist heute Ortsteil von Heidenheim; nach Ulm sind es mehr als vierzig Kilometer. Oetinger (1702-1782) war dort von 1743 bis 1746 Pastor. Er hatte auch überlegt, ob er sich im mehr als fünfzig Kilometer entfernten Stuttgart operieren lassen sollte.

möglichen Tod und ist von entsprechenden Vorbereitungen begleitet. Margarete Milow berichtet von den Tagen vor ihrer Operation:

> „Ich hatte es so eingerichtet, daß mein Körper nicht in Hamburg bleiben, sondern gleich nach meinem Tode in einer Kutsche gepackt, hinaus transportiert werden sollte. Hier nun hatte ich die übrigen Tage der Zerstreuungen genug, alle Rechnungen wurden in Ordnung gebracht, wie auch die Schriften. Das Inventarium von Kleidern, Wäsche, Möbeln berichtigt, mein letzter Wille aufgesetzt, die Wäsche, welche zum Gebrauch bestimmt war, in einen Schrank, und die übrige in einen andern gepackt.
> Es ward noch gewaschen, und die Söhne bekamen ihre Wäsche zur Stadt, kurz ich richtete Alles so ordentlich ein wie möglich. Und so kam der Tag des Abschiedes aus meinem Hause immer näher. Noch hatte ich keine Freundin, welche mir in der furchtbaren Stunde beiständе, die gute Köster *(die Frau des Arztes; d.Verf.)* hatte sich dazu erboten" (1987, 130).

Milow beschreibt weiter, wie sie sich in Briefen und mit einigen Besuchen von engen Freunden, Nachbarn und Angehörigen verabschiedet. Zuletzt betet sie noch einmal, bevor die Operation beginnt (ebd., 131). Ähnliche Vorbereitungen spielen sich etwa drei Jahrzehnte später (1828) ab, als Sophie von Hahns Mutter operiert wird. Da der Arzt die Frage der Patientin, ob sie an dem Eingriff sterben könne, mit Schweigen beantwortet, bestellt sie ihre Tochter in ihr Haus und verlangt einen Geistlichen, von dem sie gemeinsam mit dieser das Abendmahl empfängt (Hahn 1964, 265).

Die Operation selbst wird von den Patienten bewußt miterlebt, und in manchen Autobiographien finden sich detaillierte Beschreibungen ihres Ablaufs. Für Baczko ist das Verfahren, das die Gebrüder Pellier anwenden, kein Geheimnis. Belesen, wie er in der medizinischen Literatur seiner Zeit ist, weiß er, daß es sich um die auch vom „großen Laurentius Heister" bei dem Staphylom empfohlene Operation handelt. Damit ist offenbar Lorenz Heisters 1763 erschienene „Chirurgie" gemeint, das Standardwerk der Wundärzte des späten 18. Jahrhunderts (vgl. Sander 1989, 82f.). Baczko beschreibt - vermutlich aus einer Mischung von Belesenheit und Erinnerung heraus - detailliert die „Marterszene" seiner Operation:

> „Der eine der Gebrüder Pellier hielt meinen Kopf, indeß der andere eine sehr platte Nähnadel mit einem dünnen roth seidenen Faden einfädelte, und die beiden Enden zusammenknüpfte. Mit dieser Nähnadel wurde die Erhabenheit in dem Auge durchstochen, die Nadel zwischen zwei Finger gefaßt, und das

Auge hervor gezerrt, oben im Staphylom ein kleiner Einschnitt gemacht, der roth seidende Faden hinein geworfen, scharf angezogen, und nun hinter dem Faden mit einer scharfen Lanzette die ganze Erhabenheit vom Auge getrennt" (Baczko 1824, I/271).

Nicht weniger genau verfolgt Hahns Mutter ihre Darmoperation, wie an der folgenden von ihr selbst diktierten Beschreibung dokumentiert:

„Nun wurden die Türen verschlossen, und ich auf einen mitten in der Stube stehenden Tisch gelegt. Der gute Paul *(ihr Schwiegersohn, d. Verf.)* blieb mir zur Seite. Vier Ärzte und zwei mich zu halten bestimmte Diener umgaben mich. Totenstille herrschte im Zimmer. Ich war ohne Angst und so ruhig, daß es mir unbegreiflich ist, wie Gott aus einem verzagten Menschen auf einmal ein so ruhiges Wesen machen kann. Ohne Zucken, ohne daß es nötig war, mich zu halten, ertrug ich die über drei Viertelstunden dauernden Qualen. Der Leib wurde mit zwei Schnitten geöffnet, die Verwachsung abgelöst, die Unreinigkeiten, die sich in dem herausgetretenen Darm gesammelt und beinahe verhärtet hatten, langsam zurückgeschoben, in dem Netze die Öffnung vergrößert und, nachdem sie meine großen und kleinen Därme nach ihrem Wohlgefallen geordnet hatten, taten sie das Ganze fein säuberlich ins Netz, nähten mir mein Leibchen zu und legten mich wieder in mein Bett" (1964, 265f.).

Bei der Operation handelt es sich um einen in wesentlichen Grundzügen von der üblichen ärztlichen Behandlung abweichenden Eingriff. Zum einen ist die Behandlung lokal: d.h. sie richtet sich direkt auf ein eng umrissenes körperliches Territorium, wie das Auge, das kranke Gelenk oder die verwachsenen Gedärme. Zum anderen ist die Operation ein direkter instrumenteller Effekt der Manipulation des lädierten Körperteils. Das ist ein Unterschied zu den üblichen ärztlichen Kurverfahren, die auf eine längerfristige Beeinflussung des Gesamtorganismus und seiner Krankheitsdynamik zielen. Für den Patienten handelt es sich hierbei um eine gleichermaßen angstbesetzte und schmerzhafte Prozedur. Charakteristisch für die Operation ist auch eine von dem üblichen Kurverfahren abweichende Arbeitsteilung zwischen Arzt und Patient. Die eigentliche Ausführung des Eingriffs liegt ganz in der Hand des Operateurs. Die Beteiligung des Patienten beschränkt sich zum einen darauf, daß er seinen Körper in der angemessenen Weise, als manipulierbaren Gegenstand darbietet. In beiden eben zitierten Fällen sind zusätzlich Personen allein deshalb anwesend, um den Patienten in der für die Operation notwendigen Weise zu halten. Vor allem aber wird auch dem Patienten seinerseits ein hohes Maß an Selbstdisziplin abverlangt. Entgegen der natürlichen Reaktion auf Schmerzen, müssen sie hier „ohne Zucken" und „ohne Angst ertragen" werden. Diese Form der Zusammenarbeit erzeugt eine radikale Gegensätzlichkeit der Perspektiven, unter denen der Arzt und der Patient das Geschehen wahrnehmen. Als die Soldatenfrau Engel von Langwies an einem ausgerenkten Fuß behandelt wird, können sie „vier baumstarke Männer" gerade noch halten.

> „Unter diesem melodischen Conzerte setzte indessen der Operator sein Geschäft mit einer solchen Ruhe und Unbefangenheit fort, als wenn er auf seinem Zimmer bei einer Pfeife Taback an einer chirurgischen Meditation arbeitete" (o.J., 234).

Auf die eigentliche Operationsszene folgt im allgemeinen eine längere Phase der Nachbehandlung. Nachdem die Brüder Pellier abgereist sind, wird Baczko von einem anderen Arzt und einem Wundarzt fortbehandelt (1824, I/271). Bei Hahn treten zunächst Komplikationen auf, die vom Arzt mit Blutegeln und Aderlässen eingedämmt werden (1964, 266). Nachdem Milow ihre Operation überstanden hat, bleibt ein Wundarzt, der sich mit einem anderen abwechselt, zwei Tage und zwei Nächte an ihrem Bett (1987, 132). Mit dem Ergebnis ihrer Behandlung sind die Patienten unterschiedlich zufrieden. Während Baczko zur Einsicht der „Unzweckmäßigkeit" seiner Operation gelangt (1824, I/271), fühlt Hahn sehr bald „die gänzliche Befreiung von meinem Bruchübel, von dem keine Spur mehr vorhanden ist" (Hahn 1964, 266).

Der Diskurs: Ein geteiltes Wissen

Um 1800 ist der Expertenstatus des Arztes noch prekär. Die Organisation des Kurverfahrens, die Konkurrenz mit Kollegen und die ständige Möglichkeit des Patienten, den Arzt zu wechseln, binden ihn stark an die Vorgaben des Patienten und seiner sozialen Welt. Aber auch seine akademische Bildung verleiht ihm nur eine bedingte Expertenschaft. Das gilt jedenfalls für einen Großteil der Angehörigen der „gebildeten Stände". Der medizinische Diskurs ist nämlich noch eng verflochten mit jenem disziplinübergreifenden Korpus der „Bildung", auf dem der soziale Status des Bildungsbürgertums als ganzem beruht. Noch gibt es die verschiedensten Schaltstellen, über die sich der medizinische Diskurs mit diesem allgemeinen Bildungswissen vermittelt. Nicht zuletzt ist eine jede Konsultation von Ärzten auch ein Umschlagplatz für Deutungsmuster, die den Patienten mit dem medizinischen Wissen seiner Zeit vertraut machen. Es wurde schon auf das Bewußtsein hingewiesen, das die Patienten für die jeweiligen theoretischen Richtungen haben, denen die Ärzte angehören. Eine Einbindung medizinischen Wissens in die umfassendere bildungsbürgerliche Kultur ergibt sich daneben auch aus der Organisation des Universitätsstudiums. Das medizinische Wissen, das an den Universitäten vermittelt wird, ist methodisch und inhaltlich eng mit der Philosophie verbunden und hat eher den Charakter eines „Bildungswissens" als eines instrumentalistischen „Leistungswissens". Bei der Modernisierung des Bildungswesens, wie sie sich etwa in Preußen zwischen 1750 und 1850 vollzog, blieb trotz der Umformung des Bildung demonstrierenden Gelehrtenstandes in ein die Fähigkeit zur funktionalen Expertise beanspruchendes Bildungsbürgertum der soziale Wert der Allgemeinbildung zentral (vgl. Turner 1980). Wie weit im Einzelnen auch Nicht-Mediziner während ihres Studiums mit universitärem medizinischen Wissen vertraut wurden, läßt sich allerdings nur schwer abschätzen. Eine gewisse Vertrautheit resultierte jedenfalls daraus, daß die allgemeinbildende Philosophische Fakultät über Fächer wie Anthropologie oder Naturgeschichte inhaltlich mit der Medizin verbunden war. Ferner dürften Professoren wie Hufeland oder Reil aufgrund ihrer weit über das eigene Fach hinausreichenden Prominenz auch Hörer anderer Fakultäten in ihre Vorlesungen gezogen haben. Mit Sicherheit gehörten Theologiestudenten zu den Hörern medizinischer Vorlesungen. Im Rahmen der „Pastoralmedizin" gehörte neben der seelsorgerischen Betreuung von Kranken auf dem Lande auch deren hilfsärztliche Versorgung in das Berufsbild des Pfarrers, von dem daher entsprechende medizinische Grundkenntnisse verlangt wurden (vgl. Pompey 1968). Ein drittes Verbindungsglied zwischen Medizin und allgemeineren gesellschaftlichen Wissensbeständen besteht in der verschiedenste Sachgebiete umfassenden bildungsbürgerlichen Schriftkultur, die sich an der Expansion des Buchmarktes und der sozialen Kultivierung des Lesens, am augenfälligsten in den Lesegesellschaften des späten 18.Jahrhunderts, manifestiert. Wie Engelsing (1974, 182ff.) zeigt, setzt sich im 18. Jahrhundert ein neuer Lesestil durch: an die Stelle der bis dahin vorherrschenden „intensiven" Wiederholungslektüre kanonisierter Texte tritt eine „extensive" Lektüre, die auf die Erweiterung des eigenen Bildungsschatzes abzielt. In der Medizin signalisiert die Zurückdrängung des Lateinischen als Publikationssprache ihre Assimilation an den neuen aufklärerisch-bürgerlichen Kommunikationsstil. Auf die diätetischen Schriften der Zeit ist schon hingewiesen worden. Ihr Inhalt geht jedoch oft auch über reine Verhaltensmaßregeln hinaus. So entwickelt Hufeland in seiner „Makrobiotik" neben gesundheitsfördernden Ratschlägen auch ein umfassendes medizinisch-philosophisches System. Mit Argwohn konstatieren manche Ärzte eine wachsende Flut von Publikationen von Laien oder für Laien, in denen medizinisches Wissen offeriert wird (z.B. Osterhausen 1798, 21).

Wie sich diese allgemeine Verfügbarkeit medizinischen Wissens innerhalb des bildungsbürgerlichen Milieus auf den Umgang mit Krankheit auswirken kann, zeigt sehr anschaulich die ungewöhnlich detaillierte Krankengeschichte, die Baczko in seiner Autobiographie erzählt. 1756 im ostpreußischen Lyk als Sohn eines polnischstämmigen Katholiken und Rittmeisters im preußischen Militär geboren, lebt er zunächst als Jurastudent, anschließend als belletristischer sowie historischer Schriftsteller in ständig ungesicherten Existenzverhältnissen in Königsberg, wo er Verbindungen zu verschiedenen Gelehrten, unter anderem zu Kant, unterhält. Trotz des Adelstitels, der seiner Familie früher in Ungarn verliehen wurde, kann Baczko daher als Bildungsbürger betrachtet werden. Schon in den 1760er Jahren erkrankt der junge Mann, er besucht in dieser Zeit das Königsberger Fridericianum, schwer an den Blattern. Er wird wieder gesund, doch bleibt von der Krankheit ein Staphylom am rechten Auge zurück. Zwei Königsberger Ärzte behandeln ihn mit kühlenden Augenwassern und erteilen ihm diätetische Ratschläge. Gleichzeitig macht sich Baczko selber kundig:

> „Ich suchte wo ich konnte, Bücher über Augenkrankheiten zu erhalten; machte daher mit einigen studierenden Medicinern Bekanntschaft, fand, daß, um gehörig über Augenkrankheiten urtheilen zu können, auch mehrere medicinische Kenntnisse nothwendig wären; und gerieth hiedurch immer weiter in medicinische Lektüre" (Baczko 1824, I/208).

Diese Lektüre weckt in ihm ein so starkes Interesse, daß er überlegt, anstatt Jura Medizin zu studieren, ein Plan, der aber am Einspruch seines Vaters scheitert. Dennoch besucht Baczko „mit Eifer" verschiedene „medicinische Vorlesungen und das anatomische Theater" (ebd., I/211). Fast zehn Jahre später entzündet sich auch sein linkes Auge, das einzige, auf dem er noch sieht. Auf Anraten eines befreundeten Blinden begibt sich Baczko in das ostpreußische Schippenbeil, wo er sich von einem als geschickt bekannten Chirurgen ein Haarseil im Nacken stechen läßt.[44] Daneben eignet sich Baczko selbst wieder medizinisches Wissen an und probiert eigene Kurmethoden aus. Selbst angelesene Kenntnisse und der Rat eines Arztes ergänzen sich dabei:

> „...so weit meine eigenen medicinischen Kenntnisse, und einige Bücher über Augenkrankheiten, die ich selbst besaß, reichten, wurden Versuche angestellt. Der nachher als praktischer Arzt und Schriftsteller berühmte Doctor Elsner war damals Kreis-Physikus zu Bartenstein. Er hatte die Güte, mich nach dem Vorschlage des Major von Herzberg zu besuchen und empfahl mir verschiedene Mittel" (ebd., I/259).

Um Baczko bildet sich inzwischen ein kleiner Kreis von Freunden, unter anderem ein Apotheker und ein Wundarzt, mit denen er gemeinsam Literatur aus allen möglichen Sachgebieten liest, darunter auch „chemische und medicinische Werke". Gemeinsam wird über Baczkos Krankheit und mögliche Kurmethoden beratschlagt:

> „In diesem Zeitpunkte wurden mir nun auch die Werke von Richter und Janin vorgelesen, die den Gebrauch der Spießglanzbutter empfahlen. Mir war die ätzende Eigenschaft dieses Mittels bekannt, doch auch seine Zusammensetzung. Der darin befindliche Spießglanzkönig wurde durch die erste Thräne, die der Schmerz des Auges veranlaßte, präcipitirt; bloß die fressende Salzsäure schien mir fürchterlich. Schönwald *(der Apotheker; d. Verf.)* und ich berathschlagten hierüber und fielen endlich darauf, das Auge mit lauwarmer Milch, worin etwas Saffran war, zur Linderung des Schmerzes zu waschen, auch einen Lappen mit flüchtigem Salzgeist, gleich nach der Berührung der Spießglanzbutter vor das Auge zu hängen, weil wir glaubten, daß das flüchtige Salz sich

---

44 Haarseil: meist aus Pferdehaaren gesponnen, wurde vor allem bei Krankheiten im Bereich des Kopfes in den Nacken des Patienten eingezogen und sollte ein Entweichen der Krankheitsstoffe erleichtern.

alsdann mit der Salzsäure verbinden und beides einen Salmiack bilden würde, den ich bereits in Augenkrankheiten ohne großen Schmerz gebraucht hatte" (ebd., I/263).[45]

In dieser Form wird die Behandlung durchgeführt. Der Erfolg bleibt aber hinter den Erwartungen Baczkos zurück. Er stellt weitere Versuche an. Die bleiben wieder ohne Erfolg, so daß er die Methoden von Janin verwirft:

„Ich kam jetzt auf den Einfall, den Schönwald nicht ganz mißbilligte, Eisenfeile in die Spießglanzbutter zu mischen, weil ich voraussetzte, ein Theil der Salzsäure würde sich an das Eisen hängen, der Spießglanzkönig noch concentrierter werden, und ich weiß nicht, ob Reizbarkeit des Auges durch das öftere Berühren oder die größere Abnahme der Kräfte meines ganzen Körpers, und die schmerzlichen Folgen getäuschter Hoffnung dies Medicament so höchst schmerzhaft machten, daß es sich nur zwei Mal anwenden ließ (...). Alle diese Versuche haben mich überzeugt, daß die Spießglanzbutter keinesweges so viel bei dem Staphylom, wie Janin versichert, bewirkt. Einer meiner Unglücks-gefährten, Herr Burow, hat ebenfalls dieses Mittel mit großem Nachtheile gebraucht, und es scheint mir daher Pflicht, vor der Anwendung desselben zu warnen" (ebd., I/264f.).

Diese Krankengeschichte macht noch einmal die bereits behandelten Aspekte des bildungsbürgerlichen Umgangs mit Krankheit deutlich. Arzt und Patient bilden einen eng integrierten sozialen Zusammenhang, in dem in diesem Fall auch noch der Apotheker und der Wundarzt eingeschlossen sind. Die Kur findet als konzertierte Aktion von Patient, Arzt und Wundarzt statt. Was dieses Beispiel aber vor allem dokumentiert: sie bilden zugleich eine Diskurs-gemeinschaft. Die Ärzte, die ihn in Königsberg behandeln und diätetische Ratschläge erteilen, der Arzt, der ihn in Schippenbeil besucht, sein Freundes-kreis, nirgends verläuft hier zwischen ihnen jene Demarkationslinie, die heute den autoritativen Diskurs des Arztes von dem des medizinischen Laien

---

45 August Gottlieb Richter (1742-1812), Chirurg und med. Professor in Göttingen. Viele Veröffentlichungen zur Wundarzneikunde und insbes. zur Augenchirurgie seit 1766. Jean Janin de Courbe-Blanche (1713-1799), Arzt und Augenchirurg in Lyon, Bücher über Augenkrankheiten seit 1768. - Spießglanze sind Sulfid-Erze insbesondere des Antimons (Stibium, Sb.). Antimontrichlorid (Spießglanzbutter) entsteht u.a. durch die Einwirkung von Salzsäure auf den Spießglanz Antimonit. Spießglanzkönig wurde allgemein mit schwefelsau-rem Eisenerz verhütteter Spießglanz genannt, hier aber offensichtlich auch andere Antimon-verbindungen, wie sie z.B. durch Wassereinwirkung aus der Spießglanzbutter ausgefällt (präcipitiert) wurden.

unterscheidet. Das heißt nicht, daß irgendeiner den prinzipiellen Wert medizinischen Wissens in Abrede stellt. Baczko begründet seine Lektüre gerade damit, daß medizinische Kenntnisse zur Beurteilung seiner Krankheit nötig seien. Diese Kenntnisse sind aber nicht das Monopol des Arztes, und von den Ärzten scheint es auch akzeptiert zu werden, daß sich ihr Patient selbst kundig macht. Auf der anderen Seite besteht eine Rückkoppelung der subjektiven Erfahrung des Patienten mit dem medizinischen Wissen: Janins These wird durch Baczkos Erfahrungen widerlegt, das wird durch die Erfahrung eines anderen Patienten bestätigt, und durch ihre Darstellung in der Autobiographie geht dieses Wissen dann wiederum in die Diskursöffentlichkeit des Bildungsbürgertums ein.

Die ungeheure Bildungsbeflissenheit und der experimentelle Wagemut, den Baczko an den Tag legt, mögen auch für die Epoche ungewöhnlich sein. Dennoch zeigt der Hinweis auf seinen Leidensgenossen, daß er keineswegs der einzige ist, der solche Versuche anstellt. Vor allem macht diese Krankengeschichte ein allgemeines Merkmal der Kultur der Krankheit deutlich, in deren Rahmen sie sich zuträgt: im Bildungsbürgertum um 1800 kann von Arzt und Patient als „Experten" und „Laien" nur in einem sehr eingeschränkten Sinne gesprochen werden. Dies nicht, weil der Arzt im Vergleich zu heute noch über zu geringes medizinisches Wissen verfügt, sondern weil dieses Wissen dem Patienten jederzeit zugänglich ist. Die krankheitsbezogene Diskurskompetenz ist noch nicht auf die Ärzte eingeschränkt, zumindest innerhalb der „gebildeten Stände" kann jeder für sich in Anspruch nehmen, etwas Ernstzunehmendes zu Krankheit und Gesundheit zu sagen.

Die Machtverhältnisse:
Eine klientendominierte Medizin

Der Arztkontakt im späten 18. und frühen 19. Jahrhundert vollzieht sich in einer sozialen Beziehungskonfiguration, für die der moderne Begriff der Arzt-Patient-Beziehung nur mit Vorbehalt Verwendung finden kann: weder bilden Arzt und Patient komplementäre Akteurspositionen, deren Bedeutung aus der wechselseitigen Beziehung hervorgeht; noch ist die Arzt-Patient-Beziehung bereits gegenüber anderen Formen des sozialen Verkehr differenziert: sie ist vielmehr oft in den größeren Kontext einer lokalen „Krankenbettgesellschaft" eingebettet, zu der Familienangehörige, Nachbarn, Freunde und andere „Umstehende" gehören.

Besondere Beachtung verdient vor allem auch ein weiteres Merkmal der Beziehung zwischen der Klientel und den Ärzten, die wir in diesem Kapitel beschrieben haben: es handelt sich um eine Machtkonstellation, die weniger durch die Expertenautorität und Weisungsbefugnisse des Arztes gekennzeichnet ist, als umgekehrt durch die Kontrolle, die die Klientel - also der Patient oder andere Teilnehmer der Krankenbettgesellschaft - über das ärztliche Handeln ausüben. In einer Untersuchung über die (britische) Medizin des 18. Jahrhunderts hat Jewson (1974) die Arzt-Patient-Beziehung dieser Zeit als „Patronagesystem" bezeichnet. Der höhere soziale Status des Patienten, der meist den wohlhabenderen Gesellschaftsschichten angehörte, und seine Nachfragerdominanz auf einem durch unerbittliche Konkurrenz zwischen den Ärzten gekennzeichneten Gesundheitsmarkt habe dazu geführt, daß Patienten eine sehr weitgehende Kontrolle über den Arzt ausüben konnten. Sogar wichtige Elemente des medizinischen Wissens dieser Epoche, wie seine Orientierung an subjektiven Symptomen statt an objektiven Krankheitsbildern, die Privilegierung der Therapie gegenüber der Diagnose und die Fragmentierung der Medizin in konkurrierende Schulen, erklärt Jewson mit dieser Machtkonstellation.

Auf die von uns beschriebene Situation läßt sich dieses Modell allerdings nur mit einigen Einschränkungen übertragen.[46] Da es das Bildungsbürgertum ist, jene Gruppe der „Gelehrten", dem hier sowohl die Ärzte selbst angehören als auch der größte Teil der Klientel, besteht ein Statusunterschied gegenüber dem Patienten nur insoweit, wie er sich aus internen Differenzierungen dieser sozialen Formation ergibt. Eine Ausnahme bilden hier lediglich die Wundärzte, die vor allem für die handwerklichen Aspekte der Therapie zuständig sind und oft auf Anweisung des Arztes handeln. Auch hinsichtlich seiner

---

46 Direkt an Jewsons Begriff des „Patronagesystems" hat u.a. Huerkamp (1985) in ihrer professionsgeschichtlichen Studie zur Medizin in Preußen angeknüpft.

Marktlage kann der bildungsbürgerliche Patient nur bedingt als „Patron" des Arztes angesehen werden. Wenn sich der Arzt beruflich etabliert, dann in der Regel nicht als Unternehmer auf dem freien Markt, sondern durch die Übernahme einer Physikatsstelle, die ihn zunächst nur der Patronage der lokalen Herrschaft unterwirft. Die Beziehung zu den anderen Patienten folgt, wie Göckenjan zeigt, oft eher der Logik einer „moralischen Ökonomie" als den Prinzipien marktgeregelten Warenverkehrs (1985, 193f.). Dennoch trifft der Kern von Jewsons Patronagemodell für die Beziehung zwischen Patienten und Ärzten, die wir in diesem Kapitel beschrieben haben, zu: der Arzt verfügt noch nicht über jene strukturellen Machtressourcen, die ihm heute die in der Professionssoziologie beschriebene Autonomie und Dominanz gegenüber dem Patienten verleihen (vgl. Freidson 1979). Ihre wichtigsten Grundlagen, die Etablierung als Monopol auf einem kommodifizierten Gesundheitsmarkt und dessen Erweiterung im Rahmen eines wohlfahrtsstaatlich organisierten Versorgungssystems, etablieren sich erst gegen Ende des 19. Jahrhunderts.

Sucht man in den Autobiographien nach Hinweisen für unmittelbare Auswirkungen dieser Konstellation innerhalb der Arzt-Patient-Interaktion, so zeigt sich ein widersprüchliches Bild. Einerseits finden sich Beispiele dafür, daß der Patient durchaus eigenwillige Bedürfnisse gegenüber dem Arzt zur Geltung bringt. Dem stehen viele Stellen gegenüber, in denen das ärztliche Handeln relativ selbstverständlich als autoritativ dargestellt wird: so heißt es oft, daß der Arzt „verordnet", „befiehlt" oder „verbietet". Hier trifft wohl am ehesten Göckenjans (1985) Charakterisierung der Arzt-Patient-Beziehung als „ambivalente Machtbalance". Es sind aber weniger die einzelnen Handlungen, in denen sich die relative Schwäche des Arztes manifestiert, als die beschriebene Struktur der Arzt-Patient-Beziehung als solche. Man kann schon in der Einbeziehung des Arztes in das familiäre Milieu des Patienten (vgl. Huerkamp 1985) oder in der Praxis, mehrere Ärzte zu konsultieren, eine Bestätigung für die strukturelle Schwäche des Arztes sehen. Vor allem aber zeigt sich diese auf der Ebene der therapeutischen Praktiken: es gibt keine grundsätzliche Grenzziehung zwischen dem „Laiensystem" des Patienten und einem „professionellen System", das die Krankheit nach autonomen medizinischen Kriterien behandelt. Die konzertierte Bewältigung der Krankheit durch Arzt und Patient entspricht unmittelbar den medikalen Deutungsmustern der Patienten, die wir im vorigen Abschnitt behandelt haben. Der Arzt kann zwar mit seinen Waffen in das akute Krankheitsgeschehen intervenieren und den Körper in seinem Kampf gegen die Krankheit unterstützen. Diejenigen Faktoren, von denen die Krankheit tatsächlich abhängt, liegen den hippokratischen Ätiologien zufolge aber in der Lebensweise des Betroffenen. Gerade in solchen Korrespondenzen ärztlicher Praktiken und Deutungsmuster mit den Deutungen des Patienten lag auch schon die zentrale Pointe von Jewsons Patronagethese: die Ärzte mußten ihre Theorien wie ihre Heilmittel zurechtschneiden, um den Erwartungen ihrer adeligen Klientel entgegenzukommen. Umgekehrt konnten diese Patienten die Entwicklung des medizinischen Wissens steuern, indem sie ihre Patronage von einer Gruppe medizinischer Innovatoren auf eine andere übertrugen (Jewson 1974, 233). Die mit dem Begriff des Patronagesystems vielleicht etwas mißverständlich charakterisierte Klientendominanz ist eines der herausragendsten Charaktistika der Medizin um 1800. Unter anderem der Auflösung bzw. Umkehr dieser Machtkonstellation werden die folgenden Kapitel unserer Untersuchung gewidmet sein.

Das inoffizielle System:
Zur Bedeutung und Praxis nicht-ärztlicher Heiler

In der eingangs angeführten Schilderung aus Oetkers Autobiographie war auch von einer Gruppe von Heilern die Rede, die gerade in der medizinischen Versorgung der sozialen Unterschichten eine große Rolle spielt. Es gibt Schäfer, weise Frauen, fahrende Wunderheiler usw., die eine an die traditionelle Hausmittellehre anschließende, oft auch mit religiösen Praktiken verbundene Expertenschaft in der Behandlung von Krankheiten besitzen. Die Klientel dieser Heiler setzt sich vorwiegend aus den sozialen Unterschichten zusammen, die, sei es wegen der räumlichen und sozialen Distanz, sei es wegen ihrer geringen ökonomischen Mittel, nur selten mit dem Arzt in Kontakt kommen. Das ist auch ein Grund dafür, daß in den autobiographischen Quellen nur selten auf diese Heiler eingegangen wird. Zu den wenigen

126

Ausnahmen gehört die folgende Beschreibung des bereits zitierten Gutzkow, der aus einer Stallmeisterfamilie stammt und in seinen Kindheitsrückblicken die medikale Praxis der Landbevölkerung schildern kann.

„Die medizinische Polizei ist beständig auf der Jagd gegen die Volksärzte, aber sie entstehen doch immer wieder in den Winkeln und Hinterhöfen und einsamen Vorwerken vor den Thoren. Man tritt bei solchen unzünftigen Aerzten ein. Sie sitzen bei ihrer sonst üblichen Gewerbesarbeit und fahren uns rauh und hart an, wenn wir von ihnen Bewährung ihrer Heilkraft erbitten. Theils ist dies die Furcht vor Verrath, theils aber auch der alte schon in Delphi bekanntgewesene Drang der sträubenden Ablehnung jeder übernatürlichen Zumuthung von Seiten solcher Uebernatürlichbegabten. Allmählig beschwichtigt man die Polternden und sie rücken mit ihren Künsten hervor" (Gutzkow 1852, 137f.).

Die Distanz, die den Autor bereits von dieser Kultur trennt, ist in diesen Worten nicht zu überhören. Die „Volksärzte" treten hier als Vertreter einer okkulten Gegenwelt zu den Prinzipien bürgerlicher Vernunft auf. Dem entspricht ihr Ort innerhalb der Sozialtopographie des städtischen Raums. Es sind die dunklen und uneinsehbaren Regionen der Stadt, wo man diese Heiler findet. Gutzkow gibt aber auch wertvolle Einblicke in die Interaktionsformen mit solchen Heilern. Genauer berichtet er von einer Begegnung mit einer Heilerin in Berlin:

„So lernte der Knabe einst eine Art von Hexe kennen und sogar eine, die dicht im Schatten des Domes und des Königlichen Schlosses wohnte. (...) An derselben Stelle, wo jetzt die Grundmauern des Campo Santo sich erheben und die kleine 'Laufbrücke' nach der Burgstraße noch nicht geschlagen war, stand im Schutze des neugebauten Domes ein Durcheinander kleiner Hütten und Baracken, und dicht hier am Schlosse, dicht an einer zünftigen Werkstatt Aeskulaps, dicht an der Hof- und Domkirche vertrieb eine alte, lange, hagre Frau, der man sich nur nach vielem Bitten und Betteln um Hülfe nähern durfte, den Kindern die Drüsen, drehte ihnen die steifen Hälse um, 'hob die Zapfen', wahrsagte aus Karten oder Kaffeesatz, lehrte Sympathie mit rohem Fleisch, das in die Erde unter eine tröpfelnde Dachrinne begraben werden mußte und trieb ähnliche wunderbare Abacadabras der Volksheilkunde. An derselben Stelle, wo Cornelius die Heilwunder Christi malen wird, nahm diese finstre, unfreundliche Alte vier Groschen für einen 'eingerenkten' steifen Kinder-Hals. Auf dem lichthellen Lustgarten, jenseits der so morsch und mürbe gewordenen, jetzt entfernten Pappeln, über den alten, nun auch dislocirten Dessauer Zopf hinweg lag dieser stille mystische Winkel ohnehin wie ein schauerliches Geheimnis, welches sich dem damals vielleicht sechsjährigen Knaben so eingeprägt hat, daß er nicht nur den Besuch im kleinen düstren Zimmer der Hexe selbst bis ins kleinste Detail der wachstuchumhüllten Vogelbauer, des Bettes im Zimmer, der Schränke, des Stuhls, auf den er sich setzen mußte, beschreiben könnte, sondern auch noch deutlich jene braunglänzenden ausgeplatzten Kastanien vor sich sieht, die er auf dem Heimwege an der Universität in die Taschen steckte, da sein steifer Hals, gedreht, bestrichen, gedrückt von der schnarrenden griesgrämlichen Wunderthäterin sich in der That wieder bücken konnte" (1852, 138f.).

Hier haben wir es mit einem völlig anderen Typ sozialer Beziehung zu tun, als der zwischen Patienten und offiziellen Ärzten oder Wundärzten. Die therapeutische Beziehung ergibt sich aus einem langsamen Ritual der gegenseitigen Annäherung. Es spricht viel für Gutzkows Erklärung, daß es sich dabei um Vorsicht vor Verrat handelt. Es handelt sich aber auch um eine mit der Art des Wissens verbundenen Praxis. Anders als das medizinische Wissen der Ärzte, das seinen Geltungsanspruch aus als universell gültig postulierten Standards aufklärerischer Rationalität bezieht, handelt es sich hier um ein lokal begrenztes Wissen, dessen Autorität gerade auf seiner Verborgenheit beruht und die durch ein streng ritualisiertes Zugangssystem aufrecht erhalten wird, das der Kranke erst durchlaufen muß. Schon um sich an die Heilerin wenden zu können, bedarf es einer spezifischen Vertrautheit mit den lokalen Verhältnissen. Aber auch die rituelle Abwehr der Heilerin, die der Patient erst durch sein Beharren durchbricht, kann als eine Art Initiationsprozeß verstanden werden, in dem letzterer gezwungen wird, seinen Glauben an die Autorität der Heilerin zuerst immer wieder zu dokumentieren, bevor diese sich ihm dann offen zu erkennen gibt. Diese Rahmenbedingungen nehmen deren Dienst jegliche allein erwerbsmäßige Bedeutung. Auch wenn der Patient für den Dienst bezahlt, ist die Dienstleistung keine Ware, die auf einem anonymen Markt feilgeboten wird. Die Frau heilt neben ihrer „sonstigen Gewerbesarbeit".

Während diese volkstümlichen Heiler ihre Klientel vorwiegend bei den sozialen Unterschichten finden, hat die Rezeption der Theorien Mesmers und seiner Nachfolger über den „animalischen Magnetismus" einen spezifisch bürgerlichen Typus des nichtärztlichen Heilers hervorgebracht: die meist weiblichen „Somnambulen", die hellseherische Fähigkeiten entwickeln, die wiederum zur Heilung von Krankheiten ausgenutzt werden können. Die Übergänge zwischen offizieller Medizin und Laienpraxis sind auch hier fließend. Der Magnetismus ist keineswegs die Domäne medizinfremder Scharlatane, sondern besitzt in der Theorienvielfalt des medizinischen Denkens dieser Zeit seinen anerkannten Platz.[47]

Der Braunschweiger Jurist Strombeck erzählt von seiner Nichte, die er bei sich im Hause aufnimmt und die dort 1811 in merkwürdige Zustände verfällt, in denen sie über Abwesende urteilt und Anordnungen trifft. Durch Ausführung der mit exakten Zeitangaben verbundenen Anordnungen gelingt es, sie von diesen Zuständen zu befreien (1835, 155ff.). Wie eng dabei die Berührungspunkte zwischen einem heute als magisch denunzierten Paradigma und einem aufklärerischen Rationalismus, aber auch zwischen Laien- und Expertenwissen sind, zeigt sich daran, daß Strombeck seine Beobachtungen der Kranken minutiös protokolliert, um sie der Wissenschaft als Fallgeschichte zur Kenntnis zu geben. Er ruft außerdem zwei Ärzte als Zeugen der Vorgänge an, von denen einer, Heinrich Matthias Marcard, auch das Vorwort zu Strombecks Bericht schreibt (Strombeck 1813). Der Maler Kügelgen berichtet von einem Mädchen, das von einer langwierigen Krankheit durch eine „magnetische Kur" geheilt wurde, „welche übrigens nicht der Arzt ausführte, sondern die eigens von jener angewiesene Mutter" (1924, 96). Auch in diesem Fall hatte die Tochter in einem hellseherischen Zustand die Mittel ihrer Heilung angegeben und auf die Stunde genau bestimmt, wann sie wieder geweckt werden wollte. Ohne dies genauer zu beschreiben, berichtet auch die Gräfin Bernstorff von einer magnetischen Kur, die ihre Freundin Caroline Gall durchführt (1897, I/68).

Somnambule geben nicht nur Maßregeln zu ihrer eigenen Kur, es gibt auch solche, die hellseherische Fähigkeiten in bezug auf die anderer Patienten entwickeln. Sogar die Ärzte bedienen sich mitunter der Zusammenarbeit mit solchen Frauen, wenn sie glauben, an die Grenzen ihrer Kunst geraten zu sein. Der Schwiegervater des Archivars Arneth, ein durchaus moderner Arzt, der sich ansonsten in seinen Krankheitsbegriffen ganz auf dem Boden der pathologischen Anatomie seiner Zeit bewegt, holt anläßlich einer Krankheit

---

47 Dies gilt insbesondere für das südwestdeutsche Bildungsbürgertum (Ego 1991, 206ff.).

seines Schwiegersohnes eine Somnambule. Als diese am Krankenbett die Medikamente nennt, die dem Patienten helfen sollen, herrscht allgemeine Skepsis vor, doch die Kur führt zum Erfolg (Arneth 1891, I/279ff.). Der Theologe Harleß weiß Ähnliches von einer Krankheit seiner Frau zu berichten. Als ihr Übel allen ärztlichen Mitteln trotzt und sich zu einem bedenklichen Rückenmarksleiden zu verkomplizieren droht, trifft er zufällig einen Bekannten, einen Professor Lindner (von dem nicht klar wird, ob es sich um einen Mediziner handelt). Diesen fragt er, ob er nicht vielleicht etwas gegen die Krankheit seiner Frau wisse. Wegen der Krankheit seines eigenen Sohnes ist Lindner gerade im Begriff, in Dresden die somnambule Tochter eines dortigen Goldschmieds aufzusuchen, und bietet an, sie auch nach dem Zustand von Harleß' Frau zu befragen. Nach der Rückkehr berichtet Lindner ausführlich von der Somnambulen. Sie habe sich im Geiste in das Zimmer der Kranken in der fremden Stadt versetzt, das sie an zwei Hinweisen Lindners erkannt habe, und dort die Kranke gerade bei einem Anfall beobachtet. Exakt habe sie das Zimmer und die Kleidung der Frau beschrieben, ganz so, wie der Fragesteller sie kannte. Die Ursache ihrer Krankheit sei eine heftige Erkältung, und die Patientin habe auch vor Jahren schon an einem ähnlichen Übel gelitten. Behandelt werden müsse es durch ein geläutertes Tannenzapfenholz, das es in Leipzig bei jedem Materialwarenhändler gebe. Mit diesem Öl solle sich die Patientin dreimal täglich den Rücken bestreichen lassen. Nachdem Harleß sich bei seinem gerade anwesenden Bruder, einem Arzt, rückversichert hat, daß das Mittel nicht schädlich sein könne und „vom ärztlichen Standpunkte aus nicht zu widerrathen sei", wurde es angeschafft und die Kur entsprechend den Anweisungen der Somnambulen durchgeführt (Harleß 1872, II/97ff.).

Kapitel 4:
Die Medizin zwischen Krise und Innovation

Bisher haben wir den kulturellen Kontext der Krankheitsbewältigung anhand von Merkmalen geschildert, die für den gesamten Zeitraum des späten 18. und frühen 19. Jahrhunderts charakteristisch waren und deren Genealogie oft noch weiter zurückreichte. An drei Beispielen wollen wir in diesem Kapitel zeigen, wie im Zeitraum von 1800 bis etwa 1850 neue Praktiken in den Umgang mit Krankheit Eingang finden bzw. die etablierten Praktiken der Kranken und der Ärzte in Frage stellen. Unsere Beispiele sind erstens die Einführung der Pokkenimpfung, die bis in das 18. Jahrhundert zurückreicht und bei der es sich um das erste erfolgreich etablierte Impfverfahren handelt; zweitens die Kritik der ärztlichen Medikamentierung, die in den Aufstieg der Homöopathie einmündet, und drittens die Erfahrung der Cholera, die seit 1831/32 als eine neu auftretende Krankheit die medizinische Kultur herausfordert.

Die Pockenimpfung

Bis zur Einführung der Pockenimpfung wurden die Pocken als gewöhnliche Kinderkrankheit erlebt, wie wir sie im ersten Kapitel geschildert haben. Seit den 1770er Jahren wurden zwei Arten, den Blattern prophylaktisch zu begegnen, in Mittel- und Westeuropa neu eingeführt: die Inokulation und die Vakzination. Beide werden in den Autobiographien unter „Impfen" zusammengefaßt, einem Begriff, der im Althochdeutschen „propfen, veredeln" im Garten- und Obstbau meinte. Allerdings wird er als solcher in den Autobiographien nicht reflektiert.

131

Mit dem gleichbedeutenden lateinischen Begriff „Inokulation" wurde eine Methode der Pockenprophylaxe bezeichnet, die im Osmanischen Reich und in Griechenland seit dem 17. Jahrhundert oft angewandt wurde und die die Frau des englischen Botschafters in Konstantinopel, Lady Mary Wortley Montague, dort im Jahre 1718 als wohl erste Westeuropäerin an ihrem Sohn anwenden ließ. Die Methode verbreitete sich unter den Gebildeten Englands rasch. Von dort kam sie auch nach Deutschland. Bei der Inokulation wurde der Eiter an Pocken erkrankter den Impflingen eingeritzt; die zu erwartende Erkrankung sollte zumeist erheblich glimpflicher verlaufen als die auf gewöhnlichem Ansteckungswege erworbene Krankheit, künftig aber Resistenz hinterlassen (vgl. Darmon 1986).

In der Autobiographie der Schriftstellerin Johanna Schopenhauer (1767 - 1833) finden wir die Schilderung einer frühen Inokulation, die zugleich wichtige Charakteristika der Verbreitung dieser Methode enthält. Johannas Vater, ein wohlhabender und gebildeter Danziger Kaufmann namens Trosiener, las in den 1770er Jahren in der Zeitung von der Inokulation. Er suchte nun in Danzig einen Arzt, der diese neue Methode auszuprobieren bereit war, und fand nach langer Suche einen jungen, selbstbewußten und welterfahrenen Arzt (er trug sein Haar ungepudert, wie es künftig die Jakobiner tragen würden, und er hatte in London praktiziert), der das Wagnis auf sich zu nehmen bereit war. Als Spender pockeninfizierten Eiters und Blutes wurden die Kinder einer armen Familie gefunden, und ihr Eiter wurde unter Mithilfe von Trosieners Hauspersonal und seines alten Hausarztes Johanna und ihren Schwestern in die Haut geritzt. Die kleine Johanna erkrankte in der Folge ernstlich an den Pocken, und der junge Arzt pflegte sie mit Hingabe wieder gesund. Nach ihrer Genesung publizierte er den Fall in einer unter gebildeten Einwohnern der Stadt wie unter Medizinern verbreiteten Broschüre (Schopenhauer 1986, 98ff.).

Erkrankungen als Inokulationsfolge waren häufig: auch Karoline Jagemann, Tochter eines Weimarer Bibliothekars, bekam starke Geschwüre an den Achseln (1926, 30f.; vgl. a. Bülow 1895, 104; Reichard 1877, 7).

Diesen Schilderungen stehen Einschätzungen von Ärzten und Betroffenen gegenüber, daß die Inokulation letztlich doch wirksamen Schutz vor Blatternerkrankungen biete. Der spätere Offizier Boyen überstand 1779 als Kind eine

„Art Blattern ..., von denen mir einige Narben zurückgeblieben waren. Dies brachte unseren Hausarzt zu der Meinung, daß es die Menschenblattern gewesen wären, und so wurde die Impfung, welche sonst gerade in Gebrauch kam, bei mir nicht angewendet" (Boyen 1953, 66). Jahrzehnte später erleidet Boyen einen heftigen Blatternanfall. Der Regimentsarzt rettet sein bedrohtes Leben und verhilft ihm zu seiner alten Gesundheit. Auch der Sohn eines Beamten am Gothaer Hofe, Heinrich August Reichard, wurde in den 1760er Jahren inokuliert. Die Maßnahme ging jedoch offenbar nicht auf seine Eltern zurück; der Vater geriet „in den heftigsten Unwillen", als sein Sohn in der Folge der Impfung „heftig erkrankte", war er doch „solchen 'Neuerungen' ... entschieden" abhold (Reichard 1877, 7).

Von einer Erkrankung als Folge des Nicht-geimpft-Seins berichtet der Schriftsteller Paul Heyse. Seine Mutter wurde um 1810, in ihrem zweiten Lebensjahrzehnt, von den Blattern „befallen"; sie war als jüngstes Kind der Familie nicht inokuliert worden, da ihre Großmutter, „noch ganz im Vorurteil gegen dies neue Schutzmittel befangen", ihren Liebling der Impfung nicht hatte aussetzen wollen. Ihre Geschwister hingegen hatten die „vorsichtigen" Eltern, die Juden waren und dem preußischen König als Juweliere dienten, inokulieren lassen, als in Berlin eine Blatternepidemie ausbrach.

> „Die Folge war, daß meine Mutter allein von der Krankheit befallen wurde, wobei eine Blatter sich auf das rechte Auge setzte. Ein berühmter Arzt tröstete die Eltern, es sei mit einem leichten Eingriff zu helfen, Tag und Stunde der Operation wurden festgesetzt, ein paar Assistenzärzte waren zur Stelle, man wartete und wartete, der alte Arzt wollte nicht kommen. Einer seiner jüngeren Kollegen erbot sich, um das junge Fräulein nicht länger in der bangen Spannung zu lassen, die geringfügige Operation der Entfernung des kleinen Häutchens sogleich vorzunehmen, war aber so unbeholfen, daß er zu tief schnitt. In denselben Augenblick trat der Erwartete herein, das Auge aber war verloren" (Heyse 1901, 5).

Heyses Schilderung weist einige Parallelen zu derjenigen Schopenhauers auf. Es sind auch hier die Eltern - wohlhabende städtische Bürger - die die Impfung vornehmen lassen. Zwar bleibt unklar, ob dies auf eine ärztliche Empfehlung oder auf die von Nicht-Medizinern zurückgeht. Die letzte Entscheidung im Einzelfall aber fällt die Familie, in diesem Falle die Großmutter. Als sich die Impfung letztlich als wirkungsvoll erweist, wird, anders als bei

Schopenhauer, Vertrauen in die Ärzteschaft gefaßt, und nicht nur in einen „berühmten" Arzt. Dieses Vertrauen erweist sich wiederum als tragisch.

1796 führte der englische Wundarzt Philipp Jenner (1749-1823) die erste Pockenschutzimpfung mit Rinderpockenlymphe durch, die „Vakzination". 1798 publizierte er seine Entdeckung, die sich überaus rasch in Europa verbreitete. Der Kieler Arzt Pfaff berichtet in seiner Autobiographie nicht nur, daß er um 1800 auf Geheiß der Gutsbesitzer „die Blatterninokulation im Großen auf einigen adeligen Gütern" Holsteins mit Erfolg vornahm (1854, 125), sondern macht Jenner auch seine Entdeckung streitig: auf einigen holsteinischen Gütern sei bereits seit 1769 die Sicherheit mit Kuhpocken angesteckter Melkmädchen vor den Menschenblattern bekannt gewesen, und ein Schullehrer habe 1791 „einigen Personen absichtlich die Pocken der Kühe" eingeimpft (1854, 141).

Auch die Kunde von Jenners Methode wurde im deutschen Bildungsbürgertum auf ähnliche Weise verbreitet, wie wir dies an Johanna Schopenhauer und Paul Heyse beispielhaft für die Inokulation gezeigt haben. Die Schriftstellerin Caroline Pichler berichtet aus dem Jahre 1799:

> „Sobald es die Witterung erlaubte, sollte auch mein kleines Mädchen geimpft werden. Eben um diese Zeit fing die ... Vakzine an, bekannt zu werden, Der dadurch berühmt gewordene Doktor de Carro,[1] der mit der Tochter eines uns freundschaftlich verbundenen Hauses vermählt war, schickte mir Jenners Werk über diesen Gegenstand. Aber unser Hausarzt, Doktor Herbek, war nicht der Meinung, von dieser, damals noch so wenig konstatierten Entdeckung Gebrauch zu machen. Mein Lottchen wurde mit Menschenblattern geimpft und überstand die Krankheit leicht ... " (Pichler 1914, I/221f.).

Auch hier sind die Parallelen zu Schopenhauers Bericht offenkundig: die Information über die neue Impfmethode verläuft zwar über einen Arzt und nicht über die Zeitung; der Arzt sendet jedoch medizinische Literatur und erteilt nicht einfach seinen fachlichen Rat. Innerhalb der lokalen Ärzteschaft gibt es auch hier eine Differenzierung, was die Aufgeschlossenheit gegenüber dem neuen Verfahren betrifft, und schließlich wird, anders als bei Schopen-

---

1 Johann Ritter de Carro (1770-1857), aus Genf gebürtig und in Wien zum Dr. med. promoviert, führte dort 1799 die Vakzination ein und war Autor von „Über das Einimpfen der Kuhpocken" (Anm. d. Hg. E.K. Blümml in Pichler 1914, 523 A. 372).

hauer, dem traditionell denkenden Hausarzt gefolgt. Dies wird wiederum - anders als bei Heyses Mutter - durch den guten Ausgang legitimiert. Die rasche Akzeptanz der Vakzination im Bildungsbürgertum wird in der Autobiographie des Lehrers von Klöden deutlich. Er berichtet aus seinem siebzehnten Lebensjahr 1803:

> „Ich hatte noch immer nicht die Pocken gehabt, obgleich ich die große Pocken-Epidemie in Märkisch-Friedland mit durchgemacht hatte, welche mir binnen einer Woche zwei Geschwister genommen, die ich in ihrer Krankheit gewartet hatte. Jenner's wohltätige Erfindung der Schutzpocken hatte sich auch nach Berlin verbreitet und es wurde hier ein Impfinstitut errichtet. Ich sprach mit meinem Oheim darüber, daß ich willens sei, mir die Schutzpocken impfen zu lassen, und es geschah. Es entwickelte sich aber nur eine einzige Pocke. Hofrath Bremer versicherte mir aber, daß ich vollkommen geschützt sei. Wenn ich wolle, sei er erbötig, mir die Menschenblattern zu impfen, und er verpfände mir seine Ehre als Arzt, daß ich sie nicht bekäme." (Klöden 1874, 192f.).[2]

Dieser Bericht zeigt zusätzlich die frühen staatlichen Aktivitäten im Impfbereich: ein Impfinstitut wurde errichtet, und seine Dienste von Angehörigen des Bildungsbürgertums resp. des gebildeten städtischen Adels akzeptiert. Die Differenzierung in der Ärzteschaft taucht auch hier wieder auf, wobei die Haltung des vertrauten Arztes der klientendominierten Medizin und nicht professionellen Verhaltensweisen entspricht.

Die Autobiographien zeigen also auch Vorbehalte gegen die neuen Impfmethoden unter der Ärzteschaft sowohl als auch unter dem gebildeten Publikum. Mitteilungen über Impfgegnerschaft, wie um 1810 nach Erlaß von Impfgesetzen in einigen süddeutschen Staaten und erneut um 1850 besonders in Württemberg Formen einer auch von Bildungsbürgern getragenen sozialen Bewegung annahmen, haben wir in den Autobiographien nicht gefunden.[3] Auch wird nur selten über traditional motivierte Resistenz berichtet, was wiederum mit dem bildungsbürgerlichen „bias" der Quellengattung zusammenhängt. Der Münchener Mechanik-Professor Föppl schreibt, daß sein Vater in

---

2 Wilhelm August Eduard Bremer (1787-1850), Arzt und Impfarzt in Berlin.
3 Zu den Impfgegnern vgl. Huerkamp 1985a, Wolff 1991. Eine Dissertation Wolffs zu diesem Thema erscheint demnächst. Sozialhistorisches zur englischen Impfgegner-Bewegung bei McLeod 1967.

den 1850er und 1860er Jahren in Groß-Umstadt (Hessen) neben seiner privaten Arztpraxis auch Vertreter des Kreisarztes in Dieburg war und als Gerichts-
und Impfarzt fungierte (in Hessen war die Pockenimpfung bereits seit 1807
gesetzlich vorgeschrieben; in Preußen wie im Deutschen Reich erst seit 1874).

> „In allen Fällen, in denen mein Vater diese Amtshandlungen öffentlich vor-
> zunehmen hatte, mußte er seine Uniform anlegen. Besonders auffällig war dies,
> wenn er auf die umliegenden Dörfer zum Impfen ging. Diese Wege mußte er
> zu Fuß zurücklegen, denn dazu holten ihn die Bauern nicht im Wagen ab.
>   Die auswärtigen Impftermine wurden in der guten Jahreszeit angesetzt, in
> der es nicht viele Kranke gab ... Auf diesen Wegen habe ich meinen Vater
> häufig begleitet und ihn im Schmucke seines hechtgrauen Waffenrockes mit
> den goldenen Knöpfen und den blauen Aufschlägen bewundert. Zuerst war es
> auch unerläßlich, daß er den Degen dabei an der Seite hatte und wenn man ihn
> nach dem Grunde fragte, antwortete er, daß die Frauen ihre Kinder nicht
> impfen ließen, wenn sie nicht Furcht vor dem Degen hätten. Später war das
> Anlegen des Degens nicht mehr so streng geboten, aber der Waffenrock blieb
> noch lange darüber hinaus Vorschrift" (Föppl 1925, 9f.).

Das Beispiel der Pockenimpfung zeigt, wie eine technische Innovation bei den
Patienten Anklang findet. Die Konfliktmuster, in denen dieser Prozeß verläuft,
sind typisch für die oben beschriebene klientendominierte Medizin. Das gilt
auch für die Konflikte um die Homöopathie und um die Cholera, denen wir
uns in den folgenden Abschnitten widmen.

Von der „Bestürmung durch Arzneien" zum „Sieg der Natur": Der Wandel des therapeutischen Stils

Verschiedene Stellen in den Autobiographien legen nahe, daß sich seit Beginn
des 19. Jahrhunderts ein Wandel in der Bewertung der ärztlichen Therapie
vollzieht. Gerade der Einsatz stark wirkender Medikamente, wie sie etwa der
im zweiten und dritten Kapitel erwähnte Baczko noch benutzte, wird zunehmend kritisiert. Es ist bereits auf die latente Skepsis des Bürgertums gegenüber Ärzten und Medikamenten hingewiesen worden. Das manifestiert sich
nicht nur in dem Leitbild vom „eigenen Arzt", wie wir es im zweiten Kapitel
vorgestellt haben. Beispiele in den Autobiographien zeigen, daß spätestens seit

1800 auch eine Kritik an den Ärzten laut wird, die sich weniger auf diese selbst, als auf die konkrete Ausgestaltung der Kur bezieht.

> „Ehemals beurtheilte man die Kunst und Gelehrsamkeit eines Arztes nach der Länge seiner Recepte und der Menge der darauf verordneten Arzneien", beklagt Nieritz in seiner Autobiographie. Er beschreibt ausführlich den tödlich endenden Keuchhusten seines Bruders 1803 in Dresden und dessen Behandlung durch den „damals in großem Rufe stehenden" Dr.Kauer: „Mein armer kleiner Bruder ward gezwungen, eine große Flasche von 10 unter einander gemischten und einander wohl gar entgegenwirkenden Arzneien nach der anderen zu leeren. Umsonst sträubten sich das natürliche Gefühl, der kleine Mund und Magen des kleinen Kindes gegen das barbarisch schmeckende Gesöff, einen richtigen Schwedentrunk, der dem Knaben alle Eßlust benahm und ihm die noch vorhandenen Kräfte und Säfte aus dem Körper purgirte" (Nieritz 1872, 28f.).

Dazu werden auf Anraten jeder „Verwandten, Freundin, Bekannten, Waschfrau u.s.w." weitere Hausmittel verabreicht. Als dann „die Natur des Kindes doch noch als Siegerin aus dem harten Kampfe hervorzugehen" scheint, verordnet der Arzt noch ein weiteres Purgiermittel:

> „Es gab dasselbe meinem Bruder den letzten Gnaden- und Todesstoß! Noch jetzt erzittert und ergrimmt mein Gemüth, wenn ich an jenen langsamen, wenn auch absichtslosen Mord meines lieben Brüderchens zurückdenke. Vergeblich hatte die gütige Natur gerungen, den holden Knaben aus dem Schlammpfuhle zu retten, in welchen ihn ärztlicher, fest gewurzelter Schlendrian versenkt hatte" (ebd., 29).

Ein anderes Beispiel gibt Reichard in seiner Schilderung der hysterischen Krankheit des sächsischen Prinzen Friedrich im Jahre 1803. Zwar bringen Seebäder in Italien einigen Erfolg (1877, 327), die nächsten Jahre bleiben jedoch von der sich zu einer Krampfstarrsucht des ganzen Körpers entwickelnden Krankheit geprägt. Zahllose Ärzte werden konsultiert, und „ohne Frage hat eben dieses bunte Allerlei der Verordnungen mehr geschadet als genützt" (ebd., 328). In den 1820er Jahren wird ein neuer Leibarzt herangezogen.

> „Herzog August, der in diesen Leibarzt ein besonderes Vertrauen setzte, befahl also, dessen Verordnungen genau zu befolgen. So mußte denn der Kranke das Marienbad gebrauchen, aus dem er geschwächter und angegriffener zurückkam, als er es je gewesen. Ninazzi *(vorheriger Arzt; d.Verf.)* hatte Bewegung, mäßige Diät und kleine Erheiterungen vorgeschrieben; jetzt trat plötzlich ein

völlig entgegengesetztes Verfahren ein: der Prinz mußte Wochen lang im Bette liegen, sich absondern von jedem geselligen Umgange entsagen (...). Dazu die Bestürmung mit Arzneien! - Unterrichtete Personen haben glaubwürdig versichert, daß mit Rhabarber, Bitterwasser und Kräutertränken in riesigen Massen viele Wochen lang fortgefahren wurde. War es ein Wunder, wenn dieser Herkules endlich ausgehöhlt wurde, wie eine taube Nuß?" (Reichard ebd., 512).

Dem hier kritisierten Kurverfahren stehen solche gegenüber, die eher auf die heilende Selbsttätigkeit der „Natur" des Kranken abstellen. So ist es für Krug keineswegs die Medizin allein, die ihn kurierte: „Aber die Natur, unterstützt von der Kunst, siegte" (Urceus 1825, 104).

Auch der General Boyen urteilt hinsichtlich einer Krankheit des Ministers von Stein, daß „die Sorgsamkeit der herbeigerufenen Ärzte, namentlich Hufelands, und seine gute Körperbeschaffenheit", die Lage überwanden (1953, 498). Bei Holtei heißt es, daß das isländische Moos allein ihn nicht gerettet hätte, wenn „nicht die eigene Natur als Helferin dazwischen getreten wäre. Sie brach den Krankheitsstoffen äußerliche Auswege, und mein Arzt, mit einer Umsicht und Sorgsamkeit, wie nur gründliches Wissen, reiche Erfahrung und Freundschaft im Verein zu spenden vermögen, reichte diesen Andeutungen hilfreiche Hand" (1898, II/200). Die Bedeutung der Medikamente wird damit stark eingeschränkt.

Welchen Anklang diese auch von vielen Ärzten forcierte Akzentverschiebung bei den Laien findet, zeigt das Beispiel Chézys, die in ihrer Autobiographie feststellt:

„Die eigentliche Cur für alle Geschaffenen ist - ein tugendhaftes Leben, ein strenges Abwenden von allen Lastern der sogenannten Civilisation. 'Laßt uns besser werden, gleich wird's besser sein!' Der große Hufeland hat hierüber vieles angedeutet. Es ist zwar die bequemste, und wenn man will die angenehmste Art, sich in leidlichem Zustand zu erhalten, selten zu erkranken, und durch die Behandlung eines geschickten Arztes wenigstens scheinbar zu genesen; allein oft brütet die in den Körper zurückgetriebene Krankheit Verderben. Strenge Tugend ist der einzige rechte Arzt, sie ist nicht so leicht wie Arzneinehmen, aber weder so gefährlich wie dieses, noch wie eine unvorsichtig gebrauchte Wassercur. Der berühmte französische Arzt Tissot kam Hufeland nahe. Die Herren Aerzte sollten seine Werke studiren, denn die Neuheit der eingeschlagenen Wege kann den Nutzen der geprüften Erfahrung nicht ersetzen, die noch immer ihren Werth behält, wenngleich die Lebensweise der jetzigen Welt gegen die Anwendung früherer einfacherer Mittel streitet, und vor allem das oben vorgeschlagene verwirft" (1858, II/273f.).

Der Unterschied zwischen diesen beiden Verfahren, wie er insbesondere in der Kritik Nieritz' und Reichards zum Ausdruck kommt, liegt weniger in der Bewertung der ärztlichen Heilmittel als solcher, als auf einem Aspekt, den man als den „Stil" der Behandlung bezeichnen kann. So wird in beiden Fällen die Menge der Arzneien hervorgehoben: eine „große Flasche", „zahllose Ärzte", „Bestürmung mit Arzneien", „riesige Massen". Im Gegensatz zu den oben zitierten Bewertungen von Medikamenten wird hier negativ bewertet. Die zehn gemischten Arzneien sind „einander wohl entgegengesetzt"; die verschiedenen Ärzte schaden nur und führen zu „einem völlig entgegengesetzten Verfahren". Beschreibungen großer Quantitäten werden mit Attributen unterlegt, die ein unsystematisches, chaotisches Vorgehen suggerieren. Ein weiteres Merkmal ist die Darstellung der ärztlichen Anordnungen als unnatürlicher Eingriffe. Am deutlichsten bei Nieritz, der die Natur als verhinderte Siegerin bezeichnet und gegen die Arzneien für das „natürliche Gefühl" des Kindes Partei ergreift. Weiter implizieren beide Beschreibungen eine spezifische Ökonomie des Körpers. Die inkriminierten Kurmethoden sind gefährlich, weil sie „Kräfte und Säfte" aus dem Körper „herauspurgieren" oder den Kranken „aushöhlen" „wie eine taube Nuß". Das Modell eines in sich geschlossenen Körpers kontrastiert in gewisser Weise mit der Logik der blutentziehenden und entleerenden Verfahren, wie sie etwa im Falle der oben zitierten Stelle aus Holteis Biographie durchaus noch mit dem Modell der Selbstheilung harmoniert. Tatsächlich wird die dadurch herbeigeführte „Schwächung" des Körpers zu einem wichtigen Argument in der Kritik des Aderlasses. Schließlich markiert der Diskurs in beiden Fällen auch Distanzierungen von sozialen Figuren, die mit diesem Verfahren assoziiert werden. Bei Reichard ist es der Adel. Die Kur des Prinzen wird eingefügt in eine verwickelte höfische Intrige. Bei Nieritz ist es einerseits das Geschäftsgebaren des Arztes. Andererseits impliziert es einen Gegensatz zu den Frauen: sowohl zur Mutter, die an die Mittel glaubt und sie dem Kind mit „Bitten, Verheißungen und Drohungen" einflößt, wie zu den Freundinnen und Waschfrauen, die mit ihren Ratschlägen das Verfahren noch zusätzlich verschlimmern.

Die Homöopathie

Als Radikalisierung dieser Kritik an der übermäßigen Medikation kann die Homöopathie betrachtet werden. Hierbei handelt es sich um ein Konzept, das um die Jahrhundertwende von Samuel Hahnemann (1755-1843) entwickelt worden ist und zunehmend den Zuspruch von Ärzten und Laien findet (Wolff 1992). Anders als bei den an der Diätetik orientierten medikamentenkritischen Richtungen, für die beispielsweise Hufeland steht, spielt hier die Medikation wieder eine wichtige Rolle, allerdings in grundsätzlich anderer Form. Statt auf große Mengen stützt sich die Behandlung auf kleine Dosen, und die Substanzen gelten der Krankheit nicht als entgegengesetzt, sondern werden aufgrund ihrer Ähnlichkeit gewählt. Gerade das erscheint vielen mystisch, und die Homöopathie gerät, wie manchmal zuvor schon das Brownsche System, in den Geruch der Scharlatanerie; mitunter wird sie sogar kriminalisiert.

Über die Situation in Prag in den 1820er Jahren schreibt Pichler in Zusammenhang mit ihrem dortigen Arzt:

> „Doktor Baer hatte sich ganz zuletzt einiger homöopathischer Pülverchen bedient, denn damals war diese Heilart, obwohl in Prag sehr beliebt (so daß im schwarzen Roß eine eigene homöopathische Küche bestellt war, wo diese Kurart Gebrauchenden zweckmäßige Speisen erhielten), dennoch im ganzen noch verpönt, und mit ungünstigen Augen, zumal von den Behörden, angesehen. Baer fand es also für nötig, seine Pülverchen geheim zu halten.- Sie wirkten zweckmäßig, obwohl nicht so bewundernswürdig, als er sich vielleicht versprochen hatte, und das alles vergrößernde Gerücht und der Parteigeist so manche Kuren dieser Art verkündet hat" (Pichler 1914, II/207).[4]

Wenn man dieser Darstellung Glauben schenkt, hat die Homöopathie in Prag sowohl bei Ärzten als auch Laien einigen Zuspruch gefunden. Interessant ist auch, daß die Autorin erklärt, die Homöopathie sei in den 1820er Jahren „noch" verpönt gewesen, womit sie suggeriert, daß diese zur Zeit der Niederschrift der Autobiographie - sie erscheint 1844 - besser etabliert ist.

---

4   Josef Siegmund Baër (gest. 1857), Arzt in Prag.

Über Kontakt mit der Homöopathie berichtet auch Corvin sehr ausführlich. Er ist Offizier und hält sich in den 1830er Jahren bei der Familie eines ihm bekannten Obristen auf.

„Da der Oberst schon zwei Söhne verloren hatte, so war er natürlich sehr um die Gesundheit des einzigen, wirklich sehr lieben Kindes besorgt und hatte einen berühmten homöopathischen Arzt von Teplitz, Dr. Hromada, veranlaßt, einen Winter auf seinem Gute zuzubringen. Die Homöopathie machte damals Furore und die ganze Familie des Obersten war förmlich fanatisch. Die Frau hatte eine kleine Taschenapotheke und der Oberst eine größere, aus welcher er seine Streukügelchen freigebig verteilte, wie er es aus Hahnemanns Organon erlernte, in dessen Geheimnisse ich mich gleichfalls vertiefte. Es war im Hause von nichts die Rede, als von Arnica, Aconitum Napellus u. s. w. - Dr. Hromada war ein ganz angenehmer Mann und durchaus kein Charlatan" (Corvin 1880, I/405).

Der homöopathische Doktor erfreut sich nicht nur der Beliebtheit der Familie des Obristen. Solange er dort weilt, kuriert er jeden, der zu ihm kommt, ohne Geld dafür zu nehmen. „Des Obersten Haus" schreibt Corvin „ glich einem Hospital, weil es beständig von Kranken belagert war" (ebd., I/407). Dem Autor erscheinen die Kuren zwar merkwürdig, dennoch zeigt sich Erfolg. Selbst Schwindsüchtige, schreibt Corvin, wurden geheilt, „und die dortigen Ärzte waren so aufgebracht gegen Dr. Hromada, daß sie die Gesetze gegen ihn wegen seines unberufenen Practicirens zu Hilfe riefen" (ebd., I/408). Corvin selbst greift auf die Hilfe des Homöopathen zurück. Er läßt sich wegen einer Brustkrankheit behandeln. Als er abreist, bekommt er ein Fläschchen Medizin auf den Weg, das ihm aber vor Abschluß der Behandlung zerbricht. Damit ist Corvins Kontakt mit der Homöopathie nicht beendet. Das Leiden, das der Arzt als Grund seines Übels erkannt hat, kommt 1842 in Leipzig voll zum Ausbruch. In dieser Zeit legt sein Arzt, ein dortiger Homöopath namens Hartmann,[5] ihm einen Aufenthalt in Kissingen nahe. Als das nichts nützt und der Homöopath auch keine Hilfe mehr weiß, setzt Corvin seine Kur mit eigenen Mitteln fort. Unter anderem bedient er sich eines in einem Buch

---

5 Franz Hartmann (1796-1853), Arzt in Leipzig, seit 1832 Mitherausgeber der „Allgemeinen Homöopathischen Zeitschrift"; 1831 „Therapie akuter Krankheitsformen": Brückenschlag zur Schulmedizin, weil auf Krankheiten allgemein gerichtet, nicht individualisierend. 1852 „Die Kinderkrankheiten" (Tischner 1937, 3, 424.).

angepriesenen Mittels; er wäscht sich mit verdünnter Salzsäure (ebd., II/234). Das hält er zwei oder dreimal aus, dann ist der Schmerz aber doch zu groß. Auf den Rat einer Frau hin wird ein weiteres angeblich „unfehlbares" Mittel angeschafft, eine „schwarze, übelriechende Schmiere", mit der er sich abends das Bein einreibt. Als es am nächsten Morgen geschwollen ist und Corvin sogar sein Gesicht kürbisartig gedunsen findet, spricht der Homöopath von einer möglicherweise notwendigen Amputation des Beins. Darauf läßt sich Corvin auf ein anderes medizinisches Paradigma ein, die Hydrotherapie, und besucht eine Kaltwasseranstalt in Stötteritz bei Leipzig (ebd., II/234f.).

Die angeführten Beschreibungen zeigen, daß die Homöopathie in den 20er und 30er Jahren des 19. Jahrhunderts bei Patienten und Ärzten zunehmend Beachtung findet. Sie geben auch einen interessanten Einblick in die Dynamik, mit der sich dieses Muster durchsetzt. In beiden Fällen zeigen sich Konflikte dieser Methode mit der offiziellen Ordnung des Gesundheitswesens, sei es, daß die Behandlung im Geheimen vorgenommen werden muß, sei es, daß sie die örtlichen Ärzte auf den Plan ruft. Beide Beispiele zeigen auch, welche wichtige Rolle den Ärzten bei der Verbreitung dieses Verfahrens zukommt: Dr. Baer, der am Ende verschiedener anderer fehlgeschlagener Kurverfahren einen Versuch mit homöopathischem Pulver macht, und im zweiten Falle einen radikalen, fast charismatischen Verfechter dieser Richtung. Dennoch vollzieht sich ihre Durchsetzung innerhalb eines Rahmens, der noch durch die oben beschriebenen Muster des Arzt-Patient-Verhältnisses bestimmt wird. Auch hier kommt den Patienten eine wichtige Rolle bei der Rezeption des Verfahrens zu. In Prag führt der allgemeine Zuspruch bei der Bevölkerung dazu, daß eine homöopathische Küche eingerichtet wird. Noch aktiver ist die Beteiligung von Laien im Falle der Familie des Obristen, den Corvin beschreibt. Ähnlich wie vier Jahrzehnte zuvor bei Baczko, handelt es sich auch hier wieder um Laien, die sich medizinisches Wissen anlesen und auf dieser Grundlage selbstständig heilen.

Die Reaktionen der Patienten auf die Homöopathie sind jedoch geteilt. In den Autobiographien sind auch skeptische Bewertungen dokumentiert. Der Maler Blaas hat kein Vertrauen in die Medizin des Homöopathen, der ihn in den 1830er Jahren behandelt (1876, 103). Zwischen der Gräfin Bernstorff und ihrem Mann kommt es 1833 zu einem heftigen Streit darüber, ob die Tochter

Marie von einem Homöopathen weiterbehandelt werden soll (1897, II/256f.). Caroline Pichler scheint der Lehre mit einem eher skeptischen Wohlwollen gegenübergestanden zu haben. Zwar ist sie mit den Ergebnissen zufrieden, dennoch bleibt die Zustimmung durchaus verhalten, wenn sie, ganz im Stile bürgerlicher Mäßigkeitsrhetorik, auch die Überschwenglichkeiten ihrer Verfechter nicht teilen mag. Auch Corvin läßt sich zwar homöopathisch behandeln, äußert sich aber keineswegs begeistert. Als er mit den Anordnungen seines Leipziger Arztes unzufrieden ist, wählt er eine durch die Lektüre medizinischer Literatur oder die Ratschläge hausmittelkundiger Frauen angeleitete Selbstmedikation. Hierbei bewegt er sich jedoch keineswegs mehr im Rahmen des homöopathischen Denksystems. Im Gegenteil, die Anwendung von Salzsäure entspricht eher der traditionellen, auf „kräftigen" Gegenmitteln basierenden Medikation. Insofern steht die gewählte Praktik der in Kapitel drei beschriebenen Augenbehandlung Baczkos näher als den medikamentenkritischen Strömungen seiner Zeit. Zu letzteren gehört dann aber wieder die Anwendung der Hydrotherapie. Die Art und Weise, in der die Patienten von der Homöopathie Gebrauch machen, ist offensichtlich meist pragmatischer als im Falle der Obristenfamilie. Für viele Patienten eröffnet ihr Aufkommen nur eine zusätzliche Option, die sie selektiv nutzen. Diese ist weniger durch eine prinzipielle Loyalität gegenüber der medizinischen Richtung bestimmt, als der situationsspezifischen Bewertung ihrer Effizienz.

Die Choleraerfahrung

Zu den im ersten Kapitel beschriebenen kollektiven Leiden gehörte auch eine Krankheit, die nach 1830 erstmals nach Europa eindrang: die Cholera. Große epidemische Krankheiten früherer Epochen waren seit Menschengedenken verschwunden: die Lepra seit dem 16., die Pest seit dem 18. Jahrhundert. In Indien hatten zwischen 1781 und 1823 mehrere Choleraepidemien gewütet; die von 1826 breitete sich allmählich nach Westen aus, erreichte 1830 Moskau und dehnte sich von 1830 bis 1832 in ganz Europa aus, um dann auf den amerikanischen Kontinent überzugreifen (Toellner 1986, IV/2215; Morris 1976, 21 ff.). Sie gab der Sozialmedizin und der von Ärzten dominierten

Hygienebewegung Gelegenheit, zu allgemeiner Akzeptanz zu gelangen (Fischer-Homberger 1977, 173). Ackerknecht hat die entsprechenden Debatten als Auseinandersetzung zwischen kontagionistischen und antikontagionistischen Positionen vorgestellt. Erstere seien von liberalen utilitaristisch beeinflußten Sozialreformern vertreten worden, die die unhygienischen Lebensverhältnisse der unteren sozialen Schichten verbessern wollten; letztere insbesondere von Ärzten, die auf individuelle Hygiene und Diätetik setzten (vgl. Stolberg 1989, 16). Die antikontagionistische Position habe in den „bürgerlichen" 1840er und 1850er Jahren dominiert, die kontagionistische seit den reaktionären 1860er Jahren den Sieg davongetragen (Ackerknecht 1948; vgl. a. Labisch 1992, 114f.). Morris hat Ackerknechts Position marxistisch zugespitzt: die kontagionistische Position sei 1832 die der herrschenden Klasse in England gewesen, die von der Mehrheit der Mittelklassen akzeptiert worden sei. Miasmatische Positionen seien 1832 nur von Wundärzten, Militärs, Indienkennern und schottischen Ärzten vertreten worden, hätten jedoch 1848/49 dominiert, was mit den Wahlrechtsreformen von 1832 und in der Folge mit der verstärkten politischen Position der Mittelklassen zu erklären sei (Morris 1976, 184ff.). Demgegenüber hat Pelling eingewandt, daß die meisten Mitglieder der englischen ärztlichen Profession in der ersten Hälfte des 19. Jahrhunderts epidemische Krankheiten wie Typhus und Cholera als Fieber betrachteten, die von einer Reihe von Faktoren, insbesondere ökologischen, abhingen und von organischen Fäulnisprozessen verursacht wurden. Die Ärzte waren nicht dominant ätiologisch ausgerichtet, ihre Therapien eher diätetischer Art; dennoch hielten sie die definitorischen Debatten um das „contagium" für relevant. Insofern führe Ackerkechts scharfe Kontrastierung von Kontagionisten und Antikontagionisten in die Irre (Pelling 1978, bes. 298ff.; vgl. Cooter 1982). Auch Durey betont, daß in der medizinischen Profession keineswegs der Antikontagionismus dominiert und daß man an traditionellen Heilmitteln nicht ohne Erfolge festgehalten habe (1979, Kap. 5). Hamlin (1992) beobachtet eine Verlagerung des medizinischen Diskurses in England um 1840 innerhalb der „remote causes of disease" von den „predisposing" zu den „exciting causes", d.h. von einer die individuelle Erkrankung zu einer die äußeren sozialen Ursachen fokussierenden Betrachtungsweise.

Die Autobiographien zeigen, daß auch medizinische Laien die Kontroversen um die Cholera mitverfolgten. So schreibt die Schriftstellerin Caroline Pichler hinsichtlich der Cholera in Wien 1830:

> „Zweierlei Ansichten erhoben sich unter den Ärzten und im Publikum, die von der Kontagiosität und der Nichtkontagiosität des Übels. Viele und berühmte Ärzte standen auf jeder Seite, die erste behielt die Oberhand" (1914, II/274).

Pichler mag sich selbst nicht ohne weiteres einer der beiden Fraktionen anschließen:

> „Damals erkrankten und starben viele Menschen in Baden *(bei Wien; d.Verf.)* an dieser Seuche, und auch hier machte sich die Bemerkung ihrer rätselhaften Natur geltend; indem einerseits die in manchen Häusern oder Häuserbezirken überaus häufig vorkommenden Sterbefälle auf Kontagion schließen machten, und andererseits Beispiele genug vorlagen, wo die treueste Pflege, die stete und unbeschränkte Berührung der Kranken, ihren Umgebungen nicht den mindesten Krankheitsstoff mitteilte" (1914 II/288).

In nur wenigen Autobiographien wird eine deutlich kontagionistische Position vertreten. Theodor Fontanes Vater, Apotheker in Swinemünde, brachte einen Abschiedstoast auf die Soldaten aus, die 1831 einen „cordon sanitaire" um die Stadt gezogen hatten:

> „Was draußen auf der Mole die Kanone, das sei drinnen in seiner Stadtapotheke der große Salzsäureballon gewesen, unter dessen Heranziehung er jeden Augenblick imstande gewesen wäre, das bedrohte Swinemünde unter Chlor zu setzen" (Fontane 1894, 121).

Die Aufnahme kontagionistischer Empfehlungen in die Kreise nichtkontagionistischer Ärzte zeigt Caroline Pichler: demnach wurden z.B. Gurken, geräuchertes und Schweinefleisch auch von letzteren als schädlich anerkannt (Pichler 1914, II/277). Dagegen versicherte „der wackere alte Schulrat Koren" noch 1855 den Gymnasiallehrern in Triest trotzig, daß er sich durch die herrschende Cholera „nicht im geringsten abhalten lasse, allabendlich seinen gewohnten, erfrischenden Gurkensalat zu verzehren." (Hamerling o.J., 172)

In späteren Jahrzehnten wurde die miasmatische Grundwasser-Theorie Pettenkofers aufgenommen. Baumann, Pfarrer bei Neubrandenburg, hörte 1866 anläßlich einer Choleraepidemie den Vortrag eines Arztes über die Pettenkofersche Theorie: das tiefe Grundwasser schütze sein Dorf. Der Pfarrer bekennt seinen „Bazillenunglauben" (Baumann o.J., 167).

Wichtigste kontagionistische Maßnahme war die Quarantäne, die bereits gegen die Pest angewandt worden war: z.B. sollte der preußische Offizier Boyen 1812 der Pest wegen in Rußland von einem russischen Offizier und einem sächsischen Arzt in russischen Diensten in Quarantäne gesteckt werden und mußte befürchten, „monatelang in diesem entlegenen Winkel eingesperrt" zu bleiben. Boyen schildert launig, wie er die beiden gegeneinander ausspielte, sie übertölpelte und so entkommen konnte (1953, 421f.). Sein Kamerad Perrin-Parnajon verbrachte im gleichen Jahrzehnt fünf Tage in Pest-Quarantäne in Marseille, die sich in der Gemeinschaft von Isolierten und Bewachern vergnüglich gestalteten (1820, II/314).

Die Quarantäne stand im Zentrum der antikontagionistischen Kritik. Würde diese Kritik, wie dies in der Tradition Ackerknechts anzunehmen wäre, vom Bürgertum auch deswegen getragen, weil die Quarantäne den freien Personen- und Warenverkehr behinderte, so wäre zu erwarten, daß diese Maßnahme von Betroffenen im allgemeinen und von Bürgerlichen im besonderen heftig kritisiert und abgelehnt worden wäre. Jedoch erlebten im Einzelfall auch bürgerliche Autoren die Quarantäne positiv. So verlebte der Philosophieprofessor Rosenkranz nach ersten „unerquicklichen" Stunden sechs Tage Wittenberger Cholera-Quarantäne in der angenehmen Gesellschaft eines Pädagogen und eines Assessors (1873, 465).

Sollte die Cholera der Präventivmedizin und der ärztlichen Hygienebewegung in den folgenden Jahrzehnten soziale Anerkennung verschaffen, kannte die medikale Kultur bereits der 1830er Jahre viele Präventivmittel gegen Epidemien. Die breite Palette kann anhand der Mittel, die in den 1840er Jahren gegen das Wechselfieber in Danzig gebraucht wurden, charakterisiert werden: an die Tür wurde geschrieben: „Fieber, bleib' draußen, ich nicht zu Haus!"; mit kurzen Zaubersprüchen beschriebene Mandeln wurden gekaut und ferner Weidenkätzchen geschluckt; letzteres war „auch vom ärztlichen Standpunkte aus als nicht so übel anzusehen, denn die Weide ... enthält Salicin ..., (das) wie das Chinin fiebervertreibend wirkt", kommentiert der Schriftsteller Trojan, der in seiner Jugend Medizin studiert hatte (1912, 30). Religiöse, volksmedizinische und diätetische Mittel wurden auch gegen die Cholera angewandt: Amulette, Räuchern mit Wacholder u.ä. (Conzett 1929, 13ff.). Ranke fühlte sich den homerischen Göttern ähnlich, die mit Opferrauch beglückt wurden (1890, 256). Der Gymnasiast Deussen ließ seine Tabakspfeife ärztlich legitimieren (1922, 55f.). Vor Diätfehlern und Erkältungen wurde in besonderer Weise gewarnt (Clausewitz 1916, 490). Bisweilen berichten Autoren von eigenen Strategien, die im Gegensatz zu den ärztlichen Anweisungen stehen. So berichtet der Nationalökonom Knapp, daß ein Arbeiter der Münchener Industrieausstellung 1854 entgegen allen ärztlichen Empfehlungen nach kräftigem Biergenuß gesundet sei (Knapp 1927, 41). Schließlich wurde das Verlassen des gefährdeten Ortes empfohlen: „Ich meine, Ihr solltet nach einer kleinen schlesischen Stadt am Fuße des Gebirges gehen", falls die Cholera nach Berlin käme (Clausewitz 1916, 471).

Die Neuartigkeit der Cholera besteht auch darin, daß sie den alten Erklärungen der Krankheitsanfälligkeit widerspricht. So schreibt der Gymnasiallehrer Hamerling:

„Nie sonderlich gesund und kräftig, war ich doch auch kein Schwächling und niemals ernstlich krank gewesen ... Jetzt aber kündigte ohne denkbare Ursache sich ein Übel an, dessen frühestes Symptom eine Art von Wasserspeien war ... " (o.J., 171)

Für die Entstehung und Ausbreitung der Cholera wurden unterschiedliche Gründe angegeben: religiöse, soziale und ökologische. Die traditionale Konzeptualisierung als Gottesgericht ist bei der Diakonisse Averdieck mit Blick auf die Hamburger Epidemie von 1892 zu lesen: „O daß das Gericht ausrichte, wozu der treue Herr es gesendet!" (1908, I/356).

In seiner Untersuchung über die Cholera in Hamburg hat Evans über Schuldzuweisungen an die Ärzte und auch an den Staat, der die auf seine Hilfe angewiesenen Armen vergiften wolle, aus ganz Europa berichtet (1988, 94).[6] Die älteren Zuschreibungen an soziale Minoritäten, zumal die Juden, wurden so in den 1830er Jahren durch neue ergänzt, die sich in einer Phase allgemeinen Bevölkerungszuwachses und allgemeiner Pauperisierung gegen die Reichen, den Staat und deren Handlanger, die Ärzte, richteten, die wieder-

---

6 Vgl. als autobiographische Quelle Lorinser 1864, II/50.

um in dieser Zeit ihr professionelles Monopol auf Heilbehandlung zu verkünden begannen und von den Behörden für Expertisen herangezogen wurden.

Im Bürgertum gab es ferner ökologische Ursachenzuweisungen, die der Fiebersemantik entsprechen, wie wir sie im ersten Kapitel vorgestellt haben. Auch für die zeitgenössische medizinische Debatte in England hat Pelling betont, daß die Cholera als Fieber konzeptualisiert wurde (1978, 18ff.). Zu dieser Fiebersemantik gehören ökologisch - klimatische Aspekte, wie sie die Wiener Schriftstellerin Pichler angesichts der dritten Choleraepidemie von 1835 beschreibt:

> „... das ist eine, sich jedem aufdringende Beobachtung, daß in den Epochen, wann diese Krankheit herrscht, in der Atmosphäre eine auffallende Veränderung vorgehen müsse, wovon schon die dichten, sonst in dieser Jahreszeit ungewöhnlichen Nebel, die bald ganz strahlenlosen und bald mit dem höchsten dauerndsten Krokusgelb gefärbten Sonnuntergänge Zeugenschaft geben" (Pichler 1914, II/323).

Ganz miasmatisch beschreibt zu Ende des 19. Jahrhunderts der Pfarrer Hoffmann die Stimmung während der Cholera in Halle 1866:

> „Meist schwüle, dumpfige Luft, ohne Windbewegung, bleigrauer Himmel, auf den Straßen tiefe Stille" (Hoffmann 1900, 166).

Im Kontext mit den Ursachen stehen auch Vorboten, Anzeichen, „omina" der Krankheit. Einem Hamburger Pastor prophezeit 1832 eine „hysterische Dame", „aus welchem Hause Ihrer Gemeinde der erste Choleratote herausgetragen wird." Die Prophezeiung trifft ein (Walther 1922, 50). Im gleichen Jahre erscheint einem Jenaer Mathematikprofessor seine verstorbene Frau im Traume und sagt: „Ich bin die Cholera, aber fürchte dich nicht, ich komme, dich mir zu holen." Der Mann stirbt wenige Tage darauf an dieser Krankheit (Fröbel 1890, I/65). Doch nicht alle Vorzeichen treffen zu. Der Schauspieler Holtei fällt 1831, während er die Grabrede auf einen Kollegen hält, ins offene Grab; dies wird von den Umstehenden als Omen eines baldigen Cholera-Todes aufgefaßt (1898, II/276). Holtei stirbt jedoch erst 1880 im Alter von dreiundachtzig Jahren.

Angst und Flucht der Begüterten schildert Evans als wichtigstes und durchgängiges Moment der Reaktionen auf die Cholera im 19. Jahrhundert (Evans 1987, 346 ff.; Evans 1988). Ähnliches gilt für viele andere Seuchen, insbesondere die Pest seit dem Mittelalter (Delumeau 1985). In den Autobiographien wird häufig berichtet, daß ansteckungsgefährdete Lokalitäten und Regionen verlassen wurden. Die Schriftstellerin Helmina von Chézy ließ 1801 Kinder der Masern wegen aus dem Hause bringen (1858, I/224). Die Nichten der Frau von Bülow wurden 1838 vor einem Scharlachfieber in Sicherheit gebracht (Bülow 1927, 398). Der spätere Theologieprofessor von Hase wurde in den 1850er/60er Jahren mit seinen Reisebegleitern während eines Scharlachfiebers in Italien „wegen der Ansteckung" verlassen (1891, 213). Was die Cholera betrifft, taucht diese Angst oft im Zusammenhang mit Reisen in Choleragebiete auf. Die Geschwister der Gräfin Bernstorff verzichten 1831 auf die Reise nach Marienbad „der späten Jahreszeit und der Cholera wegen" (1897, II/209). Der Theologe Ebrard verschiebt 1837 den Wechsel von Erlangen nach Berlin:

> „... gesetzt, daß bis gegen Ende Oktober die Krankheit auch nachgelassen hatte, so erschien es gleichwohl nicht geraten, als Fremder sich in die infizierte Atmosphäre zu begeben" (1888, 355).

Die Angst vor der Cholera stärkte andererseits bürgerliche Familienbande und ließ Eltern zu ihren gefährdeten Kindern zurückkehren, wie dies der Königsberger Orientalist Bohlen tat (1840, 64). Volkstümliche Theaterstücke griffen das Angstmotiv auf. Unter dem Titel „Wie die Cholera der guten Stadt die Freiheit bringt!" wurde dargestellt, daß die Bürger den König zwischen ihrer Freiheit und der Cholera wählen ließen. Der König wählte die Krankheit, erlag ihr und brachte so den Bürgern die ersehnte Freiheit (Kombst 1848, 319).

Über ein prägnantes Beispiel von Furcht mokiert sich von Baer, Professor der Naturgeschichte in Königsberg:

> Sein anatomischer Zeichner „wußte sich die Schriften zu verschaffen, die man verbreitet hatte, um die Krankheit erkennen zu lassen und die wirksamsten Vorbauungs- und Heilmittel zu empfehlen, und ... (er glaubte) alle diese Symptome in sich zu verspüren, ehe ein Mensch in Königsberg erkrankt war. Bald meinte er Wadenkrämpfe zu haben, bald zu fühlen, daß sein Blut gerinne ... Als nun die Cholera wirklich in der Stadt sich zeigte und eine allgemeine ängstliche Stimmung sich verbreitete, war mein Zeichner wenig zu gebrauchen. Die Kranken wurden in Körben in die Hospitäler getragen. Beim Anblick eines solchen Korbes glaubte er jedesmal ein Gerinnen des Blutes zu fühlen ... Als ich ihn ... drei Tage nacheinander nicht gesehen hatte, wurde ich besorgt ... Ich

suchte ihn auf in seiner Wohnung, fand aber die Tür verschlossen ... Da piepte endlich eine schwache Stimme aus dem Innern hervor. Der Zeichner lag tief vergraben in Betten, um sein Blut wieder flüssig zu machen, das in dieser Nacht ganz gewiß geronnen gewesen sein sollte." Der Zeichner wurde auf Baers Betreiben nach Berlin zurückversetzt (Baer 1912, 172f.).

Auch in anderen Berichten wird der Angst nicht das Wort geredet. So wird 1831 auf einem Adelsgut in Böhmen zwar stets von der Cholera gesprochen, die in Ungarn grassierte. Der Vater kommt jedoch nicht um Urlaubsverlängerung in seiner Stellung am kaiserlichen Antikenkabinett in Wien ein, und auch die Familie will trotz der Gefahr zurückkehren (Arneth 1891, I/151f.). Der Jurist und spätere preußische Minister Bosse berichtet aus seiner Quedlinburger Gymnasiastenzeit um 1850, daß einer seiner Lehrer ein Instrument zum Messen des Elektrizitätsgehaltes der Luft konstruiert hatte; ein hoher Gehalt sollte dieser miasmatischen Theorie zufolge die Zahl der Cholerafälle vermindern. Die Schüler lenkten nun jeden Morgen vom unbeliebten Religionsunterricht ab, indem sie den Instrumentenausschlag debattierten. „Die Jugend", kommentiert der Verfasser, „nimmt solche Heimsuchungen ... nicht allzu schwer" (Bosse 1904, 192).

Caroline Pichler, die drei Choleraepidemien erlebt hatte und sich weder der kontagionistischen der antikontagionistischen Position anschließen mochte, schreibt:

„Man konnte mit ziemlicher Sicherheit berechnen, daß, je ruhiger und furchtloser jemand die Sache betrachtete, je weniger (wie dies auch vernünftige Ärzte rieten) er sich von seiner gewohnten Lebensweise und Kost entfernte ..." (1914, II/282).

Tatsächlich scheint es nicht ungewöhnlich zu sein, daß man in der Angst eine Ursache der Gefahr sieht. So formuliert der Publizist und Theaterkritiker Gubitz über die Cholera in Berlin 1831:

„Für meine Familie schaffte ich herbei, was als Vorkehrung und Schnellhülfe bezeichnet wurde, erachtete aber bei dem Hauswesen in aller Hinsicht jede Veränderung für unzulässig, und bei uns zeigte sich keine Spur von der Cholera." Über allzu Ängstliche wird gespottet: „Aus Furcht zu sterben ist er gar gestorben" (Gubitz 1868/69, III/2f.).

Die Autobiographien machen deutlich, daß die medizinischen Maßnahmen zur Pockenprophylaxe vom Bildungsbürgertum rasch akzeptiert und aktiv propagiert wurden, auch wenn insbesondere die ältere Form dieser Prophylaxe deutlich Erkrankungsrisiken aufwies. Diese Akzeptanz erstreckt sich zumindest teilweise auch auf die staatlichen Impfmaßnahmen. Dagegen trafen die hoheitlichen Maßnahmen zur Eindämmung der Cholera auf unterschiedliche Resonanz. Es gab jedenfalls keine deutliche soziale Scheidelinie zwischen Kontagionisten und Antikontagionisten. Bürgerliche Nicht-Mediziner hielten vielfach an überkommen diätetischen Regeln fest oder modifizierten diese nur leicht. Die im allgemeinen akzeptierte Hilflosigkeit der Medizin gegenüber den Herausforderungen durch die Cholera war auch ein Grund dafür, daß die Homöopathie einen Auftrieb erhielt. Neben diätetischen Maßnahmen erschienen auch deren Heilverfahren als möglicher Ausweg aus der Krise.[7]

Schlußfolgerungen

Mit der Homöopathie und der Pockenimpfung wird das Repertoire der gesellschaftlichen Reaktionsweisen auf Krankheit erweitert. Die Choleraepidemien hingegen stellen die Problemlösungskompetenz der bisherigen Medizin in Frage, ohne jedoch zu einer allgemein akzeptierten Lösung zu führen: die Debatten um Kontagiösität und Nicht-Kontagiösität halten bis zum Aufstieg der Bakteriologie an. Obwohl alle drei genannten Entwicklungen die Kultur der Krankheit nachhaltig erschüttern, ist ihnen gemeinsam, daß sie sich noch innerhalb der Rahmenbedingungen der klientendominierten Medizin vollziehen. Die Auseinandersetzungen, die um diese Probleme geführt werden, folgen im wesentlichen noch jenen Konfliktmustern, die wir in den ersten drei Kapiteln als charakteristisch für die Medizin um 1800 herausgestellt haben. Das unterscheidet sie von jenen tiefergreifenden Veränderungen der Arzt-Patient-Beziehung im späten 19. und im frühen 20. Jahrhundert, die im Mittelpunkt der nun folgenden Kapitel stehen.

---

7   Zu den Erfolgen der Homöopathie gegenüber der Cholera vgl. Wittern (1991, 48).

151

Kapitel 5:
Die Hospitalisierung des Kranken

Im Verlauf des 19. Jahrhunderts erlangt ein kulturelles Muster der Krankheitsbewältigung immer mehr Bedeutung: die Hospitalisierung des Kranken. Das Krankenhaus ist in seiner modernen Form ein Produkt des ausgehenden 18. Jahrhunderts. In der Frühen Neuzeit waren die Spitäler Institutionen zur Bewahrung Hilfsbedürftiger jeglicher Art: gesunde Obdachlose und Arme wurden dort ebenso versorgt wie arme und/oder alleinstehende, akut oder chronisch Kranke und „Irre". Diese Institutionen wurden von der Kirche und/oder der Gemeinde finanziert, und manche Organisationen, z.B. Gesellenbruderschaften, zahlten Pauschalen für die Pflege bedürftiger Mitglieder. Auch kauften sich Einzelpersonen, insbesondere Alleinstehende, ihren Alterswohnsitz im Hospital. Das Pflegepersonal bestand aus Angehörigen religiöser Orden oder aus nicht speziell ausgebildeten Laien. Neben den Hospitälern gab es spezielle Häuser für Pest- und Leprakranke. Auch in diesen Häusern arbeiteten in der Regel keine Ärzte. Zum Ende des 18. Jahrhunderts ging insbesondere von Paris die Tendenz aus, die Versorgung Kranker von derjenigen anderer Hilfsbedürftiger räumlich zu trennen und die Krankenhäuser zu Orten medizinischer Lehre und Forschung zu machen (Ackerknecht 1968; Faure 1982).

Zur deutschen Entwicklung gibt es bisher erst wenige detaillierte Studien (z.B. Blasius 1980; Winau 1987; Spree 1993; Wagner 1994). In Berlin wurde 1710 ein Pesthaus erbaut, das seit 1727 als „Charité" Garnisons- und Bürgerlazarett wurde und Heil- und Lehranstalt für Ärzte und Chirurgen war. Bis 1798 diente die „Charité" auch als Armen- und Arbeitshaus. Die Patienten rekrutierten sich im 18. Jahrhundert zu 40% aus Soldaten, ferner aus Armen, Prostituierten etc.. Von den Frauen kamen 40% aus Militärfamilien. 1727 standen 70 Patienten 300 Hospitaliten gegenüber, das Verhältnis änderte sich jedoch bald. 1795 wurde eine eigene Militärklinik in Berlin gegründet (die Pepinière). Nach 1810 gab es auch diverse Universitätskliniken, die nur teilweise in der „Charité" aufgingen; 1831 wurde ein eigenes „Charité"-Gebäude für Geisteskranke, Syphilitiker, Krätzekranke und kranke (Polizei-) Gefangene errichtet (Winau 1987).

Erst mit einiger Verzögerung setzen sich solche Entwicklungen auch in der Provinz durch. Wagner (1989) hat am Beispiel der Diskussionen um die Errichtung eines Krankenhauses in Bielefeld gezeigt, daß dies bis 1840 immer in Funktionseinheit mit einem ebenfalls zu errichtenden Arbeitshaus gesehen wurde. Auch als Klientel wurden dabei allein die von der kommunalen Armenhilfe versorgten „Etatsarmen" in Betracht gezogen. Erst 1840 lösten sich die Debatten um das Krankenhaus von denen um die Armenhilfe. Jetzt sollte ein allein auf die Krankenbehandlung spezialisiertes Haus errichtet werden, als dessen Klientel außer den „Etatsarmen" die Gesamtheit der im Vormärz wachsenden armen Bevölkerungsschichten in Betracht kam.

In jüngster Zeit ist die Entstehung des Krankenhauses auch aus der Perspektive der Patienten untersucht worden. Faure (1989) hat den französischen Anti-Hospitalismus der ersten Hälfte des 19. Jahrhunderts anhand literarischer Quellen für ein eher bürgerliches Phänomen erklärt. Elkeles hat die Autobiographien von Arbeitern, die zwischen 1900 und 1950 erschienen sind und von denen einige auch unsere Quellen bilden, untersucht und die Vorstellung vom Krankenhaus als wohltätiger, menschenfreundlicher und medizinisch-fortschrittlicher Institution kritisiert. Diese sei vielmehr „Teil des gesellschaftlichen Systems von Herrschaft, sozialer Ungleichheit und Unterdrückung" gewesen (1988, 358). In den Autobiographien findet Elkeles eine eher prinzipielle Ablehnung der Krankenhäuser als „Pforten des Todes" bei der älteren Generation; gegen Ende des 19. Jahrhunderts scheinen die Unterschichten hingegen „die medizinische wie soziale Kompetenz des Krankenhauses akzeptiert zu haben" (1988, 357). Wir werden Elkeles' Untersuchung zum einen um die Autobiographien bürgerlicher Patienten erweitern; zum anderen fokussieren wir auf den Wandel des Verhältnisses von Kranken und Ärzten im Übergang von der Krankenbett- zur Krankenhausmedizin.

Frühe Spitalerfahrungen

Aus dem späten 18. und frühen 19. Jahrhundert wird in den Quellen nur selten von eigenen Krankenhausaufenthalten erzählt. Allerdings werden gelegentlich Besuche in Hospitälern beschrieben. Das Spital gehört in dieser Zeit zu den öffentlichen Orten, denen Bürger und Adlige Beachtung schenken. Vor allem auf Reisen wird nicht selten hier und dort dem Spital ein Besuch abgestattet. Der Dichter Matthias Claudius berichtet in seinem „Wandsbeker Boten", wie er - wohl um die Mitte des 18. Jahrhunderts - mit fünf oder sechs Reisenden das „Stift im St. Hiob zu **" besucht. Vom Aufseher des Stifts werden sie zunächst mit Tee empfangen und dann durch die verschiedenen Abteilungen der Anstalt geführt: zu den „Wahnsinnigen", zu den „Unsinnigen", durch „verschiedene Zimmer mit allerlei bösartigen Patienten" und dann in die Krankenstube. Dort treffen sie den für diese Abteilung zuständigen Kranken-wärter.

> „Herr Bernard *(der Spitalsaufseher; d. Verf.)* bat ihn, uns hier herum zu weisen, weil er hier am besten Bescheid wisse; und das ließ er sich gefallen und ging mit uns durchs ganze Zimmer und sagte uns bei jedem Bette den Namen des Kranken, seine Krankheit, wie lange er schon liege und sich quäle etc., auch allerhand Umstände aus ihrem Leben" (Claudius 1986, 262).

Das ist noch der alte Typus des Spitals. Verschiedene Gruppen von Devianten sind hier in einer Anstalt zusammen untergebracht und nach sehr groben Kategorien in verschiedene Räume verteilt. Es handelt sich offenbar noch nicht um eine primär medizinische Einrichtung. Die größte Kompetenz hinsichtlich der Kranken wird ausdrücklich dem Krankenwärter zugeschrieben. An keiner Stelle erwähnt Claudius in seinem Bericht einen Arzt. Die Be-schreibung des Spitallebens geht auch sonst nicht auf irgendwelche Formen der Krankenbehandlung ein. Was die Besucher beeindruckt, ist vielmehr das Elend der in den aufgereihten Betten liegenden Menschen, insbesondere der Abtransport einer kurz zuvor gestorbenen alten Frau.

Als der Schriftsteller Fessler 1798 auf einer Reise nach Gotha das Eisen-acher Kloster zur Wartburg besucht, läßt er sich von einem Mönch durch das von der jungen Witwe des Landgrafen erbaute Krankenhaus führen, wo „acht und zwanzig Kranke aus der ärmsten Volks-Classe" immerfort verpflegt werden. Auch hier fehlt jeder Hinweis auf eine systematische ärztliche Krankenversorgung. Das Krankenhaus fungiert vielmehr zur Demonstration uneigennütziger Menschenliebe des Adels gegenüber den vom einfachen Volk verlassenen Leidenden.[1] So hebt Fessler die eigenhändige Pflege durch die Landgrafenwitwe hervor, die täglich von der hohen Wartburg herabging, „um nachzusehen, und die Leidenden, von welchen der Ekel das dienende Volk zurückgescheucht hatte, eigenhändig mit Speise, Trank, Arzeneien zu bedienen, ihre Wunden und Geschwüre zu verbinden" (1824, 314f.). Auch der Statistiker Crome berichtet in seiner Autobiographie von Hospitalbesuchen, die ihn 1796 in die hessischen Irrenhäuser und um 1813 in das neue Krankenhaus von Bern führen. Es verweist auf ein neues gesundheitspolitisches Bewußtsein, daß im Zusammenhang mit den hessischen Irrenhäusern auch der Ruf nach dem Arzt und eine Verbindung dieser Institutionen mit der Funktion des Heilens laut wird. Ganz im Einklang mit den zeitgenössischen Debatten der Reformer schreibt Crome, daß der Arzt „doch wohl unentbehrlicher seyn möchte als ein Geistlicher; wenn man die Wahnsinnigen nämlich nicht blos aufbewahren und unschädlich machen, sondern auch wo möglich heilen will" (1833, 244).

Diesen Vorstellungen entspricht bereits im Jahre 1814 das Bamberger Krankenhaus, wie es der Mineraloge Steffens von Paris kommend erlebt. Hier ist es ein befreundeter Arzt, der ihn durch die Krankenstuben führt und die an einem gerade herrschenden Typhus erkrankten Patienten mit einer antiphlogistischen, d.h. entzündungshemmenden Heilmethode kuriert (1840, IV/361).

Sieht man einmal von derlei gelegentlichen Besuchen ab, bleibt das Krankenhaus in dieser Zeit für die meisten Autoren der Autobiographien ein fremdes Terrain, das sie nur aus der Ferne kennen. Gutzkow, der um 1810 seine Kindheit als Sohn eines Stallbeamten in Berlin verlebt, erinnert sich an die dortige „Charité":

„Da lag die schreckenerregende Charité, das große von Friedrichs des Großen Vater so schon benannte Krankenhaus, das, wie dem Volke alle Krankenhäuser, gleichbedeutend mit dem Vorzimmer des Todes war und dem Kinde auch darum so schreckhaft erschien, weil es gehört hatte, daß seine Todten in

---

1 Vgl. a. Rubin 1989 zu mittelalterlichen englischen Hospitälern.

'Nasenquetschern' begraben wurden. So nannte das Volk Todtenladen, denen kein Maaß nach der Beschaffenheit der Leiche genommen wurde, sondern die passen mußten, ob auch die Nase dabei zu Grunde ging" (Gutzkow 1852, 109).

Das Bild des Krankenhauses wird hier eher von der Unheimlichkeit von Krankheit und Tod bestimmt, als von der Hoffnung auf eine effiziente medizinische Versorgung. Mit den „Nasenquetschern" wird dazu noch eine von der üblichen Arzt-Patient-Beziehung abweichende Tendenz zu einer standardisierten Krankenbehandlung gemäß anstaltsmäßigen Regeln angesprochen, die der Individualität des Kranken nur wenig Beachtung schenken.

Wenn aus dieser Zeit nur wenig von eigenen Hospitalerfahrungen berichtet wird, hängt das unmittelbar mit dem Zuschnitt unserer Quellengattung zusammen. Es gibt zwar Fälle wie den des in Dänemark geborenen Steffens, der während seiner Hofmeisterzeit in Kopenhagen in ein, wie er betont, „für alle Stände" eingerichtetes Krankenhaus kommt.

Sieht man aber von solchen besonderen Umständen ab, haben die meisten Autoren als Angehörige des Adels oder des Bürgertums kaum Anlaß, sich in ein Krankenhaus zu begeben. Man ist sich zwar durchaus bewußt, daß die Krankenhäuser Zentren der medizinischen Innovation sind und dem Arzt ein hervorragendes Erfahrungsfeld bieten. Dennoch sind die hier entwickelten Kuren in ihrer Anwendung keineswegs an das klinische Territorium gebunden, können daher ebenso gut in der freien Praxis durchgeführt werden und werden von den Krankenhausärzten auch in diesem Rahmen angeboten. Als der Gatte der Schriftstellerin Caroline Pichler 1815 in Wien erkrankt, wird zwar nach einem Doktor aus dem Universitätsspital gerufen, aber man bestellt ihn eben zu sich und erwägt keinen Moment, umgekehrt den Kranken in das Spital zu bringen (1914, II/81). Wer über die notwendigen finanziellen Mittel verfügt, kann also auch ohne direkte Hospitalisierung in den Genuß der Kompetenz der Krankenhausärzte kommen. Statt der Hoffnung auf überlegene therapeutische Möglichkeiten ist es vielmehr die Aussicht auf eine kostenlose Krankenversorgung, aufgrund derer sich die Patientenschaft der Krankenhäuser rekrutiert. In vielen Fällen bieten die Kliniken für „interessante Fälle" eine freie Behandlung der Patienten an, in anderen übernehmen dritte, die Armenpflege, das Militär oder ähnliche Institutionen die Kosten der Behandlung. Die Patientenschaft der Krankenhäuser, ob es sich dabei um das traditionelle

Spital handelt oder um das medikalisierte Krankenhaus, setzt sich daher bis in das späte 19. Jahrhundert vorwiegend aus Angehörigen der Unterschichten zusammen. Wie die Hospitalisierung von dieser Bevölkerungsgruppe erlebt wurde, zeigt vielleicht die folgende Episode in den 1898 erschienenen „Erinnerungen einer Schwarzwaldtanne", einer allerdings nur der Form nach autobiographischen Schrift, in der der Autor, ein Bäckerssohn, katholischer Theologe und Schriftsteller, aus der fiktiven Position einer ererbten Holzkiste das Schicksal seiner Vorfahren im Schwarzwald erzählt. Darin schildert er unter anderem eine auf das Jahr 1794 datierte Krankheit seiner Großmutter (Hansjacob 1898, 113ff.). Wenn man dieser Schilderung Glauben schenken will, so war das Motiv für deren Hospitalisierung die trotz der gelegentlichen Hilfeleistung des Sohnes unzureichende Pflege der sonst alleinstehenden Frau, die sich nicht mehr selbst versorgen konnte. Auf Anraten einer befreundeten Schuhmachersgattin bittet der Sohn daher um ihre Aufnahme in das örtliche Spital, das auf eine private Stiftung zurückgeht und in dem sie als „ehrliche Bürgerin" des Ortes kostenlos verpflegt wird. Medizinische Versorgung oder ein Arzt werden in dieser Schilderung nicht erwähnt. Hier handelt es sich bei der Hospitalisierung also eher um einen Ersatz für die sonst übliche familiäre Pflege, als um eine Form der medizinischen Versorgung.

Einen eigenen Spitalaufenthalt schildert Schwartze, ein Buchdrucker, der sich als wandernder Geselle 1807 für ein Schweizer Regiment in Spanien anwerben läßt. Als ein plötzlich ausbrechendes Fieber die Abreise verhindert, wird er von zwei Kameraden in Luzern in das Hospital geführt. Da er kaum eigenes Geld hat, stellt ihn der Leutnant seines Regiments vor die Wahl, entweder als bedürftiger Wanderer in das Hospital gebracht zu werden oder als spanischer Rekrut, für den dann täglich fünf Francs bezahlt würden. Im ersten Falle wäre der Patient nach Austritt aus dem Spital frei, im zweiten Falle bliebe er Soldat. Schwartze entscheidet sich für die zweite Alternative, weil er sich davon eine bessere Behandlung verspricht: eine übrigens unnötige Skepsis. Schwartze lobt die Versorgung und die Behandlung durch den „guten Arzt" und betont hinsichtlich der Form der Bezahlung, „es wurde in der guten Anstalt kein Unterschied gemacht" (1921, 34f.). Wenn in dieser Beschreibung auch die ärztliche Versorgung einen relativ breiten Raum einnimmt, sind es hier offenbar wieder spezifische Lebensumstände, die dazu führen, daß der

Kranke im Hospital gepflegt und kuriert wird. Als Fremder, der auf der Suche nach Arbeit herumzieht und sich schon einem fremden Regiment verschrieben hat, stehen ihm kaum andere Optionen offen.

Dennoch ist Schwartze keineswegs ein unkritischer Beobachter der Hospitalmedizin seiner Zeit. Nachdem er einige Jahre später, um 1811, von seinem Regiment desertiert und wieder gefangengenommen worden war, bestand seine Ernährung weitgehend in mehligen Kartoffeln der nordfranzösischen Provinz, die von der mitgefangenen Frau eines spanischen Sergeanten zubereitet wurden.

> „Da die Kartoffeln oberein manchmal nicht recht gar waren, so war es kein Wunder, daß Viele die Ruhr bekamen, in's Hospital geschafft wurden, und meistentheils, weil sie des Durstes wegen zu viel Wasser tranken, starben (...). Ich bekam gleichfalls einen Anfall dieser Krankheit, verlor allen Appetit und hatte immer viel Durst; ich meldete mich indeß nicht als Patient und wurde nach eigener Idee mein eigener Arzt. Die Quelle des Uebels zu verstopfen, röstete ich mir täglich einige Brodtscheiben und aß sie, und wenn ich den Durst nicht ertragen konnte, nahm ich einen Strohhalm, steckte ihn in das Wassergefäß und saugte durch denselben etwas Weniges ein, was mich erquickte, ohne mir zu schaden. In acht Tagen war ich gänzlich wieder hergestellt, behielt aber einen Widerwillen gegen die Kartoffeln der Frau Sergeantin" (ebd., 157f.).

In diesem Fall zieht Schwartze also die Option, sein „eigener Arzt" zu sein, wie wir sie im zweiten Kapitel näher vorgestellt haben, dem Krankenhausaufenthalt vor, obwohl seine Lebensumstände jetzt kaum günstiger erscheinen, als damals in Luzern. Dennoch ist hier die Erfahrung mit den Bedingungen innerhalb des Krankenhauses, die er über seine anderen an der Ruhr erkrankten Mitgefangenen gemacht hat, Grund genug, die, wenn auch schwierige, Selbstbehandlung einem Hospitalaufenthalt vorzuziehen.

In der ersten Hälfte des 19. Jahrhunderts ist das Krankenhauswesen noch wenig ausgebaut, und in den vorhandenen Krankenhäusern ist die Zahl der Betten noch gering. Das führt nicht selten zu einer Überfüllung der Häuser und einer strengen bürokratischen Reglementierung der Aufnahme. Aus seiner Perspektive als Dresdener Armenvorsteher berichtet Nieritz vom Schicksal eines Armenschülers der 1830er Jahre: da die Behandlung durch den zunächst zuständigen Armenarzt unzureichend erscheint, wird ein Mitarbeiter Nieritz' auf einen Armenschüler aufmerksam. Man bemüht sich um dessen Aufnahme in die Heilanstalt der Klinik. Zunächst wird eine wichtige Hürde genommen, denn „der anwesende Arzt erklärt den Fall für einen seltenen und daher für die Zwecke der Anstalt lehrreich". Da der Direktor der Anstalt, von dem die Aufnahme letztlich abhängt, gerade abwesend ist, erfolgt ein zweiter Versuch, der damit endet, daß der Direktor erklärt, die Anstalt sei überfüllt und könne den Patienten daher nicht aufnehmen. Schließlich gelingt es jedoch, den Knaben im Stadtkrankenhaus unterzubringen. Die Versorgung ist allerdings schlecht (1872, 313f.). Die dortigen Umstände, wie Nieritz sie beschreibt, entsprechen im Gegensatz zu der genannten Klinik noch ganz dem Modell des traditionellen Spitals. Es gibt hier nur einen Geistlichen als leitende Person, und die medizinische Betreuung der Kranken beschränkt sich darauf, daß gelegentlich ein Arzt in die Anstalt kommt. Daher hätten die Kranken nur im äußersten Notfall hierher Zuflucht genommen. So wird der Kranke im Krankenhaus von seiner Mutter versorgt, bis er am nächsten Tag, noch vor der Ankunft des Arztes, stirbt (ebd., 315). Dieses Beispiel zeigt, wie die Modelle einer medizinisch-therapeutisch ausgerichteten Klinik einerseits und eines traditionellen Spitals mit geringer ärztlicher Versorgung andererseits in einem Ort nebeneinander existieren. Wenn Nieritz schreibt, daß zu letzterem nur im „äußersten Notfall" ein Kranker seine Zuflucht genommen habe, so gibt das einen Hinweis auf die Bedeutung, die das Laienpublikum der medizinischen Behandlung im Krankenhaus einräumt. Dennoch ist es auch in diesem Fall letztlich die besondere Lebenssituation eines Unterschichtspatienten, die zur Hospitalisierung führt; er wäre sonst auf den nachlässigen Armenarzt angewiesen gewesen.

Wie schwer es noch in den 1860er Jahren für einen Patienten sein kann, in ein Krankenhaus zu gelangen, zeigt das Beispiel Carl Fischers, der damals auf der Wanderschaft Arbeit sucht. Auf dem Weg nach Hanau gerät er in einen heftigen Regenguß und zieht sich eine Erkältung zu. Zunächst versucht er sich zu kurieren, indem er im Wirtshaus mehrere Schnäpse trinkt. All das hilft nichts, er friert in seinen nassen Kleidern.

> „Da hatte ich viele Mühe, mich auf den Füßen zu halten und war hohe Zeit, daß ich ins Spital kam. Da humpelte ich nach der Polizei und bat um Aufnahme, aber der Polizeiherr sagte, da müßte ich mich an das Spital wenden;

da suchte ich das Spital auf und kam vor verschlossene Thür und zog die Glocke. Da kam bald Jemand und schloß auf, da wurde die Thür eine Hand breit geöffnet, und ich gewahrte durch die Oeffnung einen großen kräftigen Mann im bloßen Kopfe und in blauer gestreifter Arbeiterbluse, der mich mit offenem Munde schweigend ansah. Da bat ich wieder um Aufnahme, da fragte der Mann: 'Hat er einen Schein?' dieses mußte ich verneinen, da sagte er: 'Ohne Schein kommt Er hier nicht rein,' und machte die Thür wieder zu, und das so eilig, daß ich nicht fragen konnte, wo ich den Schein holen sollte. Da ging ich sogleich wieder nach der Polizei und sagte was ich gehört hatte. Aber der Polizeiherr wollte mir keinen Schein schreiben und sagte, das könnte er nicht und das Spital ginge ihn gar nichts an, und er könnte mir nicht helfen und ich müßte mich an das Spital halten; und wiewohl ich ziemlich zudringlich und er ziemlich verlegen war, konnte ich nichts damit anfangen, und konnte mich auch nicht mehr auf den Füßen halten, da schleppte ich mich wieder nach der Herberge, und legte mich auf meine Bank" (Fischer 1904, II/109).

Am Nachmittag trifft er an einer Straßenecke „zwei sogenannte Eckensteher", denen er seine Probleme schildert. Diese geben ihm einen neuen Rat. Er soll sich an einen „Medizinalrath Müller oder Möller" wenden, der sei der „Oberste vom Spital" und mit seiner Hilfe gelänge es ihm sofort, aufgenommen zu werden. Fischer sucht den Medizinalrat auf, wird aber wieder abgewiesen, diesmal mit der Begründung, das Spital sei voll. Letztlich gelingt es ihm mit einem Trick, den ihm ein mitleidsvoller Polizist empfiehlt, in das Hospital aufgenommen zu werden: Fischer bettelt auf der Straße und wird damit gemäß einer örtlichen Bestimmung zur Unterbindung der Bettelei vom Polizisten in das Hospital abgeführt (ebd., II/109ff.).

Sowohl für Nieritz' Armenschüler als auch für Fischer führt der Weg in das Krankenhaus über den Umweg durch fürsorgerische oder polizeiliche Instanzen, die in dieser Zeit vor allem die Funktionen sozialer Kontrolle ausüben. Traditionell sind Spitäler und Krankenhäuser Instrumente der „Policey", dazu eingerichtet, deviante Gruppen aus dem öffentlichen Raum fernzuhalten und zu disziplinieren. Ist das Krankenhaus also eher eine soziale Kontrollinstanz, die den Unterschichten aufgezwungen wird, oder besteht ihrerseits eine Nachfrage nach einer medizinischen Versorgung im Krankenhaus? Diese Frage läßt sich anhand des autobiographischen Materials allein sicher nicht beantworten. Schon das frühe Beispiel Schwartzes, vor allem aber auch die Bemühungen Fischers um Aufnahme in das Hanauer Krankenhaus machen deutlich, daß sich beide Aspekte keineswegs ausschließen. Trotz ihrer polizeilichen Funktionen ist die Hospitalisierung für manche Patienten durchaus eine attraktive Option. Das weniger, weil sie das Hospital lieben, als aufgrund einer Lebenssituation, vor deren Hintergrund es ihnen als die bessere Option erscheint. In Fischers Fall sind die Aspekte von Kontrolle und Nachfrage widersprüchlich ineinander verflochten: einerseits ist die polizeiliche Kontrollfunktion des Krankenhauses unübersehbar, es ist schließlich der Gendarm, der Fischer in das Hospital bringt. Auf der anderen Seite steht dessen eigenes Motiv, im Krankenhaus ärztliche Versorgung zu finden. Durch sein inszeniertes Betteln nutzt Fischer die polizeiliche Kontrollfunktion des Krankenhauses in einer Weise für sich aus, die ihrer offiziellen Funktion widerspricht.

Selbst für Kranke, die in einen Familienzusammenhang integriert sind, kann das Krankenhaus durchaus eine gewisse Attraktivität besitzen, da dort eine kostenlose oder zumindest günstigere medizinische Versorgung möglich ist als im eigenen Haus. In dieser Hinsicht kommt es oft zu Konflikten. Das legt zumindest die folgende Schilderung in Popps Autobiographie nahe. Sie berichtet von ihrem Vater, einem Weber in Wien, der 1875 bei einem Krebsleiden nicht im Krankenhaus bleiben wollte. Er wird daher in seiner Familie gepflegt, die durch die Kosten für ärztliche Hilfe und die Medikamente immer mehr verarmt (1977, 27).

Eine ganz anders geartete Attraktivität gewinnt das Krankenhaus in paradoxer Weise für einen bürgerlichen Autor. Der Pfarrer und Sohn eines Bankbeamten Hoffmann erinnert sich in den 1890er Jahren an das Jahr 1845, als er als Kandidat des Pfarramtes bei seinen Eltern in Magdeburg lebte. Er zog sich auf dem Weg in seinen Dienstort Crakau eine schwere Erkältung zu, der eine Lungenkrankheit folgte. Als Hoffmann den Spruch des Arztes vernahm: „die eine halbe Lunge ist ja noch nicht angegriffen", gab er sich verloren. „Mein einziger Wunsch war, nur nicht unter den Augen meiner Eltern so hinwelken zu müssen, sondern lieber in einem Krankenhause unter fremden Leuten liegen und da meine Seele aushauchen" (Hoffmann 1900, S. 104f.). Er wurde jedoch im Hause von seiner Mutter gesund gepflegt. In die Schilderung mag das Bild des Autors von den Krankenhäusern zu Ende des 19. Jahrhunderts eingeflossen sein. Es bleibt jedenfalls bemerkenswert, daß eine schwere

Erkrankung den Hospitalisierungswunsch hervorbringt, um der Familie die Last der Pflege zu ersparen und das Bild ihres Mitgliedes in der Erinnerung nicht zu trüben.

Zwei Entwicklungen tragen dazu bei, daß der Zugang zum Hospital in der zweiten Hälfte des 19. Jahrhunderts erleichtert wird. Erstens trägt der quantitative Ausbau des Krankenhauswesens seit der Jahrhundertmitte zu einer Vergrößerung des Angebotes bei. So besteht um 1900 sogar ein Überangebot an Krankenhausbetten (vgl. Spree 1993). Allerdings führt die unterschiedliche Attraktivität der verschiedenen Krankenhäuser nach wie vor zu Problemen bei der Aufnahme.

Als der zum Lehrer und Sozialpolitiker avancierte Tischlersohn Damaschke seine Mutter 1893 in ein Berliner Krankenhaus bringen will, fährt er mit ihr von einem Haus zum anderen und wird überall abgewiesen, bis als letzte Wahl nur noch die „Charité" bleibt, die beim Berliner Publikum immer noch ein schlechtes Ansehen besitzt (1924, 67).

Zweitens ermöglicht die Absicherung durch ein Krankenversicherungssystem immer breiteren Bevölkerungsschichten einen geregelten Zugang zum Krankenhaus, der nicht mehr vom wissenschaftlichen Interesse der jeweiligen Anstalt oder von der Willkür der Armenbehörden abhängt. Aus den 1850er Jahren berichtet Peter, der in dieser Zeit Schuhmacherlehrling in Magdeburg ist, daß der Meister ihn anläßlich einer Krankheit in das dortige städtische Krankenhaus schickt, auf das seine Innung „abonniert" hat (1908, 82). Auch Carl Fischer hat es sehr viel leichter, wenige Jahre nach seinem Hanauer Erlebnis in Osnabrück über einen Kassenarzt Zugang in das dortige Krankenhaus zu finden (Fischer 1904, II/319ff.). Seit den 1850er Jahren gibt es in Preußen einen Versicherungzwang für Arbeiter auf kommunaler Ebene (Reininghaus 1983). Mit der Einführung der Gesetzlichen Krankenversicherung von 1883, die den Versicherungsschutz für einen großen Teil der sozialen Unterschichten obligatorisch macht, erhalten die Versicherten einen Anspruch auf medizinische Versorgung, der außer der ambulanten Versorgung durch den Kassenarzt in vielen Fällen auch einen Hospitalaufenthalt einschließt. Das Thema des Zugangs zu den Krankenhäusern verschwindet damit aus den Autobiographien.

Eine dritte Tendenz führt dazu, daß das Krankenhaus auch für Patienten aus anderen Bevölkerungsschichten attraktiv wird. Gegen Ende des 19. Jahrhunderts werden neue therapeutische Techniken entwickelt, deren Anwendung nur im Krankenhaus möglich ist. Hierzu gehören vor allem die Entwicklungen der Chirurgie, die seit der Einführung der Asepsis immer kompliziertere Operationstechniken hervorbringen. Damit entsteht ein neues Motiv für den Krankenhausaufenthalt: die Aussicht auf eine bestimmte Behandlung, die in der Privatpraxis nicht möglich ist. Der Philosophiehistoriker Deussen, der nach einer Wasserfahrt im Jahre 1900 einen dunklen Schatten an seinem Auge entdeckt, schreibt:

> „Ich hielt es für einen Katarrh, befragte aber doch am 8. September den Arzt, welcher die Sache für sehr ernst hielt und als eine Netzhautablösung erkannte. Zwölf Tage mußte ich zu Bett liegen, ohne merkliche Besserung. Inzwischen hatte Freund Weber über die Sache mit auswärtigen Augenärzten korrespondiert, und so bezog ich am 29. September, begleitet von meiner Frau, die mir alle Zeit durch treuesten Beistand leistete, die Augenklinik von Professor Deutschmann in Hamburg" (Deussen 1922, 322).

Mit der Wende zum 20. Jahrhundert verliert die Hospitalisierung den Charakter einer klassenspezifischen Krankheitserfahrung. Sie ist nicht mehr so sehr Merkmal der Armut des Patienten, als Ausdruck der „Ernsthaftigkeit" der Krankheit. Die gesellschaftliche Hierarchie spiegelt sich nunmehr innerhalb der Krankenhausversorgung selbst wider, und zwar in dem Gegensatz zwischen dem einfachen städtischen Krankenhaus und der exklusiven Privatklinik.[2]

An die Stelle des Arztbesuchs im Haus des Patienten tritt bei vielen Krankheiten die räumliche Mobilisierung des Patienten, die im frühen 20. Jahrhundert mit der lebensrettenden Geschwindigkeit des Krankenwagens ihren vorläufigen Höhepunkt findet:

> „Mit erschreckender Genauigkeit erinnere ich mich der endlosen Fahrt von unserem Hause zur Privatklinik des Hofrats Krecke, die am entgegengesetzten Ende der Stadt gelegen war. Mein Eingeweide brannte, tobte, revoltierte, schien im Begriff zu bersten. Das Sanitätsauto, eine Hölle auf Rädern, trug

---

2 Vgl. Shorter 1990. Viele Privatkliniken um 1900 waren übrigens Augenkliniken.

mich viel zu langsam durch entfremdete Straßen, über verödete Plätze, einem Ziel entgegen, dessen dunklen Namen ich nicht kannte, aber hätte erraten können, angesichts von Mieleins bebender Spannung und mühsam beherrschter Angst" (so der Schriftsteller Klaus Mann 1969, 53).[3]

Die Welt des Krankenhauses

Seine Hospitalisierung führt den Patienten in eine fremde soziale Welt mit eigenen Spielregeln. Die Welt des Krankenhauses ist aber keineswegs homogen. Sie verändert sich im Laufe der Zeit und sieht für Unterschichtsangehörige anders aus als für die bürgerlichen Privatpatienten. Dennoch werden in den Autobiographien einige zentrale Themen angesprochen, die eng mit den allgemeinen Merkmalen des Krankenhauses verbunden sind.

Zunächst unterwirft das Krankenhaus den Patienten einem spezifischen territorialen Regime, das sich grundlegend von der Situation im häuslichen Krankenzimmer unterscheidet. Die baulichen Gegebenheiten differieren von Krankenhaus zu Krankenhaus. Als Fischer in das Hanauer Spital geführt wird, nimmt er aufmerksam wahr, daß hier keine so großen Krankensäle sind, wie er sie früher in Elberfeld gesehen hat, sondern „blos Krankenstuben", wie er sie aus Kempen bei Krefeld kennt (Fischer 1904, II/120). Der Einfluß der damaligen miasmatisch begründeten architektonischen Leitbilder ist spürbar (vgl. Prior 1992), wenn bürgerliche Autoren darauf achten, ob ein Krankenhaus oder Krankenzimmer „luftig" ist. So bemerkt der Theologe Hahn, daß das russische Krankenhaus, in dem er 1870 an Typhus behandelt wird, „luftig und gut gebaut" ist (o.J., 325).

Auch innerhalb der Krankensäle herrscht eine strenge räumliche Verteilung. Das Krankenbett bildet das Grundelement einer von medizinisch-diagnostischen Kategorien beherrschten Ordnung. Der Arbeitersohn und Lehrer Ernst berichtet aus dem Krankenhaus in Hamburg Sankt Georg, wo er als Junge einen Bekannten besucht:

---

3   Mielein ist die Mutter des Autors. Albert Krecke (geb. 1863) führte seit 1889 eine chirurgische Privatklinik in München.

„Auf dem schwarzen Brett über dem Bett des Kranken stand 'Phthisis' 'Des heeßt Schwindsucht', sagte Germer. 'So?' sagte Asmus bedrückt, und wußte nicht, was er weiter sagen sollte. 'Des hier is alles Schwindsucht,' fuhr der Kranke fort, indem er mit den Augen auf die anderen Betten deutete. Es war eine bange, schwere Stunde. Ringsumher in den Betten lagen hohlwangige, bleiche Menschen mit scharfroten Flecken auf den spitzen Backen und mit glanzlosen Augen, die mit einer merkwürdig apathischen Ausdauer nach dem kleinen Besucher starrten als nach dem Interessantesten im ganzen Zimmer. Einige schliefen ... einer lag auf dem Rücken und starrte nach oben, und die Bettdecke ging mit seiner Brust auf und ab. Ein anderer ging im Zimmer umher und unterhielt sich sehr vergnügt mit Kranken und Wärtern" (1904, 278f.).

Auch das Einzelzimmer, ein Privileg der bürgerlichen Patienten, kann nicht über den Unterschied zwischen der Krankenhauserfahrung und häuslicher Krankenpflege hinwegtäuschen. „Sein Zimmer war groß und luftig" stellt die Schriftstellerin Meysenbug fest, als sie in den 1850er Jahren einen Freund im Krankenhaus besucht, bemerkt aber sogleich, „aber es war doch das Zimmer eines Hospitals, und er war allein da, fern von allen die er liebte" (Meysenbug 1927, 226).

Im Krankenhaus wird die Szenerie durch andere soziale Figurationen bestimmt als im Privathaus. Da sind zunächst die anderen Kranken. Ähnlich wie bei den großen Epidemien, ist die Krankheit hier, wenn auch aus anderen Gründen, eine kollektive Erfahrung. In dem Krankenzimmer, wie Ernst es beschreibt, wird die Situation des Kranken durch die ständige Präsenz seiner Zimmergenossen geprägt. Jeder ist hier Publikum des anderen: Die Schwindsüchtigen in den Betten rings umher verfolgen genau den Eintritt des jungen Besuchers und seine Unterhaltung mit dem kranken Germer. Die Zimmergenossen bilden aber auch eine eigene informelle Kultur des Krankenhauses, und sie üben damit eine gegenseitige soziale Kontrolle aus. Gleich am ersten Tag glauben Fischers Zimmergenossen, in ihm einen Syphiliskranken erkannt zu haben, und ziehen ihn mit rauhen Sprüchen auf (Fischer 1904, II/121). Fischers Beschreibung verweist auch auf die Funktion des Krankenzimmers als eines Kommunikationsfeldes, in dem ein gegenseitiger Ausdruck von Erfahrungen und Ängsten stattfindet.

„Aber später Nachmittags, da wurden sie ruhiger, und dann kamen auch allgemach Gespräche auf, aber außerdem, was sie von ihren Schmerzen sagten, war es nicht der Mühe werth, daß man sich das gemerkt hätte, was sie sich einander mittheilten" (ebd., II/124).

Hierzu gehören auch die Inschriften an den Wänden, die Fischer im Krankenhaus vorfindet und auf denen noch die früheren Patienten mit ihren Leiden präsent sind. Fischer berichtet auch von gegenseitigen Hilfeleistungen der Zimmergenossen. So beschreibt er, wie sein Nachbar einem anderen Kranken, der an Durchfall leidet, die „Pfanne" unterschiebt (ebd., II/139).

Außer den anderen Patienten tritt im Krankenhaus eine Gruppe von Akteuren in den Vordergrund, die in der Privatpraxis nur eine untergeordnete Bedeutung hatte: die Krankenwärter bzw. Krankenwärterinnen. Um 1800 sind dies überwiegend Männer. Als Schwartze um 1807 im Luzerner Krankenhaus nur von Frauen gepflegt wird, hebt er das ausdrücklich als einen besonderen Umstand hervor, den er damit begründet, daß das Krankenhaus zu einem Frauenkloster gehört (1921, 35). Die Wärter sind diejenigen Repräsentanten der Institution, mit denen die Patienten am häufigsten verkehren. Die Regelung der nicht im engeren Sinne medizinischen Aspekte des Krankenhausaufenthaltes - Verpflegung, Hygiene, Organisatorisches, kleinere medizinische Handreichungen - wird mit den Wärtern getroffen. Sie bestimmen daher den Krankenhausaufenthalt maßgeblich. Als Hahn 1870 auf einer Rußlandreise in ein „für einfachere Patienten" eingerichtetes Krankenhaus kommt, sind es vor allem die Wärter, die seinen Unmut erregen, und er betont „daß in einem Hospital wohl noch mehr gelegen ist an gutem Pflegepersonal als an einem guten Arzte" (o.J., 325). Fischer wird in Hanau zunächst von den Wärtern eher ruppig behandelt, bis er von einem Wärter gebadet wird, der sich auf ein Gespräch mit ihm einläßt.

„Dieses waren lauter schöne menschliche Worte, und waren alle in menschlichem Tone gesprochen und nicht grob oder schnauzig" (Fischer 1904, II/126).

In seinem Ausnahmecharakter steht dieser Wärter als Beispiel für die Erwartungen Fischers an das Pflegepersonal. Normalerweise ist die Erfahrung des Patienten offenbar durch einen Kommunikationsstil bestimmt, der gerade nicht „menschlich", sondern „grob und schnauzig" ist. Die Umgangsformen der

Wärter werden aber auch dadurch bestimmt, welchen sozialen Status der Patient einnimmt. Ein ganz anderes Bild als Fischer zeichnet Klaus Mann, der als Kind in Kreckes Privatklinik am Blinddarm operiert wurde:

> „Neben der wunderlich mißgestaltet würdevollen Figur dieser Ärztin stehen die Krankenschwestern, milde und strenge, tröstend und tadelnd, und in der schicksalsgegebenen Wichtigkeit ihrer Existenz sowohl als in der mitleid-erregenden Reizbarkeit ihres Charakters beinahe in die Nähe der Kinderfräu-leins hinaufwachsend. Höre ich nicht noch die beschwörende, zürnende und bettelnde Stimme meiner Tagesschwester während der verhängnisvollen Stunden, als alles darauf ankam, daß meine Verdauung wieder funktionierte? Du mußt fest drücken, fest drücken (...)" (1965, 52).

Hier geht es ganz genauso wie im Falle Fischers darum, den Patienten zur Befolgung der anstaltsmäßigen bzw. mit seiner Kur verbundenen Maßregeln zu bewegen. Dennoch ist die Technik eine andere: wo in Fischers Kranken-haus grobe Anweisungen erteilt werden, steht hier ein Zwang, der sich eher dem gefühlvollen Einfluß verdankt.

Die medizinische Behandlung des Patienten im Krankenhaus liegt in der Kompetenz des Arztes. Auch in diesem Zusammenhang unterscheidet sich die Situation des Krankenhauspatienten von der im Privathaushalt. War es für die traditionelle Arzt-Patient-Beziehung charakteristisch, daß der Arzt innerhalb des häuslichen Milieus agierte, kehrt sich diese Beziehung hier um. Das Krankenhaus ist die Welt des Arztes, und der Patient ist ein Fremder, der sich auf die herrschenden Spielregeln einlassen muß. Auf die Konsequenzen, die das für die Arzt-Patient-Interaktion hat, wird noch einzugehen sein.

Mit dem Übergang in die soziale Welt des Krankenhauses ist der Patient auch einer Neubestimmung seiner sozialen Identität unterworfen. Diese bestimmt sich weniger nach seinem gesellschaftlichen Status oder seiner persönlichen Lebensgeschichte, als nach medizinisch-diagnostischen Katego-rien und Verwaltungsroutinen. Als Fischer von den Ärzten einem Studenten vorgeführt wird:

„da kamen sie sogleich nach mir und noch im Gehen sagte Dr. Heß: 'Hier haben wir einen Äkkämpius;' d.h. so habe ich wenigstens das lateinische Wort verstanden und kann mich ja auch verhört haben" (1904, II/128).

Sichtbarer Ausdruck dieser institutionellen Identität ist das architektonische Arrangement des Krankenhauses mit seiner Anordnung der Kranken in Stationen, Zimmern und den an dem Bett angebrachten Schild mit Namen und Krankheit des Patienten (Fischer 1904, II/249; Ernst 1904, 278). Die Einordnung des Kranken in dieses geordnete räumliche Arrangement produziert, wie Foucault ausgeführt hat, eine „zellenförmige Individualität" (Foucault 1977).

Diese institutionelle Identitätszuschreibung steht jedoch in einem Spannungsverhältnis zu den Identitäten, die der Patient selbst aufrechterhält. Die institutionellen Identitäten werden nicht widerstandslos übernommen. Wenn der von Ernst beschriebene Kranke seinen Besucher befremdet auf das an seinem Bett befestigte Schild hinweist oder Fischer über den rätselhaften Krankheitsnamen staunt, den er von den Ärzten aufschnappt, so behandeln sie diese Symbole, anders als die Ärzte, gerade nicht als Definition ihrer Identität, sondern als fremdartige Merkmale der Krankenhauswelt. Zu einem offenen Konflikt führt das in der folgenden Episode, die die Pastorenfrau Bischoff anläßlich eines Krankenhausaufenthaltes um die Jahrhundertwende beschreibt:

„Bei der Anmeldung wurde eine Wärterin herbei telephoniert. Eine kräftige Frau trat bald danach in den Anmelderaum und fragte kurz und sachlich: 'Kann die Aufnahme gehen?' Trotz der Schmerzen, die ich ausstand, mußte ich lachen, und statt des Hausverwalters antwortete ich selbst: 'Ja, die »Aufnahme« kann gehen.' 'Kommen sie mit nach Baracke fünf.' Was man alles werden konnte! Ich war also eine »Aufnahme«" (1916, 530).

In diesem Fall kommt es zu einer offenen Zurückweisung der institutionellen Definition als „Aufnahme" seitens der Patientin. Ihr Durchbrechen der anvisierten Sprecherabfolge („statt des Hausverwalters") und ihre ironische Selbstübernahme dieser Kategorie können als eine Strategie betrachtet werden, mit der eine Patientin ihre eigene Identität gegenüber der institutionellen Definition verteidigt.

Der Übergang des Patienten in die soziale Welt des Krankenhauses führt zur Ausgrenzung der Angehörigen und Freunde, also desjenigen Personenkreises, der im Privatkrankenzimmer zum ständigen Publikum gehörte. Die

Außenkontakte des Patienten reduzieren sich auf episodische Begegnungen. Käthe Herrmann beschreibt ausführlich, wie sie den Krankenhausaufenthalt ihres Vaters erlebt, der 1910 mit Lungenschwindsucht eingeliefert wird:

„Am 19. April mußte er ins Krankenhaus. Oh, das war ein furchtbarer Tag, ein Freitag mit stürmischem Schneewetter. Diesen Tag war es uns allen trostlos zumute. Ich mochte nicht lesen, nicht arbeiten, nicht Klavierspielen. Der Tag ging auch zu Ende und auch der kommende Sonnabend. Sonntag durften wir ins Krankenhaus gehen. Wir gingen in die Baracke, wo wir meinen Vatel vermuteten. Aber kein Vatel war zu sehen. Wir bekamen furchtbare Angst. Was nun tun. Wir gingen auf die Suche. Nach geraumer Zeit hatten wir ihn in Station 21. Mein Vatel weinte vor Freude, daß wir ihn gefunden hatten. Er hatte schon gedacht, wir wären wieder nach Hause gegangen. Vatel war noch nicht operiert, jedoch sollte er in den nächsten Tagen operiert werden. Am nächsten Mittwoch fanden wir ihn im Bett, da er frisch operiert war. Von da an ging es ihm gut und immer besser, bis er kein Fieber mehr hatte. Zwei Wochen war er ohne Fieber und wir schöpften die besten Hoffnungen. Bei der Besuchszeit gingen wir miteinander in dem Garten spazieren und er holte uns am Tore ab und schaffte uns wieder hin. Eines Sonntags nun teilte er uns mit, daß sein Arm in Gips gelegt werden müsse, um die richtige Lage zu erhalten. Als wir am nächsten Mittwoch ins Krankenhaus kamen, lag er im Bett und ... hatte Fieber" (in Bühler 1927, 90).

Als sich der Zustand des Vaters verschlechtert, kommt ein Bote des Krankenhauses und beordert die Mutter zum dortigen Sanitätsrat Berger:

„... mein Muttel kommt zu Berger und er sagt, mit Vatel stände es sehr schlecht. Die Tuberkeln wären ins Gehirn gestiegen. Wenn es noch nicht weit vorgeschritten sei, wäre die einzige Rettung, den Arm abzunehmen, und dazu solle Muttel ihre Erlaubnis geben. Oh, wie unendlich schwer mußte ihr da geworden sein. So ganz ohne Rat und Hilfe über das geliebte Leben eines anderen verfügen. Schließlich unterschrieb sie. Ein letztes Mal sah sie Vatel, dann wurde er fortgetragen, er wußte nicht mehr was er sprach, wo er war und wer um ihn herum war. Eine Stunde dauerte die Amputation, dann wurde Muttel wieder zugelassen. Jetzt kannte er Muttel wenigstens wieder, jedoch bei klaren Sinnen war er nicht. Nach einer Stunde verfiel er in einen tiefen Schlaf, aus dem er nicht wieder erwachen sollte. Die Schwäche mußte er ausschlafen, sagte die Schwester, wir schöpften neue Hoffnung. Um 1/2 6 Uhr war mein Muttel wieder im Krankenhaus und Vatel schlief immer noch. Da mein Muttel nichts helfen konnte, jedoch mein Vatel noch lange liegen konnte bis er starb, schickte die Nachtschwester mein Muttel nach Haus, mit dem Bemerken, sollte es schlimmer werden, holen wir sie. Richtig, wir waren kaum ins Bett, als wieder geklingelt wurde, Muttel möchte kommen. So ging sie denn den schaurigen Weg in finsterer Nacht mit dem fürchterlichen Gedanken im Herzen ins Krankenhaus. Das muß furchtbar gewesen sein. Am anderen Morgen zeitig kam sie wieder, ging jedoch sofort wieder fort. Um 12 Uhr kam sie wieder. Eben war uns die Nachricht zu teil geworden, daß Vatel gestorben war" (ebd., 91).

Der Verkehr mit den Angehörigen wird hier umfassend durch die Institution kontrolliert und erschließt sich den Angehörigen nur noch über die knappen „Besuchszeiten" und die Informationspolitik der Klinik (Boten). Auf diese Weise erhalten sie nur noch ein fragmentarisches Bild vom Schicksal des Kranken. Das gesamte Schicksal des Patienten - die Krankheit, die ärztliche Behandlung und schließlich der Tod - vollzieht sich weitgehend unter Ausschluß der Angehörigen.

Die Radikalität, mit der in diesem Fall der Ausschluß der Angehörigen praktiziert wird, dürfte sicher wieder mit deren sozialer Stellung zusammenhängen: es handelt sich um eine Arbeiterfamilie. Die Angehörigen eines Privatpatienten hätte man wahrscheinlich nicht so lange im Krankenhaus herumirren lassen und wohl auch besser informiert. Dennoch ist die Ausgrenzung des Laienpublikums, das um 1800 die typische Krankenbettgesellschaft gebildet hatte (s.o. Kapitel 2), zu einem Grundprinzip des Krankenhauses geworden.

Mit der Ausgrenzung der Angehörigen und Freunde ist das Thema der Einsamkeit des Kranken verknüpft, das bei der Schilderung von Krankenhausaufenthalten immer wieder auftaucht. Die Trennung der Kranken wird zwar als etwas Unvermeidliches hingenommen, zugleich aber als eine zusätzliche Verschlimmerung ihres Schicksals bedauert. Hierin liegt die Bedeutung des Krankenbesuchs, wie er in einigen der oben zitierten Stellen beschrieben wird. Er fungiert gewissermaßen als Kompensation für die Härten des Krankenhausaufenthaltes; die Einsamkeit des Patienten wird zumindestens zeitweise unterbrochen.

Wie die Patienten ihre Hospitalisierung erfahren, unterscheidet sich jedoch nach den spezifischen Lebensumständen, vor deren Hintergrund sie die Welt des Krankenhauses erleben. Für Christ beispielsweise, die um 1900 als uneheliches Kind einer Schusterstochter in München aufwächst und ständig physischer Gewalt seitens der Eltern ausgesetzt ist, ist das Krankenhaus, in das sie gegen deren Willen nur mit Hilfe des Polizeiarztes gehen kann, ein Rückzugspotential vor elterlicher Gewalt (1970, 96). Auch Popp, die Tochter eines Webers, beschreibt das Krankenhaus, in das sie in den frühen 1880er Jahren aufgrund starker Ohnmachtsanfälle gelangt, vor dem Hintergrund ihrer sonstigen Lebenssituation als positiv:

> „Ich bekam einigemal im Tag gute Nahrung, selbst gebratenes Fleisch und Kompott, das ich vorher nicht gekannt hatte, erhielt ich öfter. Ich hatte für mich allein ein Bett und immer reine Wäsche" (1977, 42).

Die neuen Spielregeln des Arzt-Patient-Verhältnisses

Auch das Arzt-Patient-Verhältnis unterliegt im Krankenhaus anderen Bedingungen. Wer nicht, wie viele bürgerliche Patienten, die Privatklinik eines bestimmten Arztes aufsuchen kann, hat keine Möglichkeiten, seinen Arzt selbst zu wählen. Es hängt vom Krankenhaus ab, von der Station oder dem Dienstplan, an welchen Arzt der Patient gerät. Die übliche Form, in der der Arztkontakt im Krankenhaus organisiert ist, ist die Visite, ein Rundgang des Arztes durch die Krankensäle, bei der jeder Patient einer kurzen Begutachtung unterzogen wird. Im Hanauer Krankenhaus, das Fischer beschreibt, tritt der „Doktor" dabei als eine Autorität auf, vor der die Patienten sich fürchten: wenn er kam, „dann kauerte sich Jeder furchtsam und scheu und erschreckt in seine Ecke, grade wie die wilden Thiere thun, wenn der Thierbändiger in den Käfig kommt, und kam keiner hervor, um der Erste zu sein" (Fischer 1904, II/123). In Vohwinkel bei Elberfeld, wo Fischer einige Jahre später wieder im Krankenhaus lag, war es üblich, daß zur Visite jeder Kranke an das Kopfende seines Bettes trat und die Ärzte von einem zum anderen an den Betten entlanggingen (ebd., I/188). In diesem Zusammenhang beschreibt er auch sehr genau die Untersuchung und Behandlung durch den Arzt:

> „Da sagte ich: 'Bei mir ist der Mastdarm rausgetreten', da sagte er: 'So, nachher', und ging eilig aus der Thür. Aber etwa eine Stunde später kam die Schwester, und brachte eine Untertasse mit Oel, und setzte es auf den Stuhl, und legte ein paar lange Leinwandstreifen daneben, da kam bald der Doktor wieder angeeilt, und sagte schnell: 'Drehn Sie sich um'; da legte ich mich auf

die Brust, und die Decke zur Seite, und wandte den Kopf und sah dem Doktor zu, wie er sich mit den Leinwandstreifen schnell die beiden ersten Finger seiner beiden Hände bewickelte, und kriegte Ahnung von noch größeren Schmerzen, denn ich konnte nicht haben, daß ich die Stelle mit dem Finger berührte, denn es brannte, wie lebendiges Feuer. Da nahm ich mir vor, standhaft zu sein, und wollte nicht vor all den Leuten anfangen zu winseln und zu jammern. Da tauchte der Doktor die bewickelten Finger in das Oel, und rieb sie ein paar Mal heftig gegeneinander, und trat herzu und begann schnell die Kur. Aber das war Einer, der konnte die Leute zum Schreien bringen, wenn sie auch nicht wollten, denn er brauchte Gewalt. Ich brüllte auch sofort laut auf, und warf mich mit einem Ruck herum, so schnell, als ob mir nie etwas hätte weh gethan, und lag auf dem Rücken, wo ich seit ein paar Tagen nicht mehr hatte liegen können und sah den Doktor böse an. Aber der hatte bei dem schnellen Umdrehn die Balance verloren, und war heftig mit den Knieen wider das Bettgestell gefahren. Aber er war gewandt, und war schon wieder zwei Schritte rückwärts gegangen bis an das nächste Bett, wo er nicht weiter konnte, und steckte mir beide Hände entgegen, wie Einer, der eine wohlverdiente Backpfeife abwehren will, und rief: 'Nein nein! ich sehe es, ich sehe es! das ist was Anderes, das läßt sich nicht zurückdrücken, das hätten sie mir sagen sollen, das haben Sie schon öfter gehabt, das sind Hämorrhoiden!' Bei dem letzten Worte hatte er gewaltig mit dem Kopfe genickt, und entledigte sich der Leinwandstreifen, und warf sie in die Tasse, und eilte wieder von dannen. Aber das Wort Hämorrhoiden hörte ich da zum ersten Male, und war keine Silbe davon wahr, daß ich das schon öfter gehabt hätte, aber Nachmittag brachte die Schwester eine Schüssel mit Bleiwasser und einen Lappen, da sollte ich Umschläge machen, das war gut, denn es kühlte, aber es besserte sich nur ganz langsam, und erst am zwölften Tage meldete ich mich gesund" (ebd., I/189f.).

Die Mitgestaltungsmöglichkeiten, die dem Patienten in der traditionellen Arztpraxis zukamen, werden durch ein striktes Autoritätsverhältnis verdrängt. Es herrscht ein anderer Kommunikationsstil: Die Gesprächsführung liegt in der Hand des Arztes. Er bestimmt über Zeitpunkt und Dauer des Gesprächs, er stellt die Fragen und kann dem Patienten das Wort abschneiden. Das Definitionsangebot, mit dem Fischer die Initiative ergreift („herausgetretener Mastdarm"), verhallt zunächst ohne jede Resonanz. Auch dann folgt keinerlei gemeinsame Aushandlung einer Definition der Krankheit und eines angemessenen therapeutischen Vorgehens, wie es in der Arzt-Patient-Beziehung außerhalb des Krankenhauses üblich ist. Der Patient wird mit dem faktischen

Ablauf der Handlungen von Schwester und Arzt konfrontiert, die zwar seinen Mitvollzug erfordern, deren Sinn ihm jedoch unklar bleibt. Umgekehrt erhält Fischer keine Gelegenheit, auf die Schmerzhaftigkeit der vom Arzt beabsichtigten Behandlung hinzuweisen, die für ihn aufgrund seiner eigenen Erfahrung vorhersehbar ist. Was dem Arzt hier Einhalt gebietet, ist allein die unkontrollierte Schmerzreaktion des Patienten, die den Verlauf der Behandlung ändert. Erst diese Krise in der Interaktion scheint dazu zu führen, daß nun doch eine explizite Aushandlung der Krankheit erfolgt: aber auch hier bleibt die Dominanz des Arztes ungebrochen. Durch das Verlassen des Raumes entzieht sich der Arzt einer Aushandlung seiner Definition „Hämorrhoiden" und der Behauptung, der Kranke habe sie schon öfter gehabt. Der Arzt unternimmt auch später keine Versuche, den Patienten über die Art seiner Krankheit aufzuklären.

Auch in Hanau liegt die Kommunikationsführung deutlich in der Hand des Arztes. Als Fischer dessen Frage verneint, ob er „Feuchtwurzeln" habe, ein Wort, daß er bis dahin noch nie gehört hat, beschuldigt ihn der zornige Arzt der Lüge und verläßt den Raum (ebd., II/122). Im Rahmen der klinischen Vorführung, die Fischer dort über sich ergehen lassen muß, tritt ihm der medizinische Diskurs - in lateinischer Sprache als äußerlich und unverständlich gegenüber. Wenn Fischer selbst seinen Körper beobachtet, handelt es sich für ihn dagegen einfach um sein immer schlimmer werdendes „Blasenzeug" (ebd., II/124).

Auch das therapeutische Handeln des Arztes geschieht weitgehend unabhängig vom Einfluß des Patienten. Als Fischer im Hospital in Kempen bei Krefeld liegt, endet die ärztliche Untersuchung damit, daß der Arzt ihm 12 Schröpfköpfe verordnet und wieder ohne weitere Erklärungen das Zimmer verläßt. Die Schröpfköpfe werden von den Barmherzigen Schwestern, die das Krankenhaus verwalten, angesetzt. Auch hierbei nimmt Fischer das Geschehen aus einer passiven Position wahr. An die Stelle des kritischen Debattierens mit dem Arzt tritt das disziplinierte Ertragen einer unverständlichen Prozedur:

> „und mir war es was Neues; ich sah mir die Sache an, als obs mich nichts anginge und muckte mich nicht, aber als sie den letzten Schröpfkopf wieder abgenommen hatte, da lobte sie mich und sagte artig: 'Sie haben gut ausgehalten, aber nun müssen sie zu Bett gehn'" (ebd., I/148).

Fischer erlebt das Fehlen eines nachvollziehbaren Definitionsangebots des Arztes als ein Sinndefizit. In Elberfeld erfährt er über einen Krankenwärter, was Hämorrhoiden sind, „eine niederträchtige jumpiche Krankheit", an der man nicht stirbt, mit der man aber sein ganzes Leben zu tun hat. „Das waren schöne Aussichten", resümiert er, „aber ich war dennoch froh, daß ich etwas von meiner Krankheit erfahren hatte, das hätte mir wohl der Doktor sagen können und noch mehr, aber so was gabs nicht" (ebd., I/192). Auch in Kempen, wo er wegen einer Brustkrankheit im Hospital liegt, erfährt er bis zuletzt nicht, was ihm gefehlt hat:

> „Da war ich bald gesund und wollte wieder nach der Arbeit und sagte es dem Doktor und wurde entlassen. Aber ich habe es später dem Doktor verübelt, daß er mir nicht gesagt, was mir gefehlt hat. Ich wußte ja wohl, daß ich auf die Brust gefallen war, aber weiter nichts, und war von Hause aus freilich nicht von vielen Fragen her; aber wenn ich auch zum Fragen zu dumm war, da wäre es doch schön und vernünftig gewesen, wenn mir der Doktor gesagt hätte: 'Sie haben eine Brustentzündung gehabt und haben sich ein paar Rippen eingedrückt', aber so was gab es nicht" (ebd., I/149).

Diese Distanz zum medizinischen Diskurs dürfte für den größten Teil der Unterschichtspatienten dieser Zeit typisch gewesen sein. Anders als für Angehörige des gebildeten Bürgertums oder des Adels besteht hier ein starkes Bildungsgefälle zwischen Arzt und Patient. Aber auch für eine bürgerliche Patientin wie die Pastorenfrau Bischoff nimmt das Arzt-Patient-Verhältnis im Krankenhaus ähnlich autoritative Konturen an. Sie erinnert sich, wie sie zunächst mit der Diagnose auf Muskel- und Gelenkrheumatismus aufgenommen wurde. Sie schildert sehr genau die folgende Episode, die sich abspielte, nachdem sie aus einer anfänglichen Ohnmacht erwacht war:

> „Später kommen die Ärzte. Der Oberarzt macht sich am Kopfende meines Bettes zu schaffen, er befestigt dicke Schnüre, an deren Enden Handgriffe hängen. Jetzt beugt er sich an mein Ohr und fragt, wie es mir geht. Ich klage ihm, daß mein Kopf so unförmlich groß wird. Er muß es ja sehen! Die Ärzte sehen einander an und nicken. Der Oberarzt legt seine Hand auf meine Schulter, und weit weg, als ob eine Wand von Watte zwischen der Stimme und mir stände, sagt er: 'Sehen Sie, was ich da hingehängt habe?' 'Ja', sage ich. 'Wollen Sie mal versuchen, ob sie die Handgriffe fassen können? Die Rechte darf den Griff festhalten, aber die Linke muß tüchtig ziehen.' Ich versuche, falle aber stöhnend in die Kissen zurück. 'Na, noch mal!' sagt überredend die Stimme.

Der junge Arzt tritt heran und will mir helfen, aber der Oberarzt schiebt energisch die helfende Hand beiseite und sagt: 'Nein, das gilt nicht! Sie müssen selbst, Frau Pastorin. Na - ?' Ich unterdrücke den Schmerz, fasse den Griff und ziehe an der elastischen Schnur. 'Sehen Sie wohl, daß Sie können!' Er legt sanft seine Hand auf meine kranke Hand und sagt eindringlich: 'Wir wollen ja gerne tun, was wir können, aber Sie müssen auch das Ihre dazu tun! Hören Sie mal genau zu, können Sie mich verstehen?' Ich nicke. 'Ihr Herz ist krank, die Herznerven! Sie dürfen ihren Zustand nicht leicht nehmen. Sie müssen sich, trotzdem es schmerzt, immer überwinden und an den Schnüren üben, damit die Lähmung sich nicht festsetzt. Immer üben, - sonst -! Wie? Ob ich glaube, daß Sie noch wieder gesund werden können? Es hängt mit von ihrem Willen ab. Wenn Sie recht fleißig an dem Apparat arbeiten, können Sie noch wieder glücklich werden.' Er reicht mir freundlich die Hand, und dann gehen die Herren." (Bischoff 1916, 531ff.).

Anders als Fischer erfährt Bischoff zwar, was ihr fehlt. Aber auch hier ist die Interaktionsdominanz der Ärzte unübersehbar. Sie treten herein, sie beginnen mit der Vorbereitung einer Therapie, ohne ihr Erklärungen gegeben zu haben.

Trotz der angesprochenen sozialstrukturellen Unterschiede hängt die Verlagerung der Definitionsmacht vom Patienten zum Arzt eng mit den strukturellen Rahmenbedingungen der Krankenhauspraxis als solcher zusammen. Jewson (1976) hat das Krankenhaus als ein „objektorientiertes" System bezeichnet, in dem die für das Patronage-System charakteristische strukturelle Abhängigkeit des Arztes vom Patienten durch institutionelle Ressourcen gebrochen wird. Anders als im Patronage-System ist der berufliche Erfolg des Arztes hier nicht mehr so sehr von der Anerkennung seines Handelns durch das Patientenpublikum abhängig, als von den gegenseitigen Bewertungen der Ärzte innerhalb der Kollegenschaft. Foucault (1977) hat das Krankenhaus mit anderen „Disziplinarinstitutionen" in eine Reihe gestellt, die sich seit der frühen Neuzeit herausbildeten (Gefängnis, Arbeitshaus). Als paradigmatisch hierfür bezeichnet er das Benthamsche „Panoptikum", den Entwurf eines Gefängnisses etc., das ganz nach dem Imperativ der ständigen Sichtbarkeit des Gefangenen eingerichtet ist (ebd., 251). Dazu sind alle Zellen so angeordnet, daß sie ständig von einem zentralen Punkt aus einsehbar sind. Verschiedene der oben angeführten Merkmale der Krankenhauswelt lassen sich als Verwirklichung dieses Grundprinzips verstehen.

So erfolgt die Anordnung der Patienten nach medizinischen Kategorien, die sie für einen kontrollierenden ärztlichen Blick ordnen. Der Ausschluß des Laienpublikums verhindert Störungen von außerhalb der Krankenhaussphäre. Disziplinartechniken sind auch die Überwachung durch Wärter und das strenge zeitliche Regime, wie es in den Besuchszeiten oder den regelmäßigen Visiten zum Ausdruck kommt.

Was Jewson als objektorientiertes System und Foucault als Perfektionierung einer Disziplinarmacht beschreiben, erscheint in den Autobiographien jedoch aus einer anderen Perspektive. Die Patienten haben wenig an der Sichtbarkeit teil, die das Krankenhaus organisiert. Für sie bleibt der Beobachtungspunkt des Panoptikums in der Regel unzugänglich; daher ist nicht die Objektivierung, sondern die Erfahrung des Objektiviertwerdens für das Krankenhaus typisch. Das hat zwei Folgen. Zum einen ein Bedeutungsdefizit für den Kranken. Wo die Krankheit für den Arzt immer sichtbarer wird, wird sie für den Patienten immer rätselhafter. Andererseits ist der Krankenhausaufenthalt für die Patienten niemals vollständig durch das panoptische Regime beherrscht. Es gibt immer auch Formen des Widerstandes, durch die die Patienten versuchen, den Diskurs in andere Bahnen zu lenken.

Ein Sonderfall: Die Lungenheilanstalten

Neben den eigentlichen Krankenhäusern bilden im späten und frühen 20. Jahrhundert die Lungenheilanstalten eine weitere Instanz der hospitalmäßigen medizinischen Versorgung. Hatten Kuren zu Beginn des Jahrhundert zum Bereich wenig medikalisierter, eher diätetisch nach dem Gutdünken der Patienten geregelter medikaler Kultur Wohlhabender gehört (vgl. oben Kap. 3), so begann sich dieser Charakter nach 1850 zu wandeln, als die adeligen und bürgerlichen Patienten der Prießnitzschen hydrotherapeutischen Anstalten einem rigiden therapeutischen Regime gehorchten (vgl. Rothschuh 1983, 68f.). Kuren bleiben in den Autobiographien auch im späten 19. Jahrhundert ein wichtiges Element der Kultur der Krankheit. Um 1870 fordert der Arzt für den Bruder des Schriftstellers Dennert „einen Aufenthalt im Süden" (o.J., 74). Der Literaturprofessor Ermatinger wird 1908 wegen einer Kehlkopferkrankung

176

nach Baden geschickt, wo er Schwefelwasser trinken und baden soll (1945, II/190). Vor allem für die weit verbreiteten Lungenkrankheiten werden Kuren angeordnet:

> „1912 bekam ich eine kleine Lungenaffektion. Es war ein Lungenspitzenkatarrh, eine verschleppte, geschlossene Tuberkulose, aber ich mußte verschiedene Male zum Kuraufenthalt ins Hochgebirge. Man schickte mich zuerst auf ein halbes Jahr, von März bis September 1912, ins Waldsanatorium nach Davos, im nächsten Jahr auf eine Reihe von Monaten nach Meran und Arosa, und zuletzt, das war aber nach dem Krieg, nochmals sechs Wochen nach Clavadel bei Davos. Aber ich war nicht schwer krank. Es bestand keine Lebensgefahr, und möglicherweise wäre die Geschichte, wären wir nicht zu Sanatoriumsaufenthalten in der Lage gewesen, von selbst wieder gutgeworden, was weiß man. Es war Sitte, wenn man die Mittel dazu hatte, wurde man nach Davos oder Arosa geschickt" (Mann, Katja, 1974, 78).

So schreibt die Frau des Schriftstellers Thomas Mann über ihre Sanatoriumsaufenthalte, die später den Stoff für dessen „Zauberberg" geliefert haben. War der Kurort früher als Feld geselliger Kontakte auch zu sozial Höherstehenden bei den bürgerlichen Patienten beliebt, so herrschen in den jüngeren Autobiographien eher ablehnende Äußerungen zu Kuren und Sanatorien vor. Nolde akzeptiert nur widerwillig das „stumpfsinnige Leben der Badeorte", zu dem ihn in den 1920er Jahren die Anordnung seines Arztes verdammt (1976, 356). Die preußische Generalstochter und Sozialisten Lily Braun flieht die „Pestluft des Sanatoriums" (1911, II/338). In einem Brief an Conrad Ferdinand Meyer beklagt sich der Offizier François über die „sträfliche Grausamkeit der Ärzte, unheilbare Kranke hoch in unheimische Fernen zu treiben", wenngleich er dies für solche mit Aussichten auf Heilung auch als notwendiges Übel akzeptiert (1889, 233). Schorn glaubt sogar, daß die Kur seines Freundes Krupps für diesen schädlich war, da sie ihn aus seinen gewohnten Lebensumständen herausgerissen und des gewohnten Genusses von Zigarren beraubt habe (1898, I/137).

Es muß offenbleiben, ob dieses schlechtere Prestige der Sanatorien bei bürgerlichen Autoren mit der Etablierung von Heilstätten für Unterschichtangehörige zusammenhängt, wie sie im Zuge der Invalidenversicherung vielerorts etabliert wurden. Die wiederum erfreuten sich ebenfalls keiner Beliebtheit. Der Arbeiter Moritz Bromme äußert sich in seiner Autobiographie so negativ über seinen Aufenthalt in einer Lungenheilanstalt, daß der Herausgeber, der sozialdemokratische Politiker und ehemalige evangelische Pastor und Freund Max Webers, Paul Göhre,[4] in seinem Vorwort schrieb:

> „Demzufolge habe ich z.B. aus dem Kapitel: In der Lungenheilanstalt alles beseitigt, was sich nur als eine Kritik der Anstalt herausstellte; denn einmal gehörte das kaum hierher, andrerseits war es auch vielfach zu sehr ins einzelne und kleine gehend." (Bromme 1971, XI)

Abgesehen von wenigen mondänen Sanatorien, wie in Davos und Arosa, verliert der Kuraufenthalt jenen sozialen Distinktionswert, den er für das frühe Bürgertum noch hatte. Die Frau des Schriftstellers Eulenberg klagt direkt über das „spießerliche Milieu im Sanatorium", als sich ihr Mann 1902 zu einer Kur in Leipzig aufhält (o.J., 19).

---

4   Paul Göhre war 1891-94 Generalsekretär des Evangelisch-Sozialen Kongresses; begründete 1896 mit Friedrich Naumann den National-sozialen Verein, den er 1899 verließ, um in die Sozialdemokratische Partei einzutreten. Nach Verzicht auf den Pfarrertitel und Kirchenaustritt war er 1910-1918 Reichstagsabgeordneter, 1918/19 Unterstaatssekretär im preußischen Kriegsministerium und 1919-1923 Staatssekretär im preußischen Innenministerium (Aldenhoff 1988).

Kapitel 6:

Kranke in einer medikalisierten Gesellschaft

Wenn die Hospitalisierung seit der Wende zum 20. Jahrhundert einen zentralen Platz in der Krankheitsbewältigung einnimmt, so ist dies nur ein Symptom für einen tiefgreifenden Wandel, dem in dieser Zeit die Medizin als Ganze unterworfen ist. Neben dem Aufstieg des Hospitals tragen hierzu vor allem drei Entwicklungen bei:

1. Die grundlegenden Veränderungen der diagnostischen und therapeutischen Wissensgrundlagen der Medizin: experimentelle Physiologie, Bakteriologie und Serologie werden zu neuen medizinischen Forschungsfeldern, die, wenn sie auch noch lange auf den Widerstand vieler praktischer Ärzte stoßen, nicht ohne Wirkung auf die Wahrnehmungsweisen auch von Laien bleiben.

2. Die Herausbildung eines Industrieproletariats, mit der ein neuer sozialer Kontext der Krankheitsbewältigung entsteht, der zu anderen Deutungs- und Handlungsstrategien führt, als wir sie in den vorangegangen Kapiteln kennengelernt haben. Mit der Einführung des Krankenversicherungszwangs kommt erstmals ein großer Teil sozialer Unterschichten systematisch mit akademisch gebildeten Ärzten zusammen.

3. Die erfolgreichen Etablierungen der akademisch gebildeten Ärzteschaft als quasi-monopolistischer Anbieter auf dem Gesundheitsmarkt, der in Folge der Konstitution neuer Mittelschichten und der Integration der Arbeiterschaft in ein aus sozialen Transferleistungen finanziertes Krankenversicherungssystems expandiert (vgl. Göckenjan 1985; Huerkamp 1985; Drees 1988). Diese Monopolstellung ergab sich vor allem aus der Ab-

schaffung der alten handwerklich oder halbakademisch gebildeten Wundärzte, zunächst in Preußen (1852) und dann auch anderswo in Deutschland.[1]

In diesem Kapitel wollen wir darstellen, wie sich diese Entwicklungen auf die
Kultur der Krankheit im ausgehenden 19. und frühen 20. Jahrhundert ausgewirkt haben. Viele Stellen in den Autobiographien zeigen, daß sich in dieser
Zeit die in den vorhergehenden Kapiteln beschriebenen Verhältnisse zunehmend auflösen und andere Formen der Krankheitsdeutung, des Arzt-Patient-
Kontaktes und der Selbstmedikation an ihre Stelle treten. Allgemein läßt sich
diese Entwicklung als eine zunehmende „Medikalisierung" des Umgangs mit
Krankheit deuten: so werden zum einen die „Laienkonstruktionen" der Krankheit immer öfter durch medizinische Deutungsangebote geprägt, die nicht
mehr so sehr durch ihre „Erfahrungsnähe", also durch ihre Übereinstimmung
mit den tradierten Sichtweisen des Patienten charakterisiert sind, als vielmehr
durch ihre Herkunft aus den Kontexten klinischer und labormedizinischer
Forschung. Zum anderen nimmt aber auch die Bedeutung und die Autorität
der Ärzteschaft als Instanz sozialer Krankenbehandlung zu: die Spielräume für
das Wechseln medizinischer Optionen und für das „Aushandeln" von Krank-
heitsdefinitionen werden durch eine von den Patienten akzeptierte Definitionsmacht des Arztes unverkennbar eingeschränkt.

---

1   In Analysen, die die Professionalisierung der Medizin als Marktmonopolisierung beschreiben,
    wird oft der Eindruck erweckt, daß die Abschaffung dieser konkurrierenden Heilergruppen
    allein hingereicht habe, ein dauerhaftes Zuständigkeitsmonopol der Ärzteschaft am Gesund-
    heitsmarkt zu etablieren (Huerkamp 1985). Man kann die knapp zwei Jahrzehnte später
    erfolgte Ausdehnung der Gewerbefreiheit auf die Medizin - zunächst in Preußen (1869) und
    dann im gesamten Reichsgebiet (1871) - sogar als einen Schritt zu einer erneuten „Deprofes-
    sionalisierung" der Medizin verstehen, insofern ihr Monopol damit zugunsten der aufstreben-
    den medizinkritischen Naturheilkundebewegungen gebrochen wird. Vor allem aber ist die
    offizielle Zuweisung von Expertenautorität niemals mit der faktischen Autorität gleichzuset-
    zen, die der Arzt am Krankenbett entfaltet.

Zum Wandel der Krankheitskategorien

In der zweiten Hälfte des 19. Jahrhunderts verändert sich das Vokabular, mit dem Krankheiten in den Autobiographien bezeichnet werden. Auffällig ist vor allem, daß die humoralpathologische Taxonomie der Fieber an Bedeutung verliert. An ihre Stelle treten neue Begriffe, die die Krankheitskategorien stärker voneinander abgrenzen und keinen Raum mehr lassen für jene flexiblen Verschiebungen, wie sie noch in der Krankheitssemantik um 1800 üblich waren. Es sind im wesentlichen die Begriffe, welche auch heute zur Bezeichnung von Krankheiten gebraucht werden.

Manche Autoren nehmen ausdrücklich auf diese Veränderungen bezug. August Bebel, Drechslermeister, Sohn eines preußischen Unteroffiziers und Vorsitzender der Sozialdemokratischen Partei, erinnert sich der Krankheit seines Vaters in den 1840er Jahren und übersetzt sie in das aktuelle Vokabular: „Muskelentzündung nannte es meine Mutter, ich vermute, es war Gelenkrheumatismus, wozu sich die Schwindsucht gesellte" (1910, I/26). Der Soldat und Schriftsteller Vierordt schreibt über „Fieber und Schüttelfrost", an denen er in den Märztagen 1881 leidet, „zehn Jahre später hätte man es wohl 'Influenza' genannt" (1925, 194). Der Historiker Lamprecht berichtet über seinen Bruder Georg, den „eine plötzliche Halsbräune (die heutige Diphtherie) dahingerafft hatte" (1918, 14).

Diese Veränderungen in der Krankheitssemantik folgen im wesentlichen dem medizinischen Diskurs der Periode, der sich seit Beginn des Jahrhunderts in Richtung auf eine Spezifikation der Krankheitskategorien bewegt. Insbesondere die pathologische Anatomie, die Krankheit nicht mehr als einen am Krankenbett beobachtbaren Komplex von Symptomen begreift, sondern als eine im Körper lokalisierte Läsion, die wiederum allein der Leichenöffnung zugänglich ist (vgl. Ackerknecht 1968; Foucault 1973), führt zu entsprechenden neuen Abgrenzungen diagnostischer Kategorien (vgl. Lachmund 1992). Allerdings zeigen die Autobiographien auch, daß die Veränderungen im medizinischen Diskurs von den Laien nicht immer mitvollzogen werden. In deren Sprache halten sich nach wie vor Anlehnungen an die traditionelle Krankheitssemantik bzw. trivialisierende Übernahmen medizinischer Begriffe. Die Tendenz zur Spezifikation der medizinischen Sprache führt daher auch zu einer Ausdifferenzierung der ärztlichen Fachterminologie. Ärzte und Laien sprechen nicht mehr die gleiche Sprache. Als die Schriftstellerin Louise François 1888 einen Brief von ihrem Freund Conrad Ferdinand Meyer erhält, in dem dieser schreibt, er leide an einem Nasenkatarrh, antwortet sie:

> „Sie geben ihm einen harmlosen Namen - falls sie sich nicht verschrieben und statt Rachen- Nasenkatarrh geschrieben haben. Wir Laien nennen den letzteren Schnupfen, und wenn er hartnäckig wird: Stockschnupfen" (1920, 233).

Diese Distanz des Laien zu den neuen medizinischen Begriffen zeigt sich auch darin, daß ärztliche Diagnosen in den Autobiographien manchmal in Anführungsstriche gesetzt werden. „'Hepatisation der Lunge' nannte es der Arzt", schreibt beispielsweise der Theologe Walther über eine Diagnose im späten 19. Jahrhundert (1922, 68).[2]

Neue Erklärungsmodelle: Industriearbeit als Krankheitsursache

Ein neues Erklärungsmodell taucht in den Arbeiterautobiographien auf, die seit Ende des 19. Jahrhunderts in reicher Zahl erscheinen: vor allem die unmittelbar mit der industriellen Produktionsweise verknüpften Gefahren treten in den Mittelpunkt des Bewußtseins und werden immer wieder als Ursache von Krankheit genannt. Franz Louis Fischer, der in den 1870er Jahren im Bergbau beschäftigt war, berichtet:

> „Die physische Arbeit war für meinen Körper nicht beschwerlicher, jedoch da meine Körperlänge 1,70 Meter betrug, so war es doch für mich die erste Zeit unerträglich. Denn es war mir innerhalb 10 Stunden nicht ermöglicht, meinen Körper in aufrechte Haltung zu bringen. Nur in der Mittagspause war es mir vergönnt, mich in liegendem Zustande auszustrecken. In dieser Arbeit verblieb ich ruhig, ohne Murren 6 Monate. Nur der Schmerz, welcher sich während meiner Nachtruhe immer stärker fühlbar machte, brachte mich auf den Gedanken, daß die niedrige Arbeit die Schuld dazu sei" (1906, 90).

---

2 Hepatisation: durch Füllung mit Exsudat leberartige Verhärtung der Lunge.

Er hat das Glück, sich auf entsprechende Vorschriften des Berggesetzes berufen zu können, und erreicht, daß er an einem anderen Ort eingesetzt wird, wo 4 Meter Höhe sind.

> „Subjektiv jedoch waren für meinen Körper keine wesentlichen Verbesserungen eingetreten, was einerseits dort an Höhe gefehlt hatte, wurde andererseits hier durch Festigkeit des Kohlenflözes ersetzt" (ebd., 90f.).

Auf seinem neuen Arbeitsplatz macht Fischer ferner die Beobachtung, daß der Pulverdampf, der sich durch die vielen Sprengungen bildet, die in diesem Stollen stattfinden, keinen Abzug finden kann und daher an Ort und Stelle in derartige Fäulnis übergeht, daß sogar das Metall der Grubenlampen oxydiert. Letzteres ist für Fischer ein sicherer Beweis „für den folglich auch gesundheitswidrigen Einfluß dieser Luft auf unseren Körper" (ebd., 91).

Auch für andere Arbeiter steht es außer Frage, daß bestimmte Krankheiten mit ihrer Arbeit zusammenhängen. Carl Fischer, seit 1885 Arbeiter der Osnabrücker Eisenbahnwerkstatt, schreibt von einem neuen Kollegen, daß er sich krankmelden mußte: „hatte er den Kesselsteinstaub, der sich beim Rohrreinigen entwickelte, nicht vertragen können" (1904, II/272). Holek, der in den 1880er Jahren in einer Zuckerfabrik im böhmischen Mscheno bei Melnik gearbeitet hat, erinnert sich an die Folgen einer Phase besonders harter Arbeit:

> „Nach mehreren Wochen (...) überkam mich eine große Schwäche und Schlappheit. Im Rücken und Kopf fühlte ich Schmerzen" (Holek 1909, 165).

Eine Näherin, die als Kursleiterin in einem Arbeiterbildungsverein engagiert war, schreibt:

> „Es gibt wohl kaum ein Gewerbe, das nicht seine speziellen Berufskrankheiten hätte. Wie harmlos sieht doch eine Nähmaschine aus, und doch stirbt der größte Teil der Näherinnen an Tuberkulose! Was für ein unscheinbares Ding ist ein Zündhölzchen - und wie viel Hunderte bringt es alljährlich unter die Erde. Erst erzeugt es die furchtbare Krankheit, Nekrose genannt, die bedauernswerten Menschen bedecken sich mit häßlichen, schmerzhaften Geschwüren, sie gleichen Aussätzigen, denen man ausweicht - aber sie können mit dem stolzen Bewußtsein in die Grube fahren, ihr Leben für einen edlen Zweck in die Schanze geschlagen zu haben - die Herstellung von Streichhölzeln! Recht lehrreich wäre es auch, wenn so ein moderner Menschenbeglücker in eine Messerschleiferei ginge. Der Eisenstaub ist so dicht, daß er die Physiognomie der Arbeitenden nicht sehen kann, der Geruch der Säuren, die verwendet

werden, so stark, daß es dem Eintretenden den Atem verschlägt, dazu ein Surren der Räder, ein Lärm der Hämmer, der unerträglich ist; die Opfer dieses Industriezweiges können sogar zwei Berufskrankheiten aufweisen - Taubheit und Schwindsucht. Und so könnte man endlos zu erzählen fortfahren." (Emma Adler in Popp 1912, 49).

Nicht nur die eigentliche Fabrikarbeit, auch andere handwerkliche Tätigkeiten werden zunehmend mit Krankheiten in Verbindung gebracht. Als der Vater des Moritz Bromme - er stammte vom Lande - 1888 von plötzlichem Unwohlsein befallen wird, konstatiert der Arzt eine Gelbsucht. Für seinen Sohn ist klar, daß es sich hierbei nur um eine Folge des Holzschuhnagelns handeln kann, das eine ganz spezifische Körperdisziplin erfordert:

„Die Pantoffeln werden auf dem linken Schenkel genagelt, aber die Holzschuhe klemmt man zwischen die Knie und den Magen. So hält der Schuh fest, und die Arme sind frei zum Nageln. Selbstverständlich bekommt dadurch der ganze Körper eine kauernde Stellung. Mein Vater, der sein ganzes Leben in Gottes freier Natur, in ungezwungener Körperhaltung zugebracht hatte, hatte sich durch diese sitzende kauernde Stellung und den fortwährenden Druck auf den Magen dieses tückische Leiden geholt" (Bromme 1971, 120).

Die Grundelemente dieser Erklärung erinnern noch an das traditionelle Erklärungssystem, mit seiner Betonung der freien Luft und der von Gewohnheit beeinflußten individuellen Konstitution. Anders als in den Erklärungen von Krankheit durch Überarbeitung, wie sie in den früheren bürgerlichen Autobiographien gang und gäbe waren, sind diese Wahrnehmungen der Industriearbeit jedoch nicht mit Appellen zur Mäßigung verbunden. Krankheit gilt hier zwar als Folge der Lebensweise, diese unterliegt aber kaum der Kontrolle des Betroffenen, sondern wird weitgehend durch den Zwang zur Lohnarbeit und dem in der Fabrik herrschenden Arbeitsbedingungen bestimmt. In diesem Rahmen entfällt jener eigene Gestaltungsspielraum, den der als Pastor oder Universitätsprofessor beschäftigte bürgerliche Gelehrte hatte und der eine wesentliche alltagspraktische Voraussetzung für den damaligen Mäßigkeitsdiskurs war. Befreiung von den Belastungen der Industriearbeit ist erst möglich, wenn der akute Krankheitsfall eingetreten ist und der Patient sich „krankmelden" kann. Letzteres ist dann immer noch an die gutachterliche Legitimation durch den Arzt gebunden. Welche Schwierigkeiten es macht, Arbeitsbelastungen im Alltag selbst anzugehen, zeigt das zitierte Beispiel Franz Louis

Fischers, der zwar einen Wechsel seines Arbeitsplatzes durchsetzen kann, sich damit aber nur neuen Belastungen aussetzt. Erfolgreicher sind seine Bemühungen um eine Verbesserung der Ventilation, nachdem er der von den angesammelten Pulverdämpfen ausgehenden Gefahren gewahr geworden ist (Fischer 1906, 91ff.). Dies spielt sich jedoch innerhalb einer politischen Arena ab und nicht im Rahmen individueller Gesundheitsvorsorge.

Waren Krankheit und Gesundheit im Bürgertum noch Eckpunkte einer auf individuelle Selbstkontrolle ausgerichteten Selbststilisierung, so werden sie mit der Herausbildung der Industriearbeiterschaft zum Symbol einer gesellschaftliche Misere. Nichts scheint so sehr geeignet, das Elend der Industriearbeiter zu verdeutlichen wie die Schwindsucht, deren Ursachen sowohl in der Industriearbeit als auch in den Wohn- und Ernährungsverhältnissen der Arbeiter gesehen werden.[3] Der Sozialdemokrat Bebel spricht wie viele seiner Zeit ganz einfach von „der Proletarierkrankheit" (1910, III/34).

Die Erklärung von Krankheit durch die industriellen Lebensbedingungen muß nicht notwendig mit expliziten Forderungen nach politischen Veränderungen verbunden sein. Dennoch ist eine entsprechende politische Botschaft in den Arbeiterautobiographien meist unüberhörbar. Das hängt mit dem Stil der Gattung zusammen, deren herausragendes Motiv es ist, das eigene Schicksal exemplarisch als einen Aspekt der „sozialen Frage" herauszustellen. Deutlich tritt der politische Inhalt dieses Erklärungsmodells zu Tage, wenn Emma Adler von ihren Ausführungen über Berufskrankheiten unmittelbar zur Forderung nach dem Achtstundentag übergeht oder wenn Franz Louis Fischer die „Profitgier des Kapitals" geißelt (1906, 98).

Diese politische Signifikanz von Krankheit in den Arbeiterautobiographien läßt deren Verbundenheit mit einem zeitgenössischen Diskurs erkennen, der keineswegs nur die Alltagswahrnehmungen von Krankheit durch Patienten und ihre Angehörigen betrifft. Die diskursive Artikulation eines spezifisch proletarischen Klasseninteresses, wie sie durch die verschiedenen Arbeiter-Organisationen zuwege gebracht wird, wird durch ein von Philanthropen und wertkonservativen Sozialreformern getragenes Interesse an der „sozialen Frage" komplementiert. In diesem Zusammenhang findet auch die Medizin Gehör, die

---

3 Zur Diskussion um die Tuberkulose vgl. Göckenjan 1985, 49ff. und Weindling 1989.

schon seit längerem auf gesundheitliche Folgen der mit der Industrialisierung und soziale Verelendung veränderten Lebensbedingungen der Unterschichten hinweist. Als ein vorläufiger Höhepunkt dieses Diskurses kann Virchows Bericht über die schlesische Choleraepidemie von 1849 gelten. Von dort aus führt eine Traditionslinie über Pettenkofers Stadthygiene bis hin zu den sozialhygienischen Theorien der Weimarer Republik (vgl. Stollberg 1994). Maßgebliche Werke der Arbeiterbewegung, wie Marx' „Kapital" oder Engels' „Die Lage der arbeitenden Klasse in England", stützen sich immer wieder auf sozialhygienische Gutachten von Medizinern. Von diesen wissenschaftlichen und politischen Diskursen unterscheiden sich die autobiographischen Deutungen der Arbeiter jedoch durch ihren Bezug auf die eigene Lebenserfahrung. Der Diskurs der Arbeiter über ihre Lebenssituation stilisiert manchmal sogar ein neues Pathos der Betroffenheit, das dem theoretischen Geltungsanspruch der Medizin eine in der Authentizität der Leidenserfahrung verbürgte Wahrheit gegenüberstellt. Franz Louis Fischer, der damals Krankenbesucher einer Betriebskrankenkasse war, schreibt über einen Bericht, in dem er seine Arbeitssituation dargelegt hatte:

> „Meine Beurteilung der Verhältnisse des Bergarbeiters war nicht aus Erzählungen und Schilderungen einzelner Bergarbeiter gewonnen, wie es bei manchen theoretischen Schriftstellern der Fall ist, nein, praktisch am eigenen Leibe fühlte ich von Jahr zu Jahr eine Abschwächung des Körpers" (Fischer 1906, 97).

Neue Erklärungsmodelle: Bakterien

Die wohl folgenreichste Veränderung des offiziellen medizinischen Erklärungssystems im späten 19. Jahrhundert liegt im Erfolg der Bakteriologie. Deren Durchbruch ist eng mit den Theorien Pasteurs und Kochs verbunden, denen es in den 1870er und 80er Jahren gelingt, die Erreger verschiedener Krankheiten labormäßig zu erzeugen (vgl. Latour 1984). Wenn die damit verbundenen Hoffnungen auf neue Möglichkeiten der Therapie insbesondere der Tuberkulose auch sehr bald enttäuscht werden (vgl. Gorsboth/Wagner

1988), ist das Bakterium als Erklärungsfaktor für Krankheit aus der medizinischen Welt seither nicht mehr wegzudenken.

Die öffentliche Aufmerksamkeit, die diesen Entdeckungen entgegengebracht wird, führt dazu, daß sich entsprechende Erklärungsmodelle rasch im Alltagsbewußtsein der Gesellschaft verbreiten. Der Historiker Fournier nimmt bei der Erklärung einer Lungenkrankheit in den 1880er Jahren unmittelbar auf Kochs Entdeckungen bezug:

> „Ist es nun Einbildung, wenn ich diese Pariser Reise mit der Erkrankung meiner Lunge in Zusammenhang bringe? Es war das Jahr, in dem Robert Koch entdeckte und alle Welt von diesem Krankheitserreger sprach und von den Modalitäten der Infektion. Da hatte es der Zufall gewollt, daß ich sowohl auf der Hinreise wie auf der Rückfahrt mit ausgesprochenen Phthysikern in einem Abteil zusammenkam. Ganz besonders war es bei der Heimreise, daß mein einziger Coupégenosse die Nacht mir gegenüber zubrachte, so daß ich nicht zur Ruhe, wohl aber zu der Ansicht kam, ich sei da einer ernsten Gefahr ausgesetzt. Als ich dann in die von Moder erfüllte Luft im Archiv zurückkehrte, das gerade damals eine Vermehrung durch die Akten des alten Polizeiarchivs erfuhr, die in einem nie gelüfteten Kellerraum viele Jahre gelagert hatten, und sich eine fast permanente Heiserkeit mit Müdigkeit und schlechtem Aussehen einstellte, kam mir der Gedanke, meine bisher sehr gute Lunge sei infiziert" (Fournier 1923, 222f.).

Dieses Erlebnis war Fournier damals Anlaß genug, einen Arzt aufzusuchen und eine „gründliche Untersuchung" vornehmen zu lassen. Die gleiche Sensibilität für die Gefahren der Ansteckung spricht aus den Autobiographien in Form kritischer Neubewertungen der früheren Verhältnisse. Es erscheint geradezu skandalös, wie unbedacht man früher in hygienischer Hinsicht war und daß selbst die Ärzte in keiner Weise auf die Gefahren aufmerksam gemacht hatten. Der Theologieprofessor Zeller, Jahrgang 1814, schreibt zu Beginn des 20. Jahrhunderts über die Diphtherie, die während seiner Kindheit in der Familie „seuchenartig um sich griff und um so verheerender wirkte, da die Natur dieser Krankheit damals erst unvollständig erforscht war und ihre außerordentliche Ansteckungsgefahr selbst einem so hervorragenden Arzt wie W. Roser nicht genügend bekannt zu sein schien" (1908, 175).[4] Der Theologe

---

4   Wilhelm Roser (1817-1888), seit 1850 Professor der Chirurgie in Marburg.

Hahn, der im Sommer 1870 auf einer Rußlandreise eine an Typhus erkrankte Bekannte gepflegt hat, klagt:

> „Aber von Desinfektion der Hände sagte mir kein Mensch etwas, auch der Arzt nicht. Also kein Wunder, daß ich nach neun Tagen mich selbst hinlegen mußte" (o.J., 325).

Die rasche Aufnahme dieses Deutungsmusters dürfte wesentlich dadurch erleichtert worden sein, daß die Vorstellung der Ansteckung als solche schon länger zu den gängigen Deutungsmustern gehört hatte (vgl. o. Kapitel 1). Was die nachbakteriologische Ära von der vorhergehenden Zeit trennt, ist jedoch das Ausmaß, in dem dieses Muster in Anspruch genommen wird, sowie die tendenziell unangefochtene wissenschaftliche Legitimität, die ihm nun zuteil wird, und vor allem die konkrete Identifizierung der Gefahr in Form des Erregerorganismus. Es ist kaum erstaunlich, daß die Erschließung dieser neuen Ebene des Lebens Autoren zu metaphysischen Phantasien inspiriert, etwa wenn der Industrielle Siemens über eine sich infinitesimal in das Unendliche vergrößernde und verkleinernde Weltordnung spekuliert (Siemens 1966, 258). In ähnlich kosmischen Dimensionen kontrastiert die Frau eines Schriftstellers, als 1924 ihr Sohn an Lungenentzündung stirbt, diesen Sohn als „geistigen Teil der Natur" mit der „Wut sinnloser Bazillen" (Eulenberg 1952, 372).

An der oben zitierten Episode aus Fourniers Autobiographie läßt sich zeigen, wie Laien in ihrem Alltag von neuen bakteriologischen Theorien Gebrauch machen. Hier soll nicht entschieden werden, ob es sich bei dem Zusammenhang zwischen Eisenbahnfahrt und Erkrankung um eine Einbildung handeln könnte, wie der Autor in seiner vorangestellten Frage nahelegt. Diese Textstelle ist vielmehr gerade deshalb interessant, weil sich der Autor in seinen weiteren Ausführungen alle erdenkliche Mühe gibt, seine Leser davon zu überzeugen, daß, wenn es sich letztlich auch um einen Irrtum handeln sollte, sein damaliges Verhalten doch rational gewesen sei und er noch immer gute Gründe habe, die Ursache seiner Krankheit dieser Situation zuzuschreiben. Gerade damit gibt dieser Text wertvolle Hinweise auf die Art und Weise, in der Laien von den neuen medizinischen Erklärungsmodellen Gebrauch machen, um ihre Alltagssituation zu interpretieren und Krankheiten zu erklären. Zunächst einmal fällt auf, daß Fournier nicht mehr auf jenes Bündel von Faktoren eingeht, auf die man früher eine Krankheit wie die Schwindsucht zurückgeführt hätte. Anstelle weitschweifiger Rückblicke auf sein Lebensschicksal wird die gesamte Aufmerksamkeit auf einen Punkt hin zentriert: An die Stelle einer mit dem Krankheitsgeschehen verwobenen Lebensgeschichte tritt die kontingente Situation („durch Zufall") der Anstekkung. Wie auch früher schon bei Erklärungen von ansteckenden Krankheiten, steht damit der persönliche Kontakt im Mittelpunkt der Erklärung. Was gibt Fournier aber die Sicherheit, daß es sich um eine Ansteckungssituation gehandelt hat? Zunächst einmal ist bemerkenswert, worauf Fournier sich nicht beruft: Er sagt an keiner Stelle, daß er im Eisenbahnabteil irgendwann auch nur ein einziges Bakterium gesehen hat. Nun gilt es als ausgemacht, daß Bakterien mit dem unbewaffneten Auge auch nicht zu erkennen sind, und es hat voraussetzungsreicher Laborverfahren bedurft, bis Pasteur, Koch und ihre Kollegen diese Organismen zu Gesicht bekommen konnten. Fournier beruft sich aber auch nicht auf eine Laboruntersuchung. Dennoch macht es ihm keine Probleme, die beschriebene Situation als mögliche Ansteckung zu qualifizieren. Worauf stützt sich seine Definition der Situation? Schon die äußeren Merkmale, die er beschreibt, suggerieren ein spezifisches Gefahrenpotential. Die Situation im Abteil, in der Reisende längere Zeit mit Fremden auf engstem Raum verbringen, bildet schon länger die Projektionsfläche kollektiver Ängste (Schivelbusch 1977, 67f.). In der Kombination mit dieser erzwungenen körperlichen Nähe erscheint der anonyme Andere hier als möglicher Ansteckungsherd. Durch die Information, daß es sich bei dem Mitreisenden um „ausgesprochene Phthysiker" handelt, nimmt diese Bedrohung konkrete Konturen an. Dieser Begriff wird zunächst ohne weitere Erläuterungen eingeführt und appelliert damit bei dem Leser an ein entsprechendes Vorverständnis vom sozialen Typus des „Phthysikers". Die besondere Gefährdung, die von seinem nächtlichen Coupégenossen ausging, gewinnt ihre Plausibilität durch die explizite Benennung zweier Details, die als Attribute dieses Typus gelten können. Der Husten und das auffällige Milchtrinken, letzteres ein wichtiger Bestandteil der damaligen Diät für TBC-Kranke. Das Husten als solches suggeriert darüber hinaus eine zusätzliche Bedrohung, da gerade dies als ein Weg gilt, auf dem Bakterien aus dem Körperinneren des Kranken in die Umgebung gelangen. Anstelle der unmittelbaren Wahrnehmung einer Ansteckung durch Bakterien bedient sich Fournier also einer spezifischen Darstellung der Situation, die sich auf einige relevante Elemente konzentriert, die wiederum als Zeichen für die Präsenz des Bakteriums gedeutet werden. Auffällig an dieser Krankheitserklärung ist auch die Unbefangenheit, mit der der Autor bei der Schilderung des weiteren Geschehens plötzlich in die Begrifflichkeit der alten miasmatheoretischen Position hinübergleitet, wenn er von der „moderigen Luft" in dem „nie gelüfteten" Archiv spricht. Das zeigt, daß sich die Gegensätzlichkeit der Positionen im Rahmen der wissenschaftlichen Kontroverse keineswegs bruchlos in entsprechende Konsistenzanforderungen an alltagssprachliche Erlärungen umsetzt. Der Einfluß des bakteriologischen Paradigmas auf das Erklärungssystem der Laien ist insofern keineswegs nur die passive Übernahme einer Theorie. Sie bringt eine neue Alltagskompetenz hervor, durch die das Bakterium bzw. die Ansteckung als handlungsrelevante Tatsache von den Laien selbst erst zum Leben gebracht wird.

Während Fournier das Erklärungsmodell „Bakterien" dazu benutzt, um eine Situation rückblickend als Ansteckungsmoment zu kennzeichnen, liegt dessen handlungsleitende Bedeutung für den Alltag der Laien auch in einer Verbindung zu bestimmten Formen des präventiven Verhaltens. Die Rezepte, die zur Vermeidung der Ansteckung propagiert werden, sind im wesentlichen die alten: Entfernung der Kranken bzw. vorsichtiger Umgang mit ihnen, und es tauchen wieder all die moralischen Paradoxien auf, mit denen das Ansteckungsmodell immer schon verbunden war.

Eine Episode, die ein Licht auf die handlungsleitende Funktion dieser neuen Theorien im Umgang mit Kranken wirft, enthält die Autobiographie der Textilarbeiterin und Verlegerin Conzett. Die Sozialdemokratin beschreibt darin ausführlich eine Grippe, die 1918 in der Schweiz herrschte und an der auch ihr Mann erkrankt war. Der Kranke hielt sich von seiner Frau und seinen Kindern fern, um zu verhindern, daß sich diese bei ihm ansteckten, wurde aber in der Wohnung gepflegt. Hier taucht nun das alte Problem des Widerspruchs von Ansteckungsangst und der Aufrechterhaltung sozialer Beziehungen auf. Als die Familie und insbesondere seine Frau aber immer mehr unter der Trennung zu leiden beginnen, fürchtet der Kranke - und damit bewegt er sich ganz in einer traditionellen Denkweise -, daß der Gram über die Trennung für diese weit gefährlicher werden könne, als „ein Besuch mit den nötigen Vorsichtsmaßregeln". Die Frau spricht darauf hin mit dem Arzt, und

190

dieser erklärt sich mit dem Besuch unter der Bedingung einverstanden, „daß er von kurzer Dauer sei und daß sie sich zum Gruße die Hände nicht reichten." Dora, die Schwiegertochter, eilt daraufhin in ein Sanitätsgeschäft und tritt kurze Zeit später mit einer Binde vor dem Mund bei dem Kranken ein.

> „Die Weisung des Arztes vergessend, streckte sie ihm in der Wiedersehensfreude beide Hände entgegen; er aber steckte die seinen schnell unter die Decke. Von nun an erschien sie täglich mehrere Male und wurde ruhiger und gefaßter" (Conzett o.J., 419).

Mit seiner Ansicht, daß eine Trennung vom Kranken gefährlicher wäre als ein Besuch, läßt Conzett noch deutlich den Einfluß der traditionellen Erklärung von Krankheit über das „Gemüt" erkennen, die trotz aller Umorientierungen des medizinischen Diskurses niemals aus dem kollektiven Bewußtsein verschwinden werden. Hierin zeigt sich erneut, wie traditionelle Denkmuster und neue bakteriologische Erklärungen in der Krankheitsdeutung von Laien unmittelbar ineinander übergehen, ohne daß dies als Inkonsistenz wahrgenommen wird. Vor allem dokumentiert dieses Beispiel auch die neuen Verhaltensanforderungen, die von der Bakteriologie an den Patienten gestellt werden: der Ansteckende wird hier nicht gemieden, wie das in den plötzlichen Abreisen, die früher in den Autobiographien beschrieben worden waren, der Fall war. Aber es handelt sich auch nicht um jene heroische Hinwegsetzung über die Ansteckungsgefahr, wie sie einige Autoren in Epidemiezeiten an Tag legten oder Besucher und Verwandte als Beweis persönlicher Anerkennung dem Kranken entgegengebracht hatten. An ihre Stelle tritt vielmehr eine kalkulierte Disziplin des persönlichen Umgangs, deren körperliche Choreographie ganz dem Imperativ der Ansteckungsvermeidung unterworfen ist und die, wie das unbedachte Entgegenstrecken der Hände und das rasche Ausweichen des Kranken dokumentieren, ein hohes Maß an emotionaler Selbstkontrolle der Beteiligten voraussetzt.

Diese Episode verweist außerdem auf ein neues Mandat, das der Arzt im Zusammenhang mit dem neuen bakteriologischen Wissen erhält: Wie früher hinsichtlich der „Mäßigung" in der Lebensweise des Patienten, so ist es hier die Sensibilisierung für die Ansteckungsgefahr und die Durchsetzung adäquater Vermeidungsstrategien, bei der Arzt als Berater wirksam wird.

Die Rezeption medizinischen Wissens durch Laien geht jedoch langsamer vonstatten, als innerhalb der Medizin selbst. So führt der Durchbruch der bakteriologischen Theorien zwar zunehmend zu einer Verdrängung der alten Erklärungsmodelle durch Miasmen und verwandte Konzepte. Der Historienmaler Schorn schreibt in seiner 1898 erschienenen Autobiographie mit Blick auf das Jahr 1871 noch immer, die Luft sei mit „unheilschwangern Miasmen" angefüllt gewesen (1898, II/222). In anderen Fällen überlebt dieses alte Denksystem in einer ins Metaphorische abgedrängten Form. Als die preußische Generalstochter und Sozialdemokratin Lily Braun ihre Abneigung gegen ein Sanatorium zum Ausdruck bringt, schreibt sie von der dortigen „Pestluft", derer sie überdrüssig sei (1911, II/338).

Bürgerliche Patienten:
Vom „eigenen Arzt" zum medizinischen Laien

Lily Braun berichtet, wie sie um 1900 erschöpft nach Hause kommt und sich krank fühlt:

> „Wie schwach mir war und wie glühend heiß dabei! Mit einer letzen Kraftanstrengung schlich ich ins Schlafzimmer und legte mir den Fieberthermometer unter den Arm: 39 1/2 - Ich rief nach Berta und schickte zum Arzt" (ebd., II/442).

Der Arztkontakt ist selbstverständlicher geworden. Mit dem privaten Gebrauch des Fieberthermometers, das vor allem in der Folge von Wunderlichs Forschungen der 1860er Jahre über Fieberkurven zu einem Standardinstrument der Kliniker geworden war,[5] wird die auf einen quantitativen Ausdruck gebrachte Körpertemperatur zum neuen Kriterium der Ernsthaftigkeit einer Krankheit und der Notwendigkeit des Arztkontakts.

---

5   Die Einführung des Thermometers in die Medizin geht auf Santorio Santorio (1561-1636), Medizinprofessor in Padua, zurück. Aber erst Carl August Wunderlich (1815-1877), seit 1850 Medizinprofessor in Leipzig, publizierte 1868 *Das Verhalten der Eigenwärme in Krankheiten* und führte die regelmäßige klinische Temperaturkontrolle ein.

Krankheiten, die so wichtig genommen werden, daß in den Autobiographien von ihnen berichtet wird, führen jetzt regelmäßig auch zur Heranziehung eines Arztes. In den Autobiographien des späten 19. und frühen 20. Jahrhunderts wird entsprechend immer weniger von eigenständigen diätetischen und selbstmedikativen Praktiken der Patienten berichtet. Vor allem in den bürgerlichen Autobiographien fehlen die Berichte von aufwendigen Selbsttherapien, die dem alten Bild vom „eigenen Arzt" entsprechen. Der Pastor Walther zum Beispiel, der bei einer längeren Krankheit in seiner Jugend homöopathisch behandelt worden ist, schafft sich danach zwar eine homöopathische Apotheke und Dr. Arthur Lutzes Lehrbuch[6] an. Er behandelt damit allerlei Bekannte, die sich mit „ihren kleinen, aber peinlichen Beschwerden" an ihn wenden und gilt bald für Zahnweh als unfehlbar. Dennoch ist für ihn klar: „Die Behandlung irgendwie ernsterer Leiden lehnte ich natürlich ab" (1922, 79). Laienmedizinische Praktiken behalten also durchaus noch einen gewissen Raum, ihrer Anwendung werden jedoch deutliche Grenzen gesetzt.

Das zeigt auch der folgende Bericht des Architekten und Hamburger Staatsbeamten Schumacher über die Behandlung seines Herzleidens in den 1920er Jahren. Es fand in einer Embolie seinen Höhepunkt und führte ihn nacheinander zu verschiedenen Ärzten:

„Die Ratschläge, welche die vielen Ärzte mir gaben, durch deren Hände ich in dieser Zeit ging, waren so entgegengesetzt, daß ich alles Zutrauen zu ihrer Kunst verlor. Es war eine Art Ironie des Schicksals, daß die Universität Köln mich zur gleichen Zeit zum Dr. med. honoris causa machte, und zwar mit allen Rechten eines richtigen Arztes. Jeder Kranke fängt an, etwas in die Medizin hineinzufuschen, aber das 'Arzt, hilf dir selber' gelang mir trotz der offiziellen Autorität durchaus nicht, war doch der ganze Körper in Unordnung geraten" (1935, 376).

Diese Beschreibung gehört zu den seltener werdenden Beispielen, die zeigen, wie ein Patient verschiedene Ärzte aufsucht und dabei die früher so typische Erfahrung macht, daß sich deren Erklärungsmodelle widersprechen. Anders als es noch bis in die Mitte des 19. Jahrhunderts üblich war, sieht der Patient die Alternative hier jedoch nicht mehr in der Selbstmedikation. Zu groß ist

---

6   Dr. Arthur Lutze (1813-1870): *Lehrbuch der Homöopathie* (27.A. 1861).

das Gefühl der Inkompetenz hinsichtlich des Umgangs mit einem „in Unordnung geraten(en)" Körper, als daß der Patient sich hier mehr zutraut, als wie „jeder Kranke" es tut, „etwas in die Medizin hineinzupfuschen".

Auch der Raum, den Frauen noch in der ersten Jahrhunderthälfte bei der selbstmedikativen Krankheitsbewältigung zukam, wird in den späten bürgerlichen Autobiographien immer enger. Als spezifische weibliche Aufgabe wird fast nur noch die Pflege und emotionale Unterstützung des Patienten beschrieben. In den innerehelichen Beziehungen des Bürgertums hat jene Stilisierung einer natürlichen weiblichen Kompetenz ihren Ursprung, die in der öffentlichen Sphäre im Ideal der aufopferungsvollen Krankenschwester, wie es Florence Nightingale verkörpert, und dann in der Berufsideologie von Sozialarbeitern ihren Niederschlag finden kann (vgl. Sachße 1986).

Arbeiter, Handwerker, Landbevölkerung: Zwischen Selbstmedikation und Kassenarzt

Anders als im Bürgertum, ist der Arztkontakt in den sozialen Unterschichten längst noch nicht selbstverständlich (vgl. Stollberg 1993). Bei den traditionellen Unterschichten hat die Diätetik zwar nie eine nennenswerte Rolle gespielt. Dagegen ist der Einfluß traditioneller Formen der Selbstmedikation bei den Handwerkern, ländlichen Unterschichten und selbst bei den Arbeitern noch spürbar. Der Weber Hanusch berichtet über seinen Bruder, der einen Blutsturz bekommen hatte und von zwei Freunden nach Hause gebracht wurde:

> „Die Stube füllte sich mit Frauen aus der Nachbarschaft. Tausenderlei Ratschläge schwirrten durcheinander, jede hatte ein Mittel, das unfehlbar alle Krankheiten heile. 'Die Sach' ist sehr ernst, möchtst doch einen Doktor holen', sagte die Bergbäuerin. Da wurde aber die Hadernsammlerin böse. 'Hört mir nur auf mit dem Doktor. Der ist nur dazu da, damit der Totengräber Arbeit hat. Wir sind so alt geworden und haben keinen Doktor gebraucht, jetzt auf einmal muß bei jedem Schmarren ein Doktor sein.' Sie wendete sich an Frau Gebauer. 'Jetzt schickst gleich um den Geistlichen. Wenn das vorüber ist, dann schaust, daß du einen fetten, kohlschwarzen Hund kriegst. Das Fett soll er essen und

das warme Fell legst ihm auf die Brust, das hilft ganz bestimmt. Aber kohlschwarz muß der Hund sein, sonst hilft das Fell nichts!" (1912, 50f.).

Es ist der Ratschlag der Lumpensammlerin, der das weitere Geschehen bestimmt hat. Zwar holte die Mutter nicht den Geistlichen, der Autor meint deshalb, weil sie die Krankheit nicht für so gefährlich hielt.

„Aber auch der Arzt kam nicht ins Haus. 'Wenn Gott will, daß er gesund wird, so wird er es auch werden. Will er es nicht, so hilft der Arzt auch nichts.' An diesem Grundsatz klammerte sie sich, und da er der billigste war, hielt sie auch daran fest. Da sie aber doch etwas tun mußte, so kaufte sie einen schwarzen Hund und legte dem Kranken das warme Fell auf die Brust. Der Kranke wehrte sich, ihm ekelte vor dem Hundefell, noch mehr aber vor dem Hundefett, das er essen sollte. Aber das half ihm nichts. Die Hadernsammlerin hatte diese Kur verordnet, und was sie sagte, mußte wahr sein. Nach einigen Tagen war auch der Kranke wieder so weit, daß er das Bett verlassen und auf einen Stock gestützt in den Garten gehen konnte" (ebd., 52).

Diese Episode trägt sich im zunächst noch hausindustriellen Milieu der Weber zu, in das aber bereits das Fabriksystem seinen Einzug nimmt: Frau Gebauer, die Mutter des Kranken, arbeitet in einer Fabrik. Wie bei allen autobiographischen Beschreibungen aus den Unterschichten ist auch hier die Tendenz des Autors unverkennbar, sich von seiner inzwischen erreichten höheren sozialen Position aus von seinem Herkunftsmilieu zu distanzieren. Dennoch gibt Hanuschs Beschreibung interessante Hinweise auf das medikale Verhalten in dieser Kultur. Noch immer hängt dieses von der Aushandlung innerhalb einer die Familie überschreitenden Krankenbettgesellschaft ab, die vor allem von Frauen dominiert wird. Die Regel, bei ernsthaften Krankheiten einen Arzt zu holen, und ein sehr weitgehendes Vertrauen in volkstümliche, hier fast magische Praktiken konkurrieren noch gegeneinander. Bei der Mutter scheint außerdem ein religiös motivierter Fatalismus mit ins Spiel zu kommen, den der Autor vielleicht nicht zu Unrecht mit einem ökonomischen Kalkül in Verbindung bringt. Zugleich verbirgt sich im Gegensatz dieser verschiedenen Weisen, mit Krankheit umzugehen, ein sozialer Konflikt um die Definitionsmacht über die Krankheit: auf der einen Seite die traditionelle Autorität der „weisen Frau", wie sie in der Hadernsammlerin verkörpert wird, auf der anderen Seite der Arzt, der einer anderen sozialen Schicht angehört.

Das ökonomische Motiv, das bei den Angehörigen der sozialen Unterschichten dazu führt, der Selbstmedikation den Vorzug gegenüber dem Arztkontakt zu geben, wird in manchen Autobiographien deutlich ausgesprochen. Der Arzt ist normalerweise zu teuer, und der Armenarzt, der ihnen oft kostenlos zur Verfügung steht, ist aus anderen Gründen unbeliebt. Der Landarbeiter Rehbein schreibt im Zusammenhang mit der Krankheit seines Vaters um 1880:

> „In diesen anderthalb Jahren kam kein Arzt über unsere Schwelle. Es war ja zu teuer. Mutter und die Nachbarn kurierten mit 'Hausmitteln'; die sollten ja schon manchem geholfen haben. Um den Armenarzt zu bitten, das brachte mein Vater nicht übers Herz. Als meine Mutter gelegentlich eine diesbezügliche Andeutung machte, rief der Kranke erregt: 'Was sollten wohl die Leute davon sagen, wenn ich als Schneidermeister - nein, lieber will ich wie ein Hund krepieren, ehe mich der Armenschinder in die Finger kriegt'. So also bewertete mein Vater die Tätigkeit des freilich überall verrufenen Armenarztes, und so äußerte sich noch auf dem Sterbebett sein charakteristischer Handwerkerstolz" (Rehbein 1973, 15).

Hier sind offenbar zwei Motive für die Ablehnung des Armenarztes im Spiel, einmal der entehrende Charakter der Annahme von Almosen und zweitens die in den Augen der Patienten unzureichende Qualität der armenärztlichen Behandlung. Auch in Halbingers elterlicher Familie in München - ihr Vater ist Maurer - besteht dieselbe Abneigung gegen das medizinische Armenwesen:

> „In einer Krankenkasse waren wir nicht, wenn man einen Arzt wollen hat, hat man auf die Armenhilfe gehen müssen. Aber da sind meine Leut halt nicht hingegangen, ich hab halt ohne Arzt wieder gesund werden müssen" (o.J., 15; Zeit nach 1900).

Trotz der verschiedenen Belege für das Vorherrschen selbstmedikativer Praktiken bei den sozialen Unterschichten kann von einer durchgängigen Ablehnung der Ärzte keine Rede sein. Es sind eher Faktoren wie die ökonomischen Ressourcen und die Skepsis gegenüber dem Armenarzt, die einem Arztkontakt entgegenstehen, als die offene Ablehnung ärztlicher Kompetenz. Als der Vater eines Mädchens, das später als Kellnerin und Fabrikarbeiterin arbeitete, nach einem Unfall krank nach Hause gebracht worden war, wird der Arzt geholt, obwohl, wie die Autorin betont, die „Mutter nun auch noch das Geld aufbringen mußte". Als sich dann der Bruder verletzt und sich ein paar

Tage später auch noch die kleinere Schwester den Arm bricht, wird der Armenarzt gerufen (Kramer 1987, 28ff.). Obwohl die Autorin nicht ausdrücklich darauf eingeht, scheint es sich hier um zwei Ärzte zu handeln, einen frei bezahlten und einen Armenarzt, der erst gerufen wird, als die Zahlungsfähigkeit der Familie nicht mehr hinreicht. Auch in diesem Fall ist die Familie nicht krankenversichert. Die Autorin berichtet, daß ihre Mutter den Vater schon länger dazu überreden wollte, sich doch in eine Krankenkasse aufnehmen zu lassen, „was er aber nicht tat, obschon meine Mutter ihm dazu öfters Geld gab, was er aber auch vertrank" (Kramer 1987, 27).

Die Autobiographie Rehbeins vermittelt einen Einblick in die Situation der holsteinischen Landbevölkerung. Rehbein beschreibt eine Situation, die weitgehend von der Willkür der jeweiligen Gutsherrschaft bestimmt ist. Kranke Landarbeiter würden auch von humanen Herrschaften als unnütze Esser betrachtet und der Kontrakt mit ihnen gelöst, sobald die gesetzliche sechswöchige Unterhaltungsfrist abgelaufen war.

> „Zwar muß die Herrschaft für Arzt und Arznei sorgen, doch geschieht dies in der Regel erst dann, wenn der Zustand des Erkrankten schon recht bedenklich zu werden anfängt; so lange wird mit Hausmitteln kuriert" (1973, 102).

Ausführlich geht Rehbein auf das Beispiel eines Tagelöhners ein, der sich im Spätherbst beim Gräbenaufwerfen eine schwere Erkältung zugezogen hatte:

> „Da der Ärmste ohnehin schon seit längerer Zeit an hochgradigem Rheumatismus litt, so lag er jetzt fiebernd und stocksteif in seiner Behausung. Nun war auch Rheumatismus für den Inspektor keine Krankheit; er kannte sie nicht, da er selbst Rheumatismus noch nie gehabt hatte, mithin hatte Claus Jobst schon sowieso keinen Stein bei ihm mehr im Brette gehabt. Jetzt aber, wo der Bedauernswerte fest das Lager hüten mußte, bezeichnete ihn der Inspektor schlankweg als Faulpelz. 'De Aas hätt woll to väl Klümp fräten', polterte er, 'dar öwerpanst sick son Kirl, un nasten liggt he vör Fulheet in de Puch'. Als sich der Zustand des Tagelöhners zusehends verschlechterte, gab er ihm schließlich Pillen aus seiner homöopathischen Hausapotheke, die für 'allens' helfen sollten. Erst in der fünften Woche bequemte er sich dazu, einen Doktor aus Oldesloe holen zu lassen. Nach sieben Wochen wurde der Kranke ins Werkhaus nach dem Dorfe L. gefahren, mit dem das Gut zu einem Armenverbande zusammengehörte, und eine Woche später mußte ihm die Familie dahin folgen, denn der Doktor hatte erklärt, es sei fraglich, ob Jobst noch vor einigen Monaten wieder arbeitsfähig werde. So wurde also kurzer Prozeß gemacht und

ohne Rücksicht der Kontrakt gelöst. Bei rechtzeitiger ärztlicher Hilfe aber wäre der Familie das trübe Schicksal der Armenhausüberweisung wahrscheinlich erspart geblieben" (ebd., 103).

Für die Wahl zwischen Selbstmedikation und Arztkontakt gibt hier also nicht die eigene Präferenz des Patienten bzw. seiner Familie den Ausschlag. Es ist vielmehr die Gutsherrschaft, die stellvertretend für ihn entscheidet. Gegen das Interesse der Gutsherrschaft an seiner Arbeitsfähigkeit hat der Tagelöhner seinen Krankenstatus erst mühsam durchzusetzen. Interessant ist auch die Bewertung, die der Homöopathie in dieser Episode zukommt: Erfreute sich dieses Konzept in der ersten Hälfte des 19. Jahrhunderts einiger Beliebtheit bei den bürgerlichen „eigenen Ärzten" (s. o. Kapitel 4), sind die homöopathi-schen Mittel für Rehbein lediglich ein Ersatz für richtige ärztliche Hilfe, der aus ökonomischen Gründen oktroyiert wird.

Krankenversicherte Arbeiter haben dagegen bessere Chancen, einen Arzt zu konsultieren. Ihnen steht die freie Versorgung durch einen oder mehrere von der Kasse bestallte Kassenärzte zu.[7] So kann sich Carl Fischer, der in dieser Zeit bei einem Osnabrücker Stahlwerk beschäftigt ist, mit einem von seinem Meister ausgestellten Krankenschein zum Kassenarzt begeben, als sich sein Hexenschuß verschlimmert. Dennoch zeigt Fischers Erzählung, welch große Distanz gegenüber dem Kassenarzt besteht. Obwohl er seit zehn Jahren in dem Werk arbeitet, konsultiert er den Arzt zum ersten Mal und muß lange suchen, bis er dessen Praxis gefunden hat. Es verweist auch auf eine hohe Toleranz, Krankheiten ohne ärztliche Hilfe mit sich auszumachen, wenn Fischer erklärt, daß er es sich nicht hätte vorstellen können, seinen Wirt - er wohnt in dessen Gastwirtschaft - zu bitten, für ihn zum Arzt zu gehen.

> „Aber das verlangte ich nicht," schreibt Fischer, „und war mir viel zu dumm: daß ich wegen meinem Hexenschuß sofort den Doktor alarmiren sollte, daß er den weiten Weg zwecklos umsonst machen mußte" (Fischer 1904, I/319).

Auffällig an Fischers Geschichte ist auch, daß der Kassenarzt nur als Durch-gangsstation fungiert, um in das Krankenhaus zu gelangen. Fischer erwartet von ihm nichts anderes, und dieser bietet sofort an, ihn in das Hospital zu

---

7 Zu den verschiedenen Modellen des Kassenarztsystems bezüglich der Arztwahl s. Göckenjan 1985, 363 ff.

schicken. Der Grund für diesen Hospitalisierungswunsch dürfte wohl weniger in der Schwere seiner Krankheit gelegen haben, als in der spezifischen Lebenssituation Fischers: er lebte ohne Angehörige.

In der bei den meisten Kassen fehlenden freien Arztwahl liegt ein Grund für neue Konflikte. Osterroth, der Sohn eines verarmten katholischen Metzgers (sein Vater arbeitet inzwischen als Tagelöhner bei Bauern), berichtet von einem Konflikt seiner sehr religiösen Mutter mit dem Vater, der sich weigerte, den protestantischen Kassenarzt wegzuschicken und statt dessen auf eigene Kosten einen katholischen Arzt zu nehmen (1980, 47).

Osterroths Autobiographie ist auch insofern interessant, als darin eine Alternative zur ärztlichen Versorgung genannt wird, die innerhalb des katholischen Milieus durchaus eine wichtige Rolle gespielt haben dürfte. 1862 bestätigt die katholische Kirche die von Bernadette Soubirous bezeugten Marienerscheinungen im südfranzösichen Lourdes, das binnen kurzem zu einem der prominentesten Wallfahrtsorte ganz Europas wird.[8] Das hängt vor allem mit der dem dortigen Quellwasser zugesprochenen heilsamen Wirkung zusammen. Auch Osterroths Mutter hat wenig Vertrauen in die Kompetenz des protestantischen Kassenarztes und verschafft ihrem kranken Sohn daher heimlich einen Krug des heiligen Lourdeswassers. Schon früher hatte Osterroth in Begleitung seines Vaters eine Wallfahrt unternommen, als der Arzt bei einem plötzlich eintretenden Augenleiden wenig Rat wußte. In Marpingen bei Trier sollte zu dieser Zeit einem Bergmannskind die Muttergottes erschienen sein. Trotz massiver polizeilicher Repression - es war die Zeit des Bismarckschen Kulturkampfes in Preußen - pilgerten fortan viele Heilungssuchende dorthin. Auch Osterroths Eltern beschlossen, daß ihr Sohn dort Heilung suchen sollte (ebd., 8).

In diesen Beispielen ist es weniger der ökonomische Zwang, der dazu führt, daß der Patient bzw. seine Mutter der ärztlichen Behandlung eine andere Praktik vorziehen. Es ist vielmehr die wahrgenommene Ineffektivität, die hier parallel zur ärztlichen Behandlung zur Suche nach weiteren Möglichkeiten führt.

---

8   Bernadette Soubirous (1844-1879) hatte ihre Vision im Jahre 1855.

Wenn die angeführten Beispiele auch auf eine teilweise geringe Medikalisierung des Krankheitsverhaltens der sozialen Unterschichten des späten 19. Jahrhunderts hinweisen, so darf doch nicht übersehen werden, daß vor allem innerhalb der Industriearbeiterschaft der akademische Arzt durchaus eine hohe Akzeptanz genoß. Die Gründe für diese zunehmende Selbstverständlichkeit des Arztkontaktes bei der Arbeiterschaft sind aus den autobiographischen Quellen nicht unmittelbar abzulesen. Sie dürften viel mit der zunehmenden Erfassung durch das System der gesetzlichen Krankenkassen zu tun haben, das einen Rechtsanspruch auf ärztliche Versorgung festschreibt und der ärztlichen Behandlung den karitativen Charakter nimmt. Wie die Versicherung die Position des Patienten im Arztkontakt verändert, zeigt sich gut in der bereits zitierten Autobiographie einer Fabrikarbeiterin und Kellnerin. War die oben angeführte Situation ihrer nicht versicherten Familie vor allem von ökonomischen Bedrängnissen bestimmt und wandte man sich letztlich an den Armenarzt, so ist es der Autorin einige Jahre später, als sie für ihre kranke Mutter sorgt, möglich, ihren Anspruch auf medizinische Versorgung offensiv durchzusetzen:

> „Der Kassenarzt nahm die Sache allerdings anfänglich leicht; als ich aber einmal energisch in ihn drang, doch eine gründliche Untersuchung bei meiner Mutter vorzunehmen, stellte es sich heraus, daß eine schnelle Operation nötig wäre, zu welchem Zweck meine Mutter in die Klinik kam" (Kramer 1987, 164f.).

Der „Hausarzt" und der „Spezialarzt"

In den Autobiographien der Jahre um 1900 verändern sich auch die Kriterien, nach denen die Ärzte typisiert und ihre Kompetenzen bewertet werden. Es fehlen die Berichte über die ständige Unsicherheit der Arztwahl und die Folgen ungeschickter Behandlung. Sieht man einmal von den gelegentlich erwähnten „Homöopathen" (z.B. bei dem Theologen Walther 1922, 66f.) ab, kommen Hinweise auf die theoretische Richtung des Arztes gar nicht mehr vor. Es wird auch nicht mehr davon berichtet, daß mehrere Ärzte gleichzeitig herangezogen werden. Wenn mehrere Ärzte an der Behandlung beteiligt sind, geschieht das jetzt gemäß der Überweisung von einem Arzt zum anderen.

Eine gewisse Kontinuität zu den Verhältnissen zu Beginn des 19. Jahrhunderts weist noch der Typus des „Hausarztes" auf. Dieser Begriff ist alt und wird auch in den früheren Autobiographien verwendet. Wenn auch nicht mehr davon die Rede ist, der Arzt müsse die „Natur" seines Patienten kennen, so wird die Vertrautheit mit dem Arzt von vielen Patienten nach wie vor hoch geschätzt. Vielfach fungiert der Hausarzt als erster Ansprechpartner, an den sich Patienten mit ihrer Krankheit wenden (z.B. Conzett o.J., 205). Ernst von Hippel, der 1895 geborene Sohn eines Juraprofessors, zeichnet das Bild des Hausarztes „Onkel Droysen", der vor allem die Kinder versorgt und die nervenschwache Mutter kuriert. Darüber hinaus aber „behandelte Onkel Droysen nicht nur unsere jeweiligen Leiden, wobei jene fast schon heilende Frische von ihm ausging, die den wahren Arzt kennzeichnet, sondern er war uns auch ein Freund und Berater" (1975, 113f.). In idealisierter Form werden hier die Merkmale des traditionellen Arzt-Patient-Verhältnisses beschworen, das dem Arzt einen relativ festen Platz innerhalb des sozialen Zusammenhanges der Familie zuwies.

Um 1800 hatten sich die Patienten einen Arzt vor allem durch Freunde oder Bekannte empfehlen lassen, die mit dessen Behandlung gute Erfahrungen gemacht hatten; der „Ruf" des Arztes ergab sich weitgehend aus seiner Wahrnehmung durch das Laienpublikum. Dagegen wird um 1900 die Tendenz sichtbar, sich bei der Wahl des Arztes an den Bewertungen der Ärzte untereinander zu orientieren. So wendet sich der Pfarrer Hesekiel auf Empfehlung seines Erlanger Arztes 1859 an den „damals berühmten Arzt Professor Wunderlich" (1920, 125).[9] In einem Brief an seine Frau[10] kann der Historiker Ranke 1864 die beruhigende Mitteilung machen, daß er sich bei dem „besten Chirurgen von Marburg, Professor Roser, einem namhaften Mann in seinem Fach" in Behandlung befindet (Ranke 1890, 433).[11]

Vor allem aber zeigt sich die Neubewertung ärztlicher Kompetenz in der Karriere der Kategorie des „Spezialarztes", die in der zweiten Hälfte des 19. Jahrhunderts aufkommt und zum Gegenmodell des alten Hausarztes wird. Bei

---

9   s.o. Anm. 5.
10 Clara Graves, Tochter eines Dubliner Rechtsgelehrten, seit 1843 Leopold Rankes Frau, gest. 1871.
11 Wilhelm Roser (1817-1888), seit 1850 Professor der Chirurgie in Marburg.

schwereren oder selteneren Krankheiten legen die Patienten immer mehr Wert darauf, von einem Spezialisten behandelt zu werden. Als der Pfarrer Samuel Keller im Frühjahr 1889 plötzlich seine Stimme verliert, sucht er die Hilfe des „berühmten Wiener Spezialisten Prof. Schrötter" (1917, I/164f.).[12] Der Theologe und liberale Reichstagsabgeordnete Wiggers wird von seinem Fraktionskollegen Virchow 1881 ernsthaft ermahnt, sich mit seinem schlimmen Hals unbedingt an einen Spezialarzt zu wenden (1901, 359). Der Schulinspektor Polack erwähnt, daß sein Freund Hoffmann wegen seines Herzleidens in den 1880er Jahren außer Kuren und Bädern auch verschiedene Spezialärzte aufgesucht hat (1885, IV/266). Manche Patienten nehmen lange Wege in Kauf, um sich zu einem Spezialarzt zu begeben. So reist der Bischof von Metz, Benzler, wegen seines Magenübels sogar bis nach Paris, um sich dort von einem Spezialisten behandeln zu lassen (1922, 83). Wie üblich der Gang zum Spezialarzt um diese Zeit bereits ist, zeigt sich auch, wenn die Lyrikerin Müller-Jahnke sich der angeblichen Notwendigkeit einer spezialärztlichen Konsultation als Vorwand für eine längere Abwesenheit bedient, deren wahren Grund sie ihrer Mutter verheimlicht (o.J., 166 und 176).

Es sind nicht zuletzt die Ärzte selbst, die zunehmend Patienten mit bestimmten Krankheiten an dafür zuständige Spezialärzte weiterleiten. Als der Journalist Stegemann in den 1880er Jahren an eigentümlichen Anfällen leidet, ist es sein Hausarzt, der ihm zu einer „Beratung mit dem bekannten Internisten Professor Bäumler in Freiburg" rät (1930, 60). Schuster, der Sohn eines Schlossers in Reichenbach, wird 1886 vom Hausarzt an den Spezialarzt nach Zwickau überwiesen (den die Eltern, die offenbar nicht krankenversichert sind, aus eigener Tasche bezahlen müssen) (in Levenstein 1910, 65).

Die Karriere der Kategorie des Spezialarztes ist vor dem Hintergrund der internen Differenzierung der Medizin zu sehen. Im 19. Jahrhundert kommt es in der Medizin zur Herausbildung verschiedener neuer Teildisziplinen (Eulner 1970), die sich in der zweiten Hälfte des 19. Jahrhunderts auch in einer für den Patienten sichtbaren Differenzierung des Feldes ärztlicher Praxis ausdrücken (vgl. Huerkamp 1985). Die Spezialisierung der Ärzte hat auch

---

12 Leopold Schroetter Ritter von Kristelli (1837-1908), seit 1875 Professor der Medizin in Wien.

Konsequenzen für die Krankheitserfahrung durch den Patienten. Erstens hängt die Spezialisierung der Medizin unübersehbar mit der modernen lokalistischen Krankheitskonzeption der Medizin zusammen. Die gesamte Klassifikation der Heilgebiete folgt den anatomischen Klassifikationen des Körpers (Augen, Lungen, Hals, Nasen, Ohren etc.). Die durch die Orientierung am „Spezialarzt" geleitete Krankheitsbewältigung impliziert somit immer auch ein Bewußtsein des Patienten vom lokalen Charakter seiner Krankheit. Das ist ein wesentlicher Unterschied zum früheren Leitbild der Arztwahl, der Vertrautheit mit der individuellen „Natur" des Patienten, der eher eine „ganzheitliche" Vorstellung von Körper und Krankheit zugrundelag. Damit verliert auch ein wesentlicher Ansatzpunkt für eine Artikulation eigener Kompetenzen des Patienten an Bedeutung, war doch die bessere Kenntnis der eigenen Natur immer auch ein Grund für Einsprüche des Patienten oder seiner Angehörigen gegenüber ärztlichem Handeln. In diese Richtung wirkt sich auch die zweite Implikation der Spezialisierung aus, nämlich die in einem differenzierten System angelegte höhere Komplexität medizinischer Wissens- und Handlungsbereiche, die, genauso wie für die nur noch in einigen Teilbereichen zuständigen Ärzte, höhere Undurchschaubarkeit für den Patienten zur Folge hat.

Vom „ärztlichen Ausspruch" zur „gründlichen Untersuchung"

Mit den diagnostischen Kategorien und Erklärungsmodellen verändert sich auch das Verfahren, durch das der Arzt seine Diagnose etabliert. An die Stelle einer Interpretation der Worte des Patienten treten zunehmend Verfahren der „physikalischen Diagnostik". 1819 stellt der Arzt Laënnec in Paris das Stethoskop vor (vgl. Lachmund 1992). Parallel dazu findet die bereits Ende des 18. Jahrhunderts von Auenbrugger entwickelte Perkussion die Aufmerksamkeit der Ärzte, d.h. die Diagnose aufgrund der durch das Anschlagen des Körpers hervorgerufenen Töne. In rascher Folge werden weitere Diagnosetechniken entwickelt: Helmholtz' Augenspiegel (1850), Mikulicz-Radeckis Gastroskop (1880er) (vgl. Reiser 1978). Mit der Durchsetzung der Physiologie und dann der Bakteriologie erhalten auch entsprechende labormedizinische Untersuchungsverfahren große Bedeutung bei der Diagnose von Krankheiten.

In den Autobiographien wird verschiedentlich über den Gebrauch dieser Methoden berichtet. Dabei zeigen sich zunächst unterschiedliche Reaktionen auf die Veränderung der medizinischen Technik. Die Schriftstellerin Caroline Pichler berichtet von ihrem Ehemann, daß er sich während einer Krankheit in den späten 1830er Jahren „jeder chirurgischen Untersuchung, wobei Instrumente anzuwenden notwendig gewesen wäre, widersetzte" (1914, II/364). Der Arbeiter Carl Fischer registriert eher befremdet, wie der Arzt im Krankenhaus „sein Ohr ganz nahe" an seine Brust hält und ihn daraufhin nach einer früheren Brustentzündung fragt (1904, II/129). In der Autobiographie der Erzieherin und Schriftstellerin Marie Nathusius ist es sogar die Patientin selbst, die den Arzt auffordert, er solle zur Diagnose seine Instrumente mitbringen, wobei sie sich offenbar vor allem auf das Stethoskop bezieht (1876, III/238).

Bei der Mutter des Archivars Arneth, einer früheren Schauspielerin, die ihr Alter in Nizza verbrachte, bestätigt eine mehrstufige Untersuchung, unter anderem mit dem Augenspiegel, ihre Vermutung, daß der graue Star im Anzug ist: „Nun wurden mir Buch und Schrift zur Probe vorgelegt, dann das Zimmer verdunkelt," und außerdem „Glas, Spiegel und Licht, Alles prüfend angewendet" (Arneth 1892, II/102). Nach einem Unfall wird der Theologe Walther mit einer Sonde daraufhin untersucht, wie weit sich der Spalt seiner Hirnschale erstreckt (1922, 73).

Die Durchsetzung physikalischer Diagnoseverfahren bringt das Gespräch mit dem Patienten nicht zum Verstummen. Als die Fabrikarbeiterin Popp nach häufigen Ohnmachten in das Krankenhaus eingeliefert wird, „forscht man nach der Lebensweise" ihres Vaters und Großvaters (1977, 41), ein Vorgehen, daß den Einfluß zeitgenössischer eugenischer Deutungsmuster innerhalb der Ärzteschaft erkennen läßt. Auch im Zusammenhang mit der mechanischen Untersuchung einer Wunde bleibt die Vermittlung durch die Sprache ein wichtiger Aspekt, wie die folgende Episode aus der Autobiographie Walthers zeigt:

„Am vierten Tage nach dem Unglücksfalle war es. Schon früh kam der Arzt. Verwundert schüttelte er den Kopf, als er unten im Hause erfuhr, daß ich noch immer unter den Lebenden weilte. Er setzte sich an mein Bett und fühlte mir den Puls. Erstaunt blickte er mich an, zog noch einmal seine Uhr hervor und prüfte lange den Pulsschlag. Dann untersuchte er die Wunde. 'Wie ist es nur möglich', flüsterte er vor sich hin. Er fragte mich, wie es diese Nacht gegangen. Ich konnte berichten, daß ich eigentlich ganz schön geschlafen habe. 'Wie fühlen Sie sich denn jetzt?' fuhr er fort. 'Viel besser,' antwortete ich. Eine Weile dachte er nach. 'Aber', fragte er, 'haben Sie nicht in den Armen oder im Rücken ein Gefühl, als wenn dort etwas leise krieche, so etwa wie Ameisen?' Ich verneinte. Er wollte es nicht glauben. Er beschrieb noch genauer, was er meine. Aber ich konnte bei meinem 'Nein' bleiben. Da sprang er auf, eilte zu meiner Schwester und rief: 'Ihr Bruder scheint gerettet zu sein. Ich meinte zuerst, sein besseres Befinden sei der Anfang des Endes. Aber die Symptome dafür fehlen.' Er holte den zweiten Arzt herbei. Nochmals dieselbe Untersuchung mit dem gleichen Resultat" (Walther 1922, 75).

Man sieht, wie die chirurgische Untersuchung der Wunde, das Fühlen des Pulses durch die sprachliche Einkreisung des Empfindens des Patienten vermittels metaphorischer Redeweisen ergänzt wird. Erst der gegenseitige Bezug dieser Ebenen aufeinander hat es dem Arzt offenbar ermöglicht, seine günstige Prognose zu treffen. Ähnlich wie bei Fischer, der nach der Auskultation nach einer früheren Schwindsucht gefragt wird, fungiert auch hier das Untersuchungsverfahren weniger als Ersatz des Gesprächs, denn als Ansatzpunkt neuer und anderer Fragen.

Während sich der Mönch Spenn im 18. Jahrhundert noch darüber erregte, daß der Arzt sich auf den Puls beschränkte und nicht auf seine Geschichte hörte (Spenn 1803, 115; vgl. Kapitel 3), legen die Autoren in ihren Krankheitsbeschreibungen jetzt das Hauptaugenmerk auf die diagnostische Untersuchung. Das zeigt sich weniger in der expliziten Beschreibung, als in der Bedeutung, die der ärztlichen Untersuchung als solcher in den Krankheitsbeschreibungen routinemäßig beigemessen wird. Für das Laienpublikum hängt die Gültigkeit ärztlicher Diagnosen immer weniger von der persönlichen Autorität des Arztes ab, als von der Genauigkeit, mit der er die Untersuchung des Kranken vornimmt: bei der Bewertung von Diagnosen liegt der Akzent nicht mehr so sehr auf dem „ärztlichen Ausspruch", sondern auf der „gründlichen Untersuchung", die der Arzt vorgenommen hat. Der Pfarrer Hesekiel läßt sich von Carl Wunderlich - der damals einer der prominentesten Protagonisten neuer Untersuchungsverfahren war - „nach gründlicher Untersuchung" beruhigen (1920, 125). In den 1860er Jahren wird der Pfarrer Funcke zunächst von seinem Vater, einem Arzt, darauf aufmerksam gemacht, daß seine Frau die Schwindsucht habe. „Und was bald nachher der Waldbröler *(bei Gummersbach, d. Verf.)* Arzt, nach gründlicher Untersuchung, aussprach, stimmte entsetzlich genau mit dem Urtheil meines Vaters überein" (o.J.,II/176). Auch beim Großvater des Archivars Arneth ist es die „gründliche Untersuchung seines Körpers, zu der er sich endlich auf das Zureden seiner von ihm so sehr geliebten Frau herbeiließ" (I/41f.), die jede Hoffnung auf Wiederherstellung ausschließt (1891, I/41f.). „Er untersuchte das Kind genau" erzählt auch der Lehrer August Fischbach anläßlich einer vor seiner Geburt liegenden Krankheit seiner Tante (1926, 16). Für den Komponisten Brahms hat eine genaue Untersuchung an dem ernsten Charakter seiner Krankheit keinen Zweifel gelassen (so der Schulmann Wendt 1909, 168). In dem oben bereits angeführten Konflikt einer Kellnerin und Fabrikarbeiterin mit dem Kassenarzt wehrt diese sich vor allem gegen die Oberflächlichkeit und besteht auf einer „gründliche(n) Untersuchung" ihrer kranken Mutter (Kramer 1987, 164). Umgekehrt werden Fehldiagnosen nicht mehr nur mit dem Irrtum des Arztes begründet, sondern damit, daß die Untersuchung nicht gründlich genug vorgenommen wird. „Diese falsche Diagnose" schreibt der Schauspieler Clefeld über einen Arzt, der ihn in den 1860er Jahren behandelt, „war das Resultat der oberflächlichsten Untersuchung" (1910, 38).

Nicht bei allen Autoren setzt sich dieses Kriterium völlig ungebrochen durch. Es gibt Überlappungen mit traditionellen Kriterien der Arztwahl, wie bei dem mit der Homöopathie sympathisierenden Theologen Walther. Der Autor, der schon in seiner frühen Jugend lungenleidend war, läßt sich als Student von einem „auf diesem Gebiet als hohe Autorität geltenden Professor" untersuchen. Dieser stellt eine schadhafte Lunge fest und rät ihm, sofort nach Bad Reichenhall zur Kur abzureisen. Anstatt des angeforderten Geldes für die Reise erhält er jedoch von seinem Vater die Aufforderung, sofort nach Hause zu kommen, damit der Hausarzt, der ihn genau kenne, eine gründliche Untersuchung vornehmen könne. Anders als der Professor stellt dieser fest, daß sich die Lunge seit der letzten von ihm vorgenommenen Untersuchung nicht verändert habe. Von dieser Erklärung läßt sich der Kranke beruhigen (1922, 76). Die Kenntnis des Patienten wird hier weiterhin als wichtige Voraussetzung für eine korrekte Diagnose angesehen, und eine an diesem Kriterium orientierte Wahl des Arztes durch den Vater wird rückblickend als richtig anerkannt. Dennoch wird die „gründliche Untersuchung" als Grundlage glaubwürdiger Diagnosen angeführt. Der Vorzug des Hausarztes liegt somit nicht mehr in der allgemeinen Vertrautheit mit der „Natur" des Patienten, sondern allein in der Möglichkeit, die Untersuchungsergebnisse mit den Ergebnissen einer früheren Untersuchung vergleichen zu können.

Keineswegs selbstverständlich akzeptieren die Patienten, daß ein Arzt viel Mühe auf die Diagnose verwendet, bevor er therapeutische Maßnahmen trifft. Die bisher angeführten Beispiele zeigen zwar, daß dieses Muster bei vielen Patienten im späten 19. Jahrhundert akzeptiert wird. Dennoch gibt es auch Hinweise auf eine Ablehnung „gründlicher Diagnosen". Einen solchen Fall beschreibt der Metallarbeiter und sozialdemokratische Politiker Gerisch in seinem autobiographischen Rückblick auf die erzgebirgische Heimat. Er berichtet über einen Konflikt, der sich während seiner Jugend abgespielt hat - Gerisch war 1857 geboren. Als eine Frau R. vom Apotheker etwas gegen ihre Kopfschmerzen verlangte, erklärte dieser, daß es verschiedene Arten von Kopfschmerz gebe und daher „vor allen Dingen erst einmal festgestellt werden" müsse, woher ihr Leiden stamme, damit dementsprechend die richtige Arznei gewählt werden könne. Daher könne sie nichts Besseres tun, als „zu einem unserer Aerzte zu gehen und sich untersuchen zu lassen". Gerisch beschreibt weiter, wie seine Mutter anschließend bei den anderen Frauen im Dorf über den Apotheker geschimpft habe, der, anstatt ihr ein Mittel zu verschreiben, „dummes Zeug" geredet habe (1918, 34ff.). Gerischs Beschreibung zielt vor allem darauf, die in seinen Augen durchgängige Irrationalität der erzgebirgischen Dorfbewohner zu dokumentieren. Sie läßt sich aber auch weniger wertend lesen als ein Hinweis auf eine im ländlichen Milieu, insbesondere unter den für laienmedizinische Praktiken zuständigen Frauen, noch im späten 19. Jahrhundert vorherrschende kulturelle Mentalität, der die Bedeutung der „gründlichen Untersuchung" noch fremd ist.

Ähnlich wie die Ausdifferenzierung des Spezialarztes steht auch die Betonung der „gründlichen Untersuchung" in engem Zusammenhang mit der modernen „lokalistischen" Konzeption der Krankheit (vgl. Foucault 1973). Die physikalische Diagnose zielt auf ein Organ oder den Teil eines Organs und versucht, dort die Spuren einer Krankheit zu orten. So etwa der Arzt, den der

Lehrer Fischbach beschreibt: er „untersuchte den Kopf" seines Vaters, eines Bergmanns, zu Beginn der 1880er Jahre (1926, 49). Der Jurist und Historiker Dahn läßt sich „die müde Brust untersuchen" (1890, III/453). Der Journalist Stegemann weiß zu berichten, daß sich sein Arzt „vor allem dem geräuschvollen Herzen zuwandte" (1930, 60). Entsprechend folgen auch die diagnostischen Befunde der Ärzte vornehmlich lokalen Prinzipien. Als ein Arzt den Schriftsteller und ehemaligen Medizinstudenten Trojan untersucht, konstatiert er „in meinen Lungen die Anwesenheit einer Anzahl von Tuberkeln" (1912, 56). Bei dem Pastoren Walther zeichnet der Arzt „mit Blaustift auf Brust und Rücken alle die Stellen der Lunge, die schadhaft seien" (1922, 76). Als die Tante des 13jährigen späteren Philosophen Nietzsche erkrankt, können die Ärzte den Grund der Krankheit zwar nicht bestimmen, sind sich aber darin sicher, daß es sich um eine Veränderung in der Lunge handelt (1924, 27). Die Arbeitertochter Hermann schreibt über ihren Vater, daß der Arzt „nichts mehr an der Lunge finden" konnte (Bühler 1927, 90). Das eine ist die Implikation des anderen, und so kann man davon ausgehen, daß sich die räumliche Konzeption der Krankheit und das physikalische Diagnoseverfahren gegenseitig verstärken.

Für das Arzt-Patient-Verhältnis hat die Verknüpfung der Gültigkeit von Diagnosen mit dem Verfahren der „gründlichen Untersuchung" zwei weitreichende Konsequenzen: Einmal verändert sich die Form, in der ärztliche Autorität repräsentiert wird. Im Anschluß an die Rhetorik von Kenneth Burke (1968) kann man sagen, die Definition der Diagnose verlagere sich von einer „agent-scene ratio" zu einer „agency-scene ratio", d.h. die Situation (scene) wird nicht mehr vorrangig durch den Bezug auf den Handelnden bestimmt, sondern durch die Art und Weise, in der er seine Handlung vollzieht. Es ist somit nicht mehr die individuelle Autorität, der „Ausspruch des Arztes", der durch das Ehrenwort und durch gegenseitige Bestätigung der beteiligten Ärzte verstärkt wird. Die ärztliche Kompetenz wird standardisiert: Im Prinzip können jetzt alle Ärzte als gleich kompetent gelten, wenn sie sich nur auf das gleiche Verfahren stützen. Zweitens kommt es auch hier zu einer Verschärfung der Differenz zwischen den Kompetenzen von Arzt und Patient. Da medizinische Wissensansprüche an ein spezifisches Verfahren geknüpft werden, das spezifische Kompetenzen und immer öfter auch Instrumente voraussetzt, sind diese Wissensansprüche von Seiten des Patienten nicht mehr autonom kontrollierbar. Dies dürfte auch ein entscheidender Grund für die angesprochene Ausdifferenzierung des ärztlichen Fachvokabulars sein.

Neue Praktiken: Die autobiographische Konstruktion therapeutischer Innovationen

Auch hinsichtlich der ärztlichen Behandlungsverfahren sind das späte 19. und das frühe 20. Jahrhundert eine Epoche des Wandels. Mit der Auflösung des humoralpathologischen Deutungssystems werden auch die damit verbundenen Behandlungsweisen diskreditiert. Das gilt vor allem für das bisherige Standardheilverfahren, die Blutentziehung. In Zukunft werden der Aderlaß oder das Anlegen von Blutegeln nur noch in wenigen Spezialfällen akzeptiert. Walther schreibt in seiner Autobiographie, daß der Aderlaß zurecht in Verruf geraten sei. Wie langsam diese Überzeugung sich ändert, wird jedoch daran deutlich, daß er dennoch sogleich erklärt, daß der plötzliche Blutverlust nach einem Unfall zu einer Stärkung seiner ganzen körperlichen Konstitution geführt habe (1922, 77). Derselbe Autor berichtet an anderer Stelle, wie er noch 1873 seiner sterbenden Mutter zu ihrer Beruhigung durch den Arzt eine Ader öffnen läßt (ebd., 173).

Auch eine Reihe medikamentöser Verfahren der Vergangenheit werden in den Autobiographien kritisiert. Diese Kritik knüpft an den schon um 1800 sichtbaren Gegensatz zwischen den natürlichen Selbstheilungskräften und den als widernatürlichen empfundenen Eingriffen des Arztes an. Hier liegen die Ansatzpunkte für medizinische Gegenkulturen, wie die Homöopathie, Naturheilkunde (Hydrotherapie) und Biochemie. Seit der Jahrhundertmitte entsteht in diesem Umfeld ein umfangreiches Vereinswesen, das neben skeptischen Ärzten auch von medizinkritischen Laien organisiert wird (vgl. Stollberg 1988). In seiner zwischen 1909 und 1911 erschienenen Autobiographie beschwört der Schriftsteller Ganghofer die Idee einer Selbstheilung der Krankheit durch die „Natur" des Kranken, wenn er über ein „typhöses Fieber" in den frühen 1870er Jahren schreibt: „Starker Hilfen bedurfte meine

Genesung nicht. Es tat da schon meine Natur das Ihre" (1966, 240). Auch in anderen Autobiographien ist eine gewisse Skepsis gegenüber Medikamenten unverkennbar. Ein Kollege Fischers in der Osnabrücker Staatseisenbahnwerkstatt „machte eine Milchkur, und anstatt Medizin bekam er täglich zwei Liter Milch" (Fischer 1904, II/272). Die Malerin Berend-Corinth, 1880 geboren, erzählt, wie ihr Vater sie als Kind ermuntert, den vom Arzt verordneten Lakritzensaft nicht einzunehmen: „was die Doktors brauen, ist olles Zeugs. Hier ist unsere Medizin". Er gibt dem Kind Rotwein (1950, 26). Der Chemieprofessor Emil Fischer berichtet, daß eine in den frühen 1890er Jahren erlittene Vergiftung „aller normalen ärztlichen Behandlung" spottet und erst die „Anwendung von Prießnitzumschlägen" - also ein naturheilkundliches Verfahren - ihm Erleichterung verschafft (1922, 140).

Innerhalb der Medizin hat die Diskreditierung traditioneller Heilmethoden zunächst zu einem Auseinanderklaffen theoretischer Erklärungsmodelle und praktischer Interventionsmöglichkeiten geführt, wie sie ideologisch im Wiener „therapeutischen Nihilismus" der 1840er Jahre seinen Niederschlag fand.[13] In der praktischen Medizin hat diese Entwicklung jedoch nie zu einer strikten Nichtintervention geführt. Immer wurden Medikamente verschrieben und diätetische Maßregeln angeordnet, sei es um Krankheiten zu kurieren, oder wenigstens, um ihre Folgen einzudämmen. Vor allem aber wird, entgegen den Prognosen des therapeutischen Nihilismus, die in Spezialdisziplinen ausdifferenzierte medizinische Forschung bald selbst zum Lieferanten eines neuen therapeutischen Wissens. Die bereits erwähnten neuen Operationstechniken, die nach der Einführung der Asepsis entwickelt werden, verschaffen der Medizin neue Interventionsmöglichkeiten. Immer mehr Krankheiten werden operativ behandelt. Mit der institutionellen Verankerung der Pharmakologie an den Universitäten gewinnt auch die labormäßige Herstellung neuer Medikamente an Bedeutung (vgl. Ridder 1991).

Ausführliche Beschreibungen dieser Verfahren sind in den zeitgenössischen Autobiographien selten. Auffällig ist jedoch die Art, in der die Laien auf

---

13 Den Wiener Kliniker Joseph Dietl (1804-1878) „ließ die große Skepsis gegenüber der therapeutischen Wirksamkeit vieler Medikamente der Zeit energisch für eine weitestgehende therapeutische Abstinenz plädieren" (Eckart 1990, 211).

veränderte Techniken zu sprechen kommen. Oft werden früheren Behandlungsmethoden neuere Praktiken als die überlegenen gegenübergestellt. Das dokumentiert nicht nur ein deutliches Bewußtsein für den Wandel medizinischer Behandlungspraktiken. Neu ist vor allem, daß das implizite Postulat eines „medizinischen Fortschritts" zunehmend als Interpretationsrahmen für die Bewertung ärztlichen Handelns fungiert. Dieser Aspekt steht im Vordergrund, wenn der Theologe Hahn über die Behandlung der Cholera in den 1860er Jahren schreibt, damals habe man viel weniger gewußt über „ihre Behandlung und über die Art und Weise, wie sie ansteckt" (o.J., 188). Vor dem Hintergrund des zur Zeit der Abfassung seiner Autobiographie als gültig anerkannten medizinischen Wissens berichtet er:

> „Der arme Kranke war von furchtbarem Durste gequält; aber es wurde aufs strengste angesagt, ihm höchstens alle halbe Stunde einen oder zwei Teelöffel voll gekochten Wassers zu geben. Eine geradezu grausame Vorschrift bei dem wahrhaft verzehrenden Durste, - und obendrein eine mörderische Vorschrift, da die Tödlichkeit der Cholera wesentlich darin besteht, daß alle Wasserteile des Blutes in den unaufhörlichen Durchfällen aus dem Körper ausgeschieden werden, so daß das Blut so dick und schwerfällig wird, daß das Herz erlahmt. Aber damals behandelte man so die Cholera" (ebd., 190).

Der Musiker Meinardus schreibt es der damaligen schlechten Heilmethode zu, daß eine Augenentzündung, die er als Kind erlitt, sehr lange dauerte und ihn „monatelang in einen völlig lichtleeren Raum bannte" (1874, 6). Auch das impliziert einen Bezug auf medizinischen Fortschritt, sagt er damit doch, daß die Krankheit heute schneller und mit weniger Unbequemlichkeiten kuriert werden könne. Über den Umgang mit Zahnschmerzen in den 1850er Jahren schreibt der spätere Präsident des Reichsversicherungsamtes Kaufmann: „Eine sachgemäße Behandlung der Zähne kannte man nicht. Das ganze Gesundheitswesen steckte noch in den Kinderschuhen" (1919, 46); eine Behauptung, die er auch auf die damaligen hygienischen Verhältnisse bezieht.

Vor allem im frühen 20. Jahrhundert sind manche Textstellen von deutlichem Optimismus getragen. Der Chemieprofessor Emil Fischer urteilt über einen chronischen Magenkatarrh der 1870er Jahre:

„... und auch die Ärzte verstanden damals von der Behandlung desselben recht wenig. Mit den schönen Methoden der Jetztzeit hätte ich in 4 bis 6 Wochen meine volle Gesundheit wieder erlangen können" (1922, 46).

Die Malerin Berend-Corinth schreibt über ihren Keuchhusten in den 1880er Jahren: „Diese gräßliche Kinderkrankheit wird heute kein Kind mehr plagen" (1950, 90). Der Pastor Hoffmann glaubt hinsichtlich der Wassersucht, an der seine Mutter 1845/46 darniederlag: „Jetzt würde man ihr durch Ovariotomie fast sichere Hülfe haben schaffen können -damals gab es keine Hülfe" (1900, 106). Aus seiner Kindheit in den 1850er Jahren berichtet Walther über seine tuberkulosekranke Schwester:

> „Ein neues Heilmittel war Mode geworden. 'Revalenta' war es getauft. Es enthielt die allernahrhaftesten Bestandteile der Hülsenfrüchte. Was wäre auch einleuchtender gewesen als die, deren Kräfte an der Schwindsucht dahinschwanden, so nahrhaft zu füttern, daß sie neue Kraft bekommen mußten! Aber meine arme Schwester hatte einen entsetzlichen Abscheu davor. Als ich ihr einst den Brei bringen mußte, flehte sie mich an, wenigstens ein paar Löffel davon für sie zu essen. Auf meine Einwendung, sie solle doch davon gesund werden, erwiderte sie: 'Ja, Mama, die glaubt Dr. Schulz noch immer, es könnte mir helfen. Aber das ist nicht wahr. Ich fühle jedesmal, daß es mir wie ein Stein im Magen liegt, und nachher bekomme ich den schrecklichen Durchfall!' Als ich mich noch weigerte, fuhr sie fort: 'Neulich hat Dr. Schulz selbst Papa erzählt, früher hätte man bei meiner Krankheit ein ganz anderes Mittel angewandt. Jetzt hätte man eingesehen, daß das nur alles verschlimmert hätte. Da habe ich mir gedacht, mit der Revalenta ist es wohl ebenso. Wenn sie mich und andere erst damit totgemacht haben, dann werden sie's wohl einsehen'" (1922, 52f.).[14]

Walther beschreibt weiter, wie er sich tatsächlich dazu überreden ließ, anstelle der Schwester den Brei zu essen. Deren Krankheit wurde immer schlimmer, schließlich starb sie. Aus der Distanz resümiert der Autor:

> „Welch ein Trost ist es heute für mich, zu wissen, daß alle Revalenta, die ich für sie verschlang, sie nicht vor dem Tode bewahrt, vermutlich nur noch eher ins Grab gebracht hätte. Denn es kam die Zeit, wo die Ärzte einsahen, daß

---

14 Revalenta oder Ervalenta oder Revalescière du Barry: „eine schwankende Mischung von Erbsen-, Linsen-, Wicken-, Hirsen- und Saubohnenmehl mit etwas Zucker und Kochsalz" als Tuberkulose-Heilmittel (Brockhaus, 14. A. 1898, Bd. 7, 672).

nicht das stärkt, was man genießt, sondern nur das, was der Magen verarbeiten kann" (Walther ebd., 53).

Die Wechselhaftigkeit solcher Bewertungen läßt sich anhand anderer Stellungnahmen zur Tuberkulosebehandlung in den Autobiographien weiter verfolgen. Auf dieselbe von Walther beschriebene Vorstellung, die Schwindsucht mit Nährmitteln zu behandeln, bezieht sich auch der Schriftsteller Bahr, der über den alten Hausarzt seiner Linzer Jugend in den 1860er Jahren spottet, er habe jeden, der nicht, wie dieser selbst, einen Kropf gehabt habe, für lungenkrank „und nur durch Überfütterung in schweißtreibend geheizten, vor jeder frischen Luft verstopften Zimmern" heilbar erklärt (1923, 51). Ein gutes Jahrzehnt nach der Entdeckung des Tuberkuloseerregers entwickelt Robert Koch 1890 das „Tuberkulin", ein Serum, mit dem er eine Heilung der Tuberkulose in Aussicht stellt. Noch in seiner 1917 erschienen Autobiographie führt der Theologe Keller den Tod seiner Tochter darauf zurück, daß dieses „neu erfundene Serum" noch nicht zu haben gewesen und, als man es erhalten habe, es bereits zu spät gewesen sei (1917, I/267). Jedoch erweist sich das Kochsche Heilmittel sehr bald als ein Fehlschlag, und mit den Sanatorien und Heilstätten tritt ein anderes Muster der Behandlung in den Vordergrund (vgl. Gorsboth/Wagner 1988). Ganz andere Wertungen erfährt das Tuberkulin daher in der Autobiographie des Malers Emil Nolde, bei dem ein Arzt in Berlin um 1890 „etwas leichtfertig" Lungenschwindsucht diagnostiziert. „Es war zu der Zeit, als Robert Koch den Tuberkelbazillus entdeckte, und mit seinem neuen Serum sollten alle Tuberkelkranken geheilt werden, die aber bei diesen ersten Versuchen alle den Weg des Todes gingen". Deshalb schreibt Nolde, daß er durch seine baldige Abreise in die Heimat „dem Serumtod entwichen" sei (1976, 38f.).

Die letzten Beispiele zeigen, wie wechselhaft die Definitionen des Fortschrittes sind, auf die die Autoren ihre Bewertungen beziehen. Die Autoren sind nicht so sehr Protokollanten eines sich unabhängig von ihnen vollziehenden Fortschrittes. Die vergleichende Gegenüberstellung von früher/heute wird vielmehr als eine rhetorische Strategie benutzt, durch die die Autoren sich in solcher Weise auf wahrgenommene Veränderungen ärztlicher Praktiken beziehen, daß diese als ein gerichteter Fortschrittsprozeß erscheinen. Das diskreditiert einerseits die zu dem früheren Zeitpunkt üblichen Behandlungsweisen und legitimiert andererseits den Deutungsrahmen, von dem der Autor zur Zeit der Niederschrift seiner Autobiographie ausgeht. Der „Fortschritt", wie er in diesen Texten thematisch wird, ist daher ein situatives Konstrukt, das an die Schreibsituation des Autors gebunden ist und sich mit dieser verändert.

Wenn die Laien ärztliche Praktiken zunehmend unter der Perspektive des „medizinischen Fortschritts" deuten, so hat das ähnliche Konsequenzen, wie sie im Zusammenhang mit der Spezialisierung und der Einführung neuer Diagnoseverfahren angesprochen worden sind. Die Grundlagen des ärztlichen Handelns werden nicht mehr den individuellen Attributen des Arztes zugerechnet. Differenzierungen in der ärztlichen Behandlungsweise werden nicht mehr, wie noch um 1800 üblich, auf unterschiedliche medizinische Richtungen oder individuelle Kompetenzen der Ärzte zurückgeführt. Letztlich muß sich der Glaube an die Rationalität der ärztlichen Praktiken aber in der Situation durchsetzen. Hierbei muß der „medizinische Fortschritt" sicher als eine bedeutsame Ressource veranschlagt werden. Dennoch stößt sich die Klarheit des Fortschrittskonzepts hier immer wieder an entgegenstehenden Erfahrungen. Wie die subversive Unbefangenheit der kleinen Schwester zeigt, die Walther beschreibt, ist die Flüchtigkeit des Fortschritts für die Gesellschaftsmitglieder in bestimmten Situationen einholbar.

Medizin und Lebensweise

Mit der Durchsetzung neuer medizinischer Praktiken beginnen sich die Schwerpunkte innerhalb der ärztlichen Behandlung zu verschieben: Während um 1800 in der diätetischen Anpassung des Patienten ein ganz entscheidender Faktor der Krankheitsbewältigung gesehen wurde, rücken mit der modernen Chirurgie und neuen Formen der Medikation immer mehr direkte medizinische Interventionen in den Vordergrund. Dennoch spielen diätetische Maßregeln auch im späten 19. und frühen 20. Jahrhundert weiterhin eine wichtige Rolle.

Noch ganz im Stile der alten Diätetik scheint jener Arzt zu handeln, von dem Nolde aus den 1920er Jahren berichtet: „sich zu schonen und hüten, Diät leben und vernünftig sein - das war sein Gebot!" (ebd., 356). Nolde selbst legt auf diese traditionellen Dimension ärztlichen Handelns Wert, was sich nicht zuletzt auch an seiner Unzufriedenheit über einen anderen Arzt zeigt, der seine Frau behandelt und „der aber nur mit Medikamenten ihr tröstend zu helfen suchte. Auf einem Tischchen stand die ganze Reihe der kleinen Giftnäpfchen, die sie und auch ich gar nicht leiden mochten" (ebd., 106).

Wenn Ärzte um 1900 ihren Patienten Verhaltensmaßregeln geben, so handeln sie nicht mehr ungebrochen in der Tradition der alten Diätetik. Inhalt und Formen ärztlicher Ratschläge haben sich gewandelt. So treten an die Stelle allgemeiner Mahnungen zur „Mäßigkeit" in der Lebensordnung seit der Mitte des 19. Jahrhunderts Verbote von Tabak und Alkohol, denen früher durchaus heilsame Wirkungen zugesprochen wurden, die jetzt aber als gesundheitsschädlich eingestuft werden.[15] Solche sehr spezifischen Anordnungen lassen dem Patienten kaum noch Raum für eine aktive Anpassung an seine Lebenspraxis. In vielen Fällen steht der ärztliche Rat daher im Gegensatz zu den Lebensgewohnheiten des Patienten. Der Chemieprofessor Emil Fischer berichtet, daß der Arzt seinem Vater den Genuß alkoholischer Getränke untersagte - ein Ansinnen, das der Patient zurückweist, indem er auf das hohe Alter verweist, das er mit seiner gewohnten Lebensweise erreicht hat (1922, 25). Der Schneider und sozialistische Emigrant Leßner schreibt, daß sich Karl Marx auf Anraten des Arztes das Rauchen abgewöhnen soll (1975, 177). Der Präsident des Reichsversicherungsamtes Kaufmann beschreibt am Beispiel seiner Tante, wie neue ärztliche Anordnungen auf ältere diätetische Überzeugungen prallen:

„Sie schnupfte nämlich und rauchte Zigarren, was selbst bei Männern über die vormärzlichen Zeiten hinaus als unschicklich galt. In den Erinnerungen Leopold von Gerlachs habe ich einmal von einer 'wirklich krassen Kölner Geschichte' gelesen, die darauf hinauskam, daß Gerlach bei einem feierlichen Antrittsbesuche, den er dem Reichsverweser Erzherzog Johann in Köln abstattete, diesen im Gasthause mit seiner Umgebung 'Zigarren rauchend' gefunden hatte. Irre ich nicht, so hat der Tante in jungen Jahren Berthold Auerbach das Rauchen als Mittel gegen Zahnweh empfohlen. In einem Stammbuchblätt-

---

15 Alkoholgenuß wurde erst zu Mitte des 19. Jahrhunderts als Sucht im medizinischen Diskurs thematisiert (vgl. Sournia 1990; Spode 1991). Zuvor war er eher Thema des allgemeinen Mäßigkeitsdiskurses.

chen aus dem November 1840 beglückwünscht er sie, 'daß sie durch Leiden dem rauchenden Teile des menschlichen Geschlechts sein Monopol und sein Regal entzogen habe und nun auch mit einem dampfenden Gemüte Mitfreude empfinden könne.' Obgleich unser Hausarzt, den wir gelegentlich darüber befragten, meinte, mit dem von Auerbach erteilten Rat sei es dummes Zeug, ließ sich die Tante nicht abhalten, zu ihrem Mittel zu greifen, wenn Zahnschmerz sie wieder plagte" (Kaufmann 1919, 46).[16]

Ganz neue Probleme für die ärztliche Diätetik tauchen im Zusammenhang mit der Medikalisierung der Arbeiterschaft auf. Die alte bürgerliche Diätetik hatte die Bauern ausdrücklich als Adressaten ausgeklammert, da deren einfachere Lebensweise ohnehin die gesündere sei. Anders ist die Situation bei den Arbeitern, die im späten 19. Jahrhundert zunehmend in die Arztpraxen und Krankenhäuser kommen. Deren Lebensweise wird von den Ärzten nicht mehr als gesund definiert. So muß der junge Osterroth seine Arbeit in der Fabrik aufgeben, da der Arzt sie ihm verbietet, nachdem sich ernste gesundheitliche Folgen eingestellt hatten (1980, 47).

Die Grenzen solcher an Patienten aus dem Industrieproletariat gerichteten Ratschläge werden jedoch an der folgenden Schilderung von Popp deutlich. Sie arbeitet als 14jährige in den 1880er Jahren in einer Bronzefabrik. Als sie von einer schweren Ohnmacht befallen wird, kommt sie ins Krankenhaus:

„Man fand mich im höchsten Grade unterernährt und blutleer und riet mir, viel Bewegung in frischer Luft zu machen und mich gut zu ernähren. Das waren die Heilungsmittel, die der berühmte Kliniker empfahl. Wie sollte ich seine Anordnungen befolgen? - Alles, was ich bisher an Entbehrung, Arbeit und Kränkung durchgemacht hatte, wurde durch die folgenden Zeiten weit übertroffen. In die Bronzefabrik sollte ich nicht mehr zurück, diese Beschäftigung sei Gift für mich, hatten die Ärzte erklärt. Nun sollte ich wieder Arbeit suchen, nachdem meine Gesundheit gebessert schien. Ich lebte aber in beständiger Furcht. Ich fürchtete mich, einen Schritt allein vor die Türe zu machen, immer und immer hatte ich das Gefühl, wieder bewußtlos zu werden. Sterben zu können, war mein sehnlichster Wunsch. Ich mußte aber Arbeit suchen. Wenn ich Arbeit fand und den Posten angetreten hatte, kam die Angst über mich. Die

---

16 Berthold Auerbach (1812-1882), liberaler jüdischer Schriftsteller. Leopold von Gerlach (1790-1861), preußischer General und konservativer Politiker. Erzherzog Johann von Österreich (1782-1852) wurde 1848 von der Nationalversammlung zum Reichsverweser gewählt.

Mittagszeit brachte ich jetzt in einem Parke zu, ich sollte ja viel in guter Luft sein: dort nahm ich auch meine Mahlzeit ein, Obst und Brot oder ein Stück Wurst - die 'gute Nahrung', die mir die Ärzte empfohlen hatten. Sie war jetzt spärlicher als früher, da ich ja einige Wochen nichts verdient hatte und der im ersten Schrecken geholte Arzt und die Apotheke bezahlt werden mußten. Die Krankenversicherungspflicht war damals noch nicht eingeführt" (Popp 1912, 41f.).

Hier gehen die ärztlichen Ratschläge vollkommen an der Lebenssituation der Patientin vorbei, sie ist Zwängen ausgesetzt, die ihr eine entsprechende Verhaltensänderung nicht erlauben. Zwar geht sie nicht wieder in die Bronzefabrik zurück und findet stattdessen Arbeit in einer Metalldruckerei. Ansonsten aber kann sie den ärztlichen Anordnungen nur sehr lückenhaft folgen, weil ihr die entsprechenden sozialen und ökonomischen Ressourcen fehlen. Ärztliche Maßregeln fungieren in dieser Situation also eher als eine Art „victim blaming", durch das der Patient für strukturelle Probleme individuell verantwortlich gemacht wird. Die Übernahme ärztlicher Definitionen führt daher bei der Patientin eher zu schlechtem Gewissen und Hilflosigkeit, als zu einer tatsächlichen Veränderung der Lebenssituation.

Die Konsolidierung medizinischer Expertenautorität

Die angeführten Veränderungen in der Bewertung laienmedizinischer Praktiken, der ärztlichen Kompetenz, der Diagnose und der therapeutischen Praktiken des Arztes führen insgesamt zu einer Verlagerung der Definitionsmacht aus der Sphäre des Patienten und anderer Laien in die Sphäre des Arztes. Wie sich das auf die Krankheitsbewältigung innerhalb der Arzt-Patient-Interaktion auswirkt, zeigt sehr gut die folgende Episode, die der Theologe und Reichstagsabgeordnete Julius Wiggers in seiner bereits zitierten Autobiographie wiedergibt. Schon länger von Heiserkeit geplagt, wird er 1881 während einer Reichstagssitzung von seinem Nachbarn, dem Mediziner Virchow, dringend aufgefordert, diese Angelegenheit nicht zu vernachlässigen und sich deswegen an einen Spezialarzt zu wenden. Der von Virchow empfohlene Spezialist Fränkel diagnostiziert einen Tumor an einem Stimmband. Kleinere operative

Eingriffe Fränkels verschaffen zwar zeitweise Linderung, dennoch muß der in Rostock lebende Wiggers wiederholt nach Berlin kommen und sich weiter behandeln lassen. Im März 1884 bildet sich eine zusätzliche Geschwulst am Hals, die Wiggers jetzt von einem Rostocker Arzt behandeln läßt, der aber von Fränkel einen Bericht über den bisherigen Verlauf des Kehlleidens erhält. Da diesem Arzt ein komplizierterer chirurgischer Eingriff unumgänglich erscheint, erfolgt einige Zeit später im Krankenhaus die Operation (1901, 360).

Der Arzt agiert nicht mehr - wie um 1800 - im Hause des Patienten, sondern umgekehrt wird dieser in ein medikalisiertes Milieu überwiesen - zunächst in die Praxis Fränkels und später sogar in das Krankenhaus, eine Institution, die um 1800 noch weitgehend den sozialen Unterschichten vorbehalten war (s.o. Kapitel 5). Die Krankheitserfahrung der Betroffenen wird damit weniger durch deren Alltagskontext bestimmt, als durch die Imperative ärztlicher Arbeitsorganisation. So beschreibt Wiggers seine Aufenthalte bei Fränkel:

„Diese Episoden waren freilich wenig angenehm und vergnüglich, da sich Alles den ganzen Tag über lediglich um die von dem Arzte gegen meine Kehle zu richtenden Angriffe drehte. Vormittags pflegte ich der Ruhe, Nachmittags 2 Uhr stellte ich mich im Vorzimmer des Dr. Fränkel ein, wartete in schweigsamen Verein mit anderen Leidenden auf den Augenblick, wo die Reihe der Berufung in das Operationszimmer mich traf, und hatte nach Bestehung der Operation dann oft nochmals zu warten, um nach einer Pause der Erholung von Neuem das Eisen oder das Feuer in meiner Kehle walten zu lassen" (1901, 360).

Hinsichtlich der zur Krankheitsbewältigung getroffenen Maßnahmen fällt auf, daß Wiggers keinerlei eigene diätetische oder selbstmedikative Maßnahmen erwähnt, wie sie bei den bildungsbürgerlichen Patienten um 1800 häufig waren. Da der Bericht insgesamt sehr ausführlich auf die Details der Behandlung eingeht, dürfte dies dem realen Ablauf entsprechen. Diagnose und Therapie fallen ganz in die Kompetenz des Arztes. Das Handeln des Patienten reduziert sich auf den passiven Mitvollzug der ärztlichen Anordnungen. Das gilt von Anfang an: während Wiggers seine Heiserkeit zunächst hinzunehmen scheint und sich offenbar nicht als krank definiert, wird sie überhaupt erst durch die Warnung Virchows, also eines Arztes, zum Problem.

Wiggers' spontane Übernahme der ärztlichen Situationsdefinition spricht für eine selbstverständliche Anerkennung des den eigenen Deutungen überlegenen Rationalitätsanspruchs medizinischen Wissens. Indem er sich einen Spezialarzt empfehlen läßt, nimmt er darüber hinaus auch die bereits ausgebildeten internen Differenzierungen medizinischer Kompetenz als gegeben hin, deren rationale Bewertung er aber ebenfalls eher einem Arzt zutraut, als sich selbst. Er vertraut hier auf Virchows Rat, ohne beispielsweise erst die Empfehlung eines Patienten einzuholen, der einmal von einem Spezialarzt behandelt worden ist.

Auch in der darauffolgenden Interaktion mit Fränkel setzt Wiggers allein auf sein „unbedingtes Vertrauen zur ärztlichen Bildung und Geschicklichkeit des Dr. Fränkel" (1901, 360). Anders als etwa im Falle des Königsberger Gelehrten Baczko um 1800, der sich in medizinische Theorien einlas, die er zum Teil durch eigene Experimente am eigenen Körper überprüfte (s.o. Kapitel 3), bleibt das Wissen über die Krankheit hier das Privileg des Arztes. So wird der Rostocker Arzt, der Wiggers zuletzt behandelt, nicht von diesem selbst über seine bisherige Krankengeschichte informiert, sondern durch den schriftlichen Bericht Fränkels. Auch an der wissenschaftlichen Ausbeutung seines Falles - Fränkel hält über Wiggers Krankheit einen Vortrag, der auch in einer Fachzeitschrift veröffentlicht wird - ist Wiggers nur durch die Nachreichung einiger persönlicher Daten beteiligt. Wiggers' persönlicher Kontakt zu Virchow, einige Privilegien, die Fränkel ihm in seiner Praxis einräumt, oder auch die Möglichkeit, den Zeitpunkt der Operation im Rostocker Krankenhaus wegen einer Familienfeier hinauszuschieben - all das mögen Bedingungen sein, die für Unterschichtangehörige der Zeit kaum vorstellbar sind. Das Arzt-Patient-Verhältnis bleibt differenziert durch die Strukturen sozialer Ungleichheit. Jedoch haben sich die Spielregeln der Interaktion verändert: dem Patienten kommen kaum noch eigenständige Gestaltungsmöglichkeiten zu. Die Interaktion von Arzt und Patient orientiert sich fortwährend an einer Demarkationslinie spezifischer Zuständigkeiten, die den „medizinischen" Kern von Diagnose und Therapie allein der Gestaltung durch den Arzt überläßt. Die zu Anfang des Jahrhunderts noch klientendominierte Medizin hat sich zu einer professionsdominierten gewandelt, die durch ärztliche Definitionsmacht über die Krankheit und ihre Behandlung gekennzeichnet ist.

Kapitel 7:
Schlußfolgerungen

Im Anschluß an die Medizinkritik Illichs (1983) ist oft unterstellt worden, daß der gesellschaftliche Erfolg der Medizin zu einer tendenziellen Austrocknung krankheitsbezogener Kompetenzen geführt habe und die Laien von einer ständig expandierenden Alleinzuständigkeit des medizinischen Experten abhängig gemacht habe (Huerkamp 1985; Ferber 1989). Andere haben dem widersprochen und behauptet, es habe vielmehr vorher schon eine entsprechende Nachfrage der Patienten nach einer besseren medizinischen Versorgung gegeben, auf die die Medizin mit der Ausweitung ihres Dienstleistungsangebotes nur reagiert habe (Gelis 1988; Faure 1990; Loetz 1993). Der Prozeß der „Medikalisierung", dem die modernen westlichen Gesellschaften seit dem ausgehenden 18. Jahrhundert unterworfen sind, ist jedoch sehr viel verwickelter, als daß er sich einfach negativ als imperialistische Verdrängung alternativer Denk- und Handlungsformen oder positiv als Erfüllung eines an die Medizin herangetragenen Bedarfs charakterisieren ließe. Er vollzog sich in Form vielfältiger kultureller Aushandlungsprozesse, in denen die Problemlösungsangebote der sich professionalisierenden Medizin und die kulturellen Kategorien, in denen die Patienten ihre Bedürfnisse artikulierten, sich wechselseitig aufeinander bezogen, sich durchdrangen und umdefinierten. Sowohl die Krankheit als kulturelles Objekt wie auch die sozialen Figuren des Arztes und des Patienten, mit ihren spezifischen Abhängigkeiten und Zuständigkeiten, wurden damit auf eine völlig neue auf neue Weise bestimmt. In den vorangegangenen Kapiteln haben wir versucht, anhand autobiographischer Zeugnisse einen Teil dieses Prozesses zu beschreiben. Die Einblicke in die historische Welt des Patienten, die dieses Quellenmaterial bot, waren notwendigerweise fragmentarisch, und es ist nicht leicht, in ihrer Vielfalt ein übergreifendes Gesamtbild vom sozialen und kulturellen Umgang mit Krankheit in dieser Zeit zu erkennen. Außerdem haben wir manche Fragen, die für ein umfassendes Verständnis des Umgangs mit Krankheit in diesem Zeitraum wichtig wären, nicht oder nur am Rande berücksichtigt. Dies gilt etwa für die religiösen Praktiken im Umfeld von Krankheit, für die Rituale des Sterbens und den Umgang mit Toten, für die Geschichte der Geburtshilfe oder der Psychiatrie mit ihren je spezifischen Problemen der Medikalisierung. Dazu kommen die eingangs angesprochenen Restriktionen, die mit der gattungsspezifischen und sozialstrukturellen Selektivität der Autobiographien zusammenhängen. Dennoch lassen sich anhand der Quellen einige Grundtendenzen ausmachen, die die sich wandelnden Beziehungen zwischen Krankheit und Medizin betreffen:

1. Unsere hat Untersuchung gezeigt, daß die Kultur der Krankheit keineswegs allein durch die Entwicklung der Medizin bzw. des Gesundheitssystems in diesem Zeitraum bestimmt wurde. Die Wahrnehmung von Krankheit und die Art ihrer Bewältigung durch Laien war immer mindestens ebensosehr von ihrem milieuspezifischen Habitus und ihren sozioökonomischen Ressourcen bestimmt, wie durch den medizinischen Diskurs ihrer Zeit. Im kulturellen Umgang mit Krankheit und seinem historischen Wandel spiegeln sich daher auch die allgemeineren Umwälzungen, denen die gesellschaftlichen Lebensbedingungen der Gesellschaft unterlagen: die Entstehung des Bürgertums mit den ihm eigenen Lebensstilisierungen, die Verstädterung, die Industrialisierung und das Entstehen einer modernen Industriearbeiterschaft.

2. Allerdings ist es deutlich geworden, daß die Relevanz der Medizin für die Bewältigung von Krankheiten während des Untersuchungszeitraums zugenommen hat. Von dem Bemühen um Erklärungen, der akribischen Aufmerksamkeit für Gesundheit in der alltäglichen Lebenssphäre und den detaillierten Beschreibungen von selbstmedikativen Maßnahmen und Heilerkontakten ist in den Autobiographien des ausgehenden 19. Jahrhunderts nicht mehr viel zu finden. An die Stelle des ausführlichen Räsonnierens über Krankheit und ihre Ursachen tritt eine relativ enge Orientierung an den ärztlichen Diagnosen. Der Bereich der selbstmedikativen Maßnahmen verliert vom 18. bis zum frühen 19. Jahrhundert ganz offenkundig an Bedeutung bzw. besteht nur noch im Bereich der sozialen Unterschichten fort.

Zumindest für die Bevölkerungsschichten, von denen autobiographische Zeugnisse überliefert sind, hat der Arztkontakt im Krankheitsfall immer eine gewisse Selbstverständlichkeit besessen. Was sich in dieser Hinsicht verändert hat, sind jedoch die sozialen Konturen, in denen er sich vollzog. Der medizinische Pluralismus zu Beginn unseres Untersuchungszeitraums gab den Patienten stets eine Vielzahl an therapeutischen Optionen an die Hand, sowohl zwischen unterschiedlichen Ärzten als auch nichtärztlichen Heilpersonen: es handelte sich weitgehend um eine klientendominierte Medizin. Dagegen ist unübersehbar, daß der Spielraum für solche Wahlen im 20. Jahrhundert weit geringer ist. Der Professionalisierung der Medizin entspricht in der Wahrnehmung der Laien eine tendenzielle Standardisierung der Ärzte und ihrer Praktiken, die Differenzen zwischen den Kompetenzen verschiedener Ärzte in den Hintergrund treten ließ. Das muß nicht heißen, daß diese faktisch nicht weiter bestünden oder sich in manchen Bereichen sogar verschärften. Aber die Art, in der sie sich dem Patienten präsentieren, gibt ihnen, wie wir am Beispiel der Kategorien des Spezialarztes, des Fortschritts und der gründlichen Untersuchung gezeigt haben, zumindest nach außen eine universelle Gestalt. Auch bedeutet die Zentrierung auf die Arzt-Patient-Beziehung, daß nichtärztliche Heiler kaum noch in diesen Handlungsrahmen einzubinden sind. Anders als beim Kontakt mit Wundärzten, Somnambulen oder auch homöopathischen Ärzten zu Beginn unseres Untersuchungszeitraums, handelt es sich bei dem mit Alternativheilern des späteren 19. Jahrhunderts, mit „Naturärzten" zum Beispiel, bereits um einen bewußten Schritt in Richtung auf eine medizinische Gegenkultur.

3. Verändert hat sich aber nicht nur die Bedeutung, die dem Arztkontakt im Verhältnis zu anderen Formen der Krankheitsbewältigung zukommt, sondern auch der soziale Rahmen, in dem sich dieser vollzieht. Der Arztkontakt war bis in weit in das 19. Jahrhundert hinein Bestandteil einer komplexen sozialen Szenerie, die gleichermaßen von Ärzten, Patient und umstehendem „Publikum" bestimmt wurde, und er läßt sich daher mit der modernen Kategorie der „Arzt-Patient-Beziehung" auch nur unzureichend charakterisieren. Das ändert sich erst mit den in den letzten beiden Kapiteln verfolgten Entwicklungen. Erst jetzt entwickelt sich eine auf die polare Kerndyade von Arzt und Patient

zentrierte therapeutische Beziehung. Sowohl im Krankenhaus als auch in der ambulanten Sprechstundenpraxis ist der Patient aus seinen alltäglichen Handlungsbezügen herausgelöst. Das hat unmittelbare Folgen für die Machtverhältnisse zwischen Arzt und Patient: in diesen primär medizinischen Handlungskontexten ist der Patient institutionellen Regulierungen unterworfen und verliert die umfassende Kontrolle, die ihm - zusammen mit den „Umstehenden" - um 1800 noch zukam.

4. Eine weitere Entwicklungstendenz betrifft einen Aspekt, den man in Anlehnung an Schütz/Luckmann (1975, 363) als die „soziale Verteilung" kulturellen Wissens über die Krankheit bezeichen kann: bis in die Mitte des 19. Jahrhunderts hinein waren die Grenzen zwischen Experten- und Laienkompetenz noch sehr viel durchlässiger. Man denke an die Souveränität, mit der Patienten wie Baczko sich das medizinische Wissen ihrer Zeit aneigneten, und die vielen Einsprüche, mit denen sie sich, und das ist das entscheidende, häufig in akzeptierter Weise in die ärztliche Krankenbehandlung einmischten. Den Unterschieden zwischen den Ärzten, die mit unterschiedlichen Erklärungsangeboten und Kurmethoden um den Kranken konkurrierten, kam im Umgang mit der Krankheit eine mindestens ebenso große Bedeutung zu, wie denen zwischen Experten und Laien. Das gilt jedenfalls für diejenigen Bevölkerungsschichten, die die meisten autobiographischen Zeugnisse hinterlassen haben. Allerdings zeigen die gelegentlichen Einblicke in das medikale Verhalten der sozialen Unterschichten, daß in diesem Teil der Laienkultur eine hohe soziale Distanz zum Arzt bestand. Darin scheint sich eher der Gegensatz zwischen der an aufklärerischen Leitbildern orientierten bürgerlichen Kultur und der traditionellen Volkskultur bemerkbar zu machen, als der zwischen Experten und Laien. Das ändert sich mit den in den letzten zwei Kapiteln beschriebenen Entwicklungen. Zunächst gegenüber den Unterschichten bildet sich in den Hospitälern eine klare Trennung zwischen Experten- und Laienkompetenzen aus, die sich in der Aufspaltung des Vokabulars und einer immer mehr durch den Primat des ärztlichen Blicks bestimmten Interaktionsweise ausdrückt.

5. Dennoch kann von einem generellen Kompetenzverlust hierbei nicht die Rede sein: Frühere Kompetenzen sind nicht schlichtweg verlorengegangen. Was damals in den Autobiographien verhandelt wurde, hat zum Teil ein bis heute spürbares kulturelles Erbe hinterlassen. Humoralpathologische Metaphern oder die „Nerven" als Kernsymbole lassen sich bis heute im Alltagsvokabular der Laien ausmachen. Nur hat sich ihr Stellenwert verändert. Wenn sie in den Autobiographien nicht mehr auftauchen, so ist das eher darauf zurückzuführen, daß in Zusammenhängen, wo es um eine „ernsthafte" Krankheit geht, den neueren, von der Medizin übernommenen oder dem Arzt zugeschriebenen Erklärungsmodellen eine höhere Rationalität beigemessen wird. Ähnliches läßt sich von vielen der diätetischen Praktiken behaupten, auf die die Laien bis in das frühe 19. Jahrhundert hinein soviel Aufmerksamkeit verwandten. Die „Bewegung in freier Luft" etwa ist als Spaziergang zu einer trivialen Alltagskompetenz geworden. Die Reglementierung des Essens durch das Mäßigkeitsgebot scheint weniger verschwunden zu sein, als daß sie einer immer subtiler werdenden Kodifizierung und Zivilisierung des Essens Vorschub leistete (vgl. Mennell 1986 und Heim 1992). In diesen Fällen handelt es sich weniger um einen Verlust der in den frühen Autobiographien verhandelten Praktiken und Kompetenzen, als um deren Veralltäglichung, die ihr ihre Kommentarbedürftigkeit im autobiographischen Diskurs genommen hat.

6. Der Differenzierung von Experten- und Laienwissen steht schließlich auch eine Tendenz zunehmender Rezeption medizinischen Wissen durch Laien gegenüber. Wie das Beispiel der Bakteriologie gezeigt hat, besteht das jedoch keinesfalls in der bloß passiven Übernahme medizinischer Begriffe und Erklärungsmuster. Auch in dieser Hinsicht bleibt die Autonomie der Laienperspektive insofern gewahrt, als es die kontextspezifischen Relevanzsysteme des Patienten selbst sind, nach denen dieses Wissen aufbereitet und situationsspezifisch angeeignet wird. Der „Einfluß" des medizinischen Wissens ist insofern niemals direkt, sondern unterliegt einer Transformation durch die Alltagskultur der Laien. Daher kann von einem generellen Kompetenzverlust der Laien, wie er von einigen Theoretikern der Medikalisierung behauptet wird, nicht ausgegangen werden. Allerdings besteht ein wichtiger Unterschied zur Gebrauchsweise medizinischen Wissens durch Laien zu Beginn des 19.

Jahrhunderts. Die neu übernommenen medizinischen Deutungsmuster dienen den Laien nicht mehr dazu, von der Medizin unabhängige eigene Handlungsstrategien zu entwickeln. Das zeigt das Beispiel bakteriologischer Erklärungsmodelle. Da kein Laie über die Kompetenzen und materielle Infrastruktur zur Identifizierung von Bakterien verfügt, verweist ihn ein entsprechendes Erklärungsmodell immer wieder auf die ärztliche Kompetenz. Solch neu übernommenes medizinisches Wissen bekommt somit immer mehr die Funktion eines „Verweisungswissens" (Sprondel 1979), das eher dazu dient, gesundheitliche Probleme zu identifizieren und ärztlicher Begutachtung zu unterwerfen, als daß es zu einer selbständigen Bewältigung von Krankheit befähigte.

Der Zeitraum vom ausgehenden 18. bis zum frühen 20. Jahrhundert war eine Periode des Übergangs. Damals wurden weitreichende Weichenstellungen getroffen, die den gesellschaftlichen Umgang mit Krankheit bis heute bestimmen. Viele Entwicklungen, denen die Beziehung zwischen Krankheit und Medizin seither unterworfen ist, können in gewisser Weise als Fortführungen der von uns beschriebenen Tendenzen beschrieben werden: die gesellschaftliche Zuständigkeitserweiterung der Medizin, die Differenzierung von Experten- und Laienwissen, die Vermachtung der Arzt-Patient-Beziehung, die Durchdringung des Alltagswissens mit immer neuen medizinischen Konzepten - all dies sind Prozesse, die auch die Medizin des 20. Jahrhunderts bestimmen und deren Ende noch längst nicht abzusehen ist. Vielleicht kann der Rückblick auf ihre historischen Ausgangspunkte auch zu einem besseren Verständnis dieser Entwicklungen und ihrer Dynamik beitragen.

Literaturverzeichnis

a) Quellen

Adler, E., 1912: Selbstbiographie. In: A. Popp (Hg.): Gedenkbuch 20 Jahre österreichische Arbeiterinnenbewegung, Wien

Anneke, M.F. 1980: Matilde Franciska Anneke in Selbstzeugnissen und Dokumenten, hg.v. Gisela Brinker-Geibler, Frankfurt a. M.

Arneth, A. R.v., 1891: Aus meinem Leben (1819-1849), Band 1: Die ersten 30 Jahre, Wien

Arneth, A. R.v., 1892: Aus meinem Leben (1850-1890), Band 2: Von dreißig zu siebzig, Wien

Asmist, E., 1883: Aus dem Leben eines erblindeten evangelischen Geistlichen, Berlin

Averdieck, E., 1908: Bd.I: Lebenserinnerungen, hg.v. Hannah Gleis, Hamburg 5.A.

Averdieck, E., 1912: Bd.II: Diakonissenmutter, Hamburg

Baczko, L.v., 1824: Geschichte meines Lebens, 3 Bde. Königsberg

Baer, K.-E. v., 1912: Eine Selbstbiographie, Leipzig/Riga

Baggesen, J., 1985: Das Labyrinth oder Reise durch Deutschland in die Schweiz - 1789, Leipzig/Weimar

Bahr, H., 1923: Selbstbildnis, Berlin

Bahrdt, C.F., 1922: Geschichte seines Lebens, seiner Meinungen und Schicksale, hg. v.Felix Hasselberg, Berlin

Baumann, P.E., o.J.: Zeitbilder aus meinem Leben, Berlin

Bebel, A., 1910: Aus meinem Leben, Stuttgart

Belli, J., 1978: Die rote Feldpost unterm Sozialistengesetz, hg.v. Hans J. Schütz, Berlin/Bonn (zuerst 1912))

Benzler, W., 1922: Erinnerungen aus meinem Leben, Beuron

Berend-Corinth, Ch., 1950: Als ich ein Kind war, Hamburg

Bergg, F., 1913: Ein Proletarierleben, hg.v. Nikolaus Walter, Frankfurt a.M.

Bernstorff, E.v., 1897: Ein Bild aus der Zeit von 1789 bis 1835. Aus ihren Aufzeichnungen, 2 Bde. Berlin

Beyschlag, W., 1896: Aus meinem Leben. Erinnerungen und Erfahrungen der jüngeren Jahre, Halle

Bischoff, Ch., 1916: Bilder aus meinem Leben, Berlin

Blaas, K., 1876: Selbstbiographie des Malers Karl Blaas, 1815-1876, Wien

Blum, R., 1878: Ein Zeit- und Charakterbild für das deutsche Volk, von Hans Blum, Leipzig

Bohlen, P.v., 1840: Autobiographie, hg. v. Johannes Voigt, Königsberg

Bosse, R., 1904: Aus der Jugendzeit, Leipzig

Boyen, H.v., 1953: Erinnerungen 1771-1813, Berlin

Bräker, U., 1965: Der arme Mann im Toggenburg, hg. v. H.H. Füßli, München

Braun, L., 1909/1911: Memoiren einer Sozialistin, 2 Bde., München

Bretschneider, K.G., 1851: Aus meinem Leben, Gotha

Bromme, M.Th.W., 1971: Lebensgeschichte eines modernen Arbeiters, Frankfurt a.M., (1905)

Bronner, F.X., 1795: Leben, von ihm selbst beschrieben, 3 Bde., Zürich

Buechsel, K., 1865-1885: Erinnerungen aus dem Leben eines Landgeistlichen, 4 Bde., Berlin

Bühler, Ch. (Hg.), 1927: Zwei Mädchentagebücher, Jena

Bülow, G.v., 1895: Ein Lebensbild. Aus Familienpapieren Wilhelm v.Humboldt's und seiner Kinder 1791-1887, Berlin

Büsch, I.G., 1794: Ueber den Gang meines Geistes und meiner Taetigkeit, Hamburg

Burdach, K.F., 1848: Rückblick auf mein Leben. Selbstbiographie, Leipzig

Cabanis, P.J.G., 1804: Ueber die Verbindung des Physischen und Moralischen in dem Menschen, übers. v. Ludwig Heinrich Jacob, 2 Bde. Halle/Leipzig (frz. 1796/1802)

Cabanis, P.J.G., 1956: Rapports du physique et du moral de l'homme. In: Oeuvres philosophiques de Cabanis, hg. v. Claude Lehec/Jean Cazeneuve, I., Paris, 105-631

Carus, C.G., 1969: Lebenserinnerungen und Denkwürdigkeiten, hg. v. Elmar Jansen, Weimar 2 Bde. (zuerst 2 Bde. 1865/66)

Chézy, H.v., 1858: Unvergessenes, Leipzig

Christ, L., 1970: Erinnerungen einer Überflüssigen, München

Claudius, M., 1986 (1774): Asmius omnia sua secum portans, oder sämtliche Werke des Wandsbecker Bothen, Erster und zweiter Theil, Wiesbaden

Clausewitz, K.v. und M.v., 1916: Ein Lebensbild in Briefen und Tagebuchblättern, Berlin

Clefeld, E., 1910: Der philosophierende Vagabund. Lebensbeichte eines Wanderkomödianten, Stuttgart

Conzett, V., o.J.(1929): Erstrebtes und Erlebtes. Ein Stück Zeitgeschichte, Leipzig/ Zürich

Corvin, O.v., 1880: Erinnerungen aus meinem Leben, 4 Bde., Leipzig

Creuzer, F., 1848: Aus dem Leben eines alten Professors, o.O.

Crome, A.F.W., 1833: Selbstbiographie. Ein Beitrag zu den gelehrten und politischen Memoiren des vorigen und gegenwärtigen Jahrhunderts, Stuttgart

Dahn, F., 1890-95: Erinnerungen, 4 Bde., Leipzig

Damaschke, A., 1924: Aus meinem Leben, Leipzig/Zürich

Delbrück, R.v., 1905: Lebenserinnerungen, 2 Bde., Leipzig

Denner, J., 1860: Das Leben des württembergischen Pfarrers Johannes Denner, Hamburg

Dennert, E., o.J. (1937): Hindurch zum Licht! Erinnerungen aus einem Leben der Arbeit und des Kampfes, Stuttgart

Deussen, P., 1922: Mein Leben, hg.v. Erika Rosenthal-Deussen, Leipzig

Devrient, Th., 1905: Jugenderinnerungen, Stuttgart

Dinter, G., 1829: Dinter's Leben, Neustadt

Eberty, F., 1925: Jugenderinnerungen eines alten Berliners, Berlin

Ebrard, A., 1888: Lebensführungen in jungen Jahren, Gütersloh

Engels, F., 1979: Die Lage der arbeitenden Klassen in England, Berlin

Engel von Langwies, R., 1825: Die schweizerische Amazone, Teil I, St.Gallen

Engel von Langwies, R., o.J.: Die schweizerische Amazone, Teil II, St.Gallen

Ermatinger, E. 1943/1945: Richte des Lebens, 2 Bde. o.O.

Ernst, O., 1904 (d.i. Schmidt, O.E.): Asmus Sempers Jugendland. Der Roman einer Kindheit, Leipzig

Ernsthausen, K.A.E.v., 1894: Erinnerungen eines preußischen Beamten, Bielefeld/Leipzig

Eulenberg, H., o.J. (1952): Im Doppelglück von Kunst und Leben, Düsseldorf

Falke, J.v., 1897: Lebenserinnerungen, Leipzig

Feder, J.G.H., 1825: Leben, Natur und Grundsätze, Darmstadt

Felder, F.M., 1904: Aus meinem Leben, Wien

Fessler, I.A., 1824: Dr. Fessler's Rückblicke auf seine siebzigjährige Pilgerschaft, Breslau

Fischbach, A., 1926: Mutter Fischbach - Ein dem Herrn geweihtes Leben, von ihrem Sohne August Fischbach, Neumünster

Fischer, C., 1904: Denkwürdigkeiten und Erinnerungen eines Arbeiters, hg. und mit einem Geleitwort versehen v. Paul Göhre, Leipzig

Fischer, E., 1922: Aus meinem Leben, Berlin

Fischer, F.L., 1906: Arbeiterschicksale, Berlin-Schöneberg

Fischer, G. 1921: Aus meinem Leben, o.J. (Hannover?)

Föppl, A., 1925: Lebenserinnerungen, München/Berlin

Fontane, Th., 1985: Meine Kinderjahre, München

Fournier, A., 1923: Erinnerungen, München

François, K.v., 1889: Ein Soldatenleben, Berlin

228

François, K.v./Meyer, L. F., 1920: Ein Briefwechsel, hg. v. A. Bettelheim, Berlin/
    Leipzig
Friesen, R.v., 1882-1910: Erinnerungen aus meinem Leben, 3 Bde. Dresden
Fröbel, J., 1890: Ein Lebenslauf. Aufzeichnungen, Erinnerungen und Bekenntnisse,
    Stuttgart
Frommel, E., o.J.: Aus der Familienchronik eines geistlichen Herrn, Berlin
Fuchs, J.B., 1912: Erinnerungen aus dem Leben eines Kölner Juristen, Köln
Funcke, O., o.J.: Die Fußspuren des lebendigen Gottes in meinem Lebenswege, Bd.I,
    Altenburg
Funcke, O., 1900: Die Fußspuren des lebendigen Gottes in meinem Lebenswege, Bd.II,
    Altenburg
Ganghofer, L., 1966: Lebenslauf eines Optimisten, München
Gerisch, K.A., 1918: Erzgebirgisches Volk, Berlin
Gervinus, G.G., 1893: Leben von ihm selbst, Leipzig
Goethe, O.v., 1971: Erlebnisse und Geständnisse 1832-1857, hg.v. H.H.Houben, Bern
Gottschall, R.v., 1898: Aus meiner Jugend, Berlin
Grillparzer, F., 1965: Anfänge einer Selbstbiographie, in: ders.: Sämtliche Werke
    Bd.IV, München
Grimm, H. 1972: Leben in Erwartung meiner Jugend, Lippoldsberg (1952)
Grimm, L.E., 1911: Erinnerungen aus meinem Leben, hg. und ergänzt von Adolf Stoll,
    Leipzig
Gubitz, F.W., 1868-1869: Erlebnisse. Nach Erinnerungen und Aufzeichnungen. 3 Bde.,
    Berlin
Gutzkow, K., 1852: Aus der Knabenzeit, Frankfurt a. M.
Hahn, S.v., 1964: In Gasthäusern und Residenzen, hg. v. Otto v. Taube, Hannover
Hahn, T., o.J.: Aus meiner Jugendzeit, Stuttgart
Halbinger, J., o.J.: Lebensgeschichte eines Münchener Arbeiterkindes, nach Tonband-
    aufzeichnungen zusammengestellt und niedergeschrieben von Carlamaria Heim,
    München
Hamerling, R., o. J.: Stationen meiner Lebenspilgerschaft, in: ders., Sämtliche Werke,
    Bd. XIII, hg. v. M.M. Rabenlechner, Leipzig
Hansjakob, H., 1898: Erinnerungen einer alten Schwarzwälderin, Stuttgart
Hanusch, F. 1912: Lazarus. Eine Jugendgeschichte, Wien
Harleß, G.Ch.A.v., 1872: Bruchstücke aus dem Leben eines süddeutschen Theologen,
    Bielefeld/Leipzig
Harms, C., 1851: Lebensbeschreibung, Kiel
Harnisch, W., 1865: Mein Lebensmorgen, Berlin
Hase, K.v., 1891: Ideale und Irrthümer. Jugenderinnerungen, Leipzig
Haun, E., 1919: Jugenderinnerungen eines blindes Mannes, Stuttgart
Hesekiel, J., 1920: Erinnerungen aus meinem Leben. Bd.I: Jugenderinnerungen,
    Gütersloh

Hessen-Kassel, K.v., 1866: Denkwürdigkeiten des Landgrafen Karl v. Hessen-Kassel, Kassel

Heyne, Ch.G., 1813: Biographism, dargestellt von A.H.L. Heeren, Göttingen

Heyse, P., 1901: Jugenderinnerungen und Bekenntnisse, Berlin 4.A.

Hiller von Gaertringen, A., 1912: Denkwürdigkeiten des Generals August Freiherr Hiller von Gaertringen, Berlin

Hippel, E.v., 1975: Meine Kindheit im kaiserlichen Deutschland, Meisenheim am Glan

Hoffmann, D.H., 1900: Aus dem Tagebuche des Pastor D.H.Hoffmann, nach Miterlebtem fortgeführt von M.Hart, Halle a.S.

Hohenlohe-Schillingsfürst, Ch. zu, 1907: Denkwürdigkeiten, 2 Bde., Stuttgart/Leipzig

Holek, W., 1909: Lebensgang eines deutsch-tschechischen Handarbeiters, hg. v. Paul Göhre, Jena

Holstein, Chr., 1920: Von der Pflugschar in den Hörsaal, Leipzig

Holtei, K.v., 1898: Vierzig Jahre. 2 Bde., Breslau

Hoven, F.W.v., 1840: Biographie des Friedrich Wilhelm von Hoven, Nürnberg

Huber, D., 1798: Etwas von meinem Lebenslauf und etwas von meiner Muße auf der Vestung, Stuttgart

Hufeland, C. W., 1984: Makrobiotik oder die Kunst das menschliche Leben zu verlängern, Frankfurt a. M. (1796)

Jagemann, K., 1926: Die Erinnerungen der Karoline Jagemann, hg. v. Eduard v. Bamberg, Dresden

Kästner, A.G., 1909: Selbstbiographie, Hannover

Kalb, Ch.v., 1879: Charlotte - Gedenkblätter von Charlotte von Kalb, hg. v. Emil Palleske, Stuttgart

Kant, I., 1964: Der Streit der Fakultäten, in: ders., Werke in zehn Bänden, hg. v. Wilhelm Weischedel, Bd.9, Wiesbaden (1798)

Kaufmann, P., 1919: Aus rheinischen Jugendtagen, Berlin

Keller, S., 1917: Aus meinem Leben, Bd.I, Freiburg i.B.

Keller, S., 1924: Aus meinem Leben, Bd.II, Leipzig

Kessler, H. Graf, 1962: Erinnerungen, Berlin (1935)

Klöden, K.F.v., 1874: Jugenderinnerungen, Leipzig

Knapp, G.F., 1927: Aus der Jugend eines deutschen Gelehrten,Berlin/Leipzig

Knigge, A., 1977: Über den Umgang mit Menschen, Darmstadt (1788)

Koenig, H., 1861: Auch eine Jugend - Erinnerungen und Bekenntnisse, Leipzig

Kohlrausch, F., 1863: Erinnerungen aus meinem Leben, Hannover

Kombst, G., 1848: Erinnerungen aus meinem Leben, Leipzig

Kramer, H.(Hg.) 1987: Kampf ums Dasein: Das Leben eines Mädchens als Fabrikarbeiterin und Kellnerin, Düsseldorf (1908)

Kruenitz, J. G. (Begr.), 1779 ff.: Oekonomische Enzyklopaedie oder allgemeines System der Staats-, Stadt-, Haus- und Landwirtschaft, Bruenn/Berlin

230

Kügelgen, W.v., 1924: Jugenderinnerungen eines alten Mannes (1802-1820), hg. v. Johannes Werner, Berlin

Lamprecht, K., 1918: Kindheitserinnerungen, Gotha

Lang, K.H. v., 1957: Die Memoiren des Ritters von Lang 1774-1835, Stuttgart

Laukhard, F.Ch.M., 1908: Leben und Schicksale von ihm selbst geschrieben, bearbeitet von Viktor Petersen, Stuttgart

Lenz, G., 1910: Ein pommersches Pastorenleben aus dem vorigen Jahrhundert, hg.v. J.E.Lenz, Berlin

Leo, H., 1880: Meine Jugendzeit, Gotha

Leßner, F., 1975: Ich brachte das „Kommunistische Manifest" zum Drucker, Berlin

Levenstein, A. (Hg.), 1910: Proletariers Jugendjahre, Berlin

Leyden, E.V., 1910: Lebenserinnerungen, Stuttgart/Leipzig

Loewe, J.C., 1870: Selbstbiographie, hg.v. C.H.Bitter, Berlin

Lorinser, K.I., 1864: Eine Selbstbiographie, hg.v. Franz Lorinser, 2 Bde. Regensburg

Lübke, W., 1891: Lebenserinnerungen, Berlin

Luley, A., 1902: Erinnerungen aus meinem Diakonissenleben, o.O.

Luz, G., o.J.: Selbstbiographie, o.O.

Mann, Katja, 1974: Meine ungeschriebenen Memoiren, Frankfurt

Mann, Klaus, 1969: Der Wendepunkt. Ein Lebensbericht, München

Marwitz, L.v.d., 1908: Ein märkischer Edelmann im Zeitalter der Befreiungskriege, 2 Bde., Berlin

Meinardus, L. (Hg.), 1874: Ein Jugendleben, 2 Bde., Gotha

Menzel, W., 1877: Denkwürdigkeiten, hg. v. Konrad Menzel, Bielefeld/Leipzig

Merkel, G., 1839: Darstellungen und Charakteristiken aus meinem Leben, Bd.I, Leipzig

Meyer v. Knonau, L., 1883: Lebenserinnerungen, Frauenfeld

Meysenbug, M., 1927: Memoiren einer Idealistin, Berlin/Leipzig

Michaelis, J.D., 1793: Lebensbeschreibung von ihm selbst abgefaßt, mit Anmerkungen von Hassencamp, Rinteln/Leipzig

Milow, M.E.v., 1987: Ich will aber nicht murren, hg. v. Rita Bake und Birgit Kiupel, Hamburg

Moleschott, J., 1894: Für meine Freunde. Lebenserinnerungen, Gießen

Moritz, K.Ph., 1972: Anton Reiser, Stuttgart

Mosen, J., 1893 (eigtl. Moses): Erinnerungen, hg.v. Max Zschommler, Plauen

Müller-Jahnke, C., o.J.: Ich bekenne, Goslar

Nathusius, M., 1875/1876: Lebensbild der Heimgegangenen Marie Nathusius, 3 Bde., in: dies.: Gesammelte Schriften (Bd.14-16), Halle

Nieritz, G., 1872: Selbstbiographie, Leipzig

Niese, C., 1924: Von Gestern und Vorgestern, Leipzig

Nietzsche, F.W., 1924: Der werdende Nietzsche, hg. v. Elisabeth Förster-Nietzsche, München

Nolde, E., 1976: Mein Leben, Köln

Oetinger, F.Ch., 1961: Selbstbiographie, Metzingen

Oetker, F., 1878: Lebenserinnerungen, 2 Bde., Stuttgart

Oetker, F., 1885: Lebenserinnerungen, Bd. III, Cassel

Osterhausen, J., 1798: Über medizinische Aufklärung, Zürich

Osterroth, N., 1980: Vom Beter zum Kämpfer, Berlin/Bonn

Otte, H.Ch., 1893: Aus meinem Leben, Leipzig

Paulsen, F., 1909: Aus meinem Leben. Jugenderinnerungen, Jena

Perrin-Parnajon, F.C.v., 1820: Lebenserfahrungen, Unglücksfälle, Feldzüge und Reisen eines Weltbürgers, Leipzig

Peter, F., 1908: In einsamen Kämpfen, Halle

Pfaff, C.H., 1854: Lebenserinnerungen, Kiel

Pichler, C., 1914: Denkwürdigkeiten aus meinem Leben, 2 Bde., München

Polack, F., 1883-1909: Brosamen. Erinnerungen aus dem Leben eines Schulmannes, 5 Bde., Wittenberg

Popp, A. (Hg.), 1912: Gedenkbuch - 20 Jahre österreichische Arbeiterinnenbewegung, Wien

Popp, A., 1915: Erinnerungen. Aus meinen Kindheits- und Mädchenjahren, Stuttgart

Popp, A., 1977: Jugend einer Arbeiterin, Berlin/Bonn

Prosch, P., 1964: Leben und Ereignisse des Peter Prosch. Eines Tyrolers von Röd im Zillertal, oder Das wunderbare Schicksal. Geschrieben in den Zeiten der Aufklärung, München

Putlitz, G. zu, 1886: Mein Heim, Erinnerungen aus Kindheit und Jugend, Berlin

Pütter, J.S., 1798: Selbstbiographie, Göttingen

Ranke, L.v., 1890: Zur eigenen Lebensgeschichte, Leipzig

Raumer, F.v., 1861: Lebenserinnerungen und Briefwechsel, Leipzig

Raumer, K.V., 1866: Karl von Raumer's Leben, von ihm selbst erzählt, Stuttgart

Rehbein, F., 1973: Das Leben eines Landarbeiters, Darmstadt/Neuwied

Reichard, H.A.O., 1877: Seine Selbstbiographie, hg. v. Herrmann Uhde, Stuttgart

Reichel, C.R., 1797: Lebenslauf von ihm selbst abgefaßt, hg. v. Johann Georg Pech, Herrnhut/Leipzig

Rellstab, L., 1861: Aus meinem Leben, 2 Bde., Berlin

Reimarus, J.A.H., 1814: Lebensbeschreibung von ihm selbst aufgesetzt, Hamburg

Reimmann, F.F., 1745: Eigene Lebensbeschreibung oder Historische Nachrichten von ihm selbst, Braunschweig

Richter, L., 1885/86: Lebenserinnerungen eines deutschen Malers, Selbstbiographie nebst Tagebuchniederschriften und Briefen, Frankfurt a. M.

Rietschel, E., 1881: Jugenderinnerungen, Leipzig

Rist, J.G., 1880: Lebenserinnerungen, hg. v. G.Poel, 2 Bde., Gotha

Rosegger, P., 1943: Waldheimat, Leipzig

Rosenkranz, K., 1873: Von Magdeburg bis Königsberg, Berlin

Rousseau, J.J., 1965: Les Confessions, Paris

Sachsen, A. v., 1883: Aus den Memoiren einer Fürstentochter, hg. v. Robert Waldmüller, Dresden

Schad, J.B., 1828: Lebensgeschichte, von ihm selbst geschrieben, 3 Bde., Altenburg

Scheffner, J.G., 1816: Mein Leben wie ich es selbst beschrieben, Leipzig

Schleich, C.L., 1930: Besonnte Vergangenheit. Lebenserinnerungen 1859-1919, Berlin

Schmid, Ch.v., 1968: Erinnerungen und Briefe, München

Schopenhauer, J., 1986: Im Wechsel der Zeiten, im Gedränge der Welt. Jugenderinnerungen, Tagebücher, Briefe, München

Schorn, K., 1898: Lebenserinnerungen. Ein Beitrag zur Geschichte des Rheinlands im 19. Jahrhundert, Bonn

Schumacher, F., 1935: Stufen des Lebens, Erinnerungen eines Baumeisters, Stuttgart/Berlin

Schwartze, C., 1921: Wahre und abenteuerliche Lebensgeschichte eines Berliners, der in den Kriegsjahren 1807 bis 1815 in Spanien, Frankreich und Italien sich befand, hg. v. Alexander von Gleichen-Rußwurm, München

Selig, J.F.H., 1783: Eines Bekehrten aus dem Judenthume, eigene Lebensbeschreibung, Leipzig

Semler, D.J.S., 1781: Lebensbeschreibung, Halle

Seume, J.G., 1971: Mein Leben, Stuttgart

Siemens, W.v. 1966: Lebenserinnerungen, 17.A. München

Spenn, J., 1803: Lebensbeschreibung Joseph Spenns, ehemaligen Katholiken und Augustinermönchs, jetzigen Protestanten und Arztes, Magdeburg

Steffens, H., 1840: Was ich erlebte. 1840-44, Breslau

Stegemann, H., 1930: Erinnerungen aus meinem Leben und aus meiner Zeit, Stuttgart etc.

Stelter, K., 1903: Erlebnisse eines Achtzigjährigen, Elberfeld

Strombeck, F.K.v., 1813: Geschichte eines allein durch die Kräfte der Natur hervorgebrachten animalischen Magnetismus und der durch denselben bewirkten Genesung, Braunschweig

Strombeck, F.K.v., 1835: Darstellungen aus meinem Leben und aus meiner Zeit, Braunschweig

Sulzer, J.G., 1809: Lebensbeschreibung von ihm selbst aufgesetzt, Berlin/Stettin

Trojan, J., 1912: Erinnerungen, Brandenburg

Urceus (i. e. Krug, Wilhelm Traugott), 1825: Lebensreise, Leipzig

Vierordt, H., 1925: Das Buch meines Lebens, Stuttgart

Viersbeck, D., 1910: Erlebnisse eines Hamburger Dienstmädchens, München

Walther, W., 1922: Lebenserinnerungen aus fünfzig Jahren, Schwerin

Weikard, M.A., 1802: Denkwürdigkeiten aus der Lebensgeschichte, Frankfurt/Leipzig

Wendeborn, D.G.F.A., 1913: Erinnerungen aus seinem Leben, Hamburg

Wendt, G., 1909: Lebenserinnerungen eines Schulmannes, Berlin

Wiedemann, L., 1929: Erinnerungen von Luise Wiedemann, hg. v. Julius Steinberger, Göttingen

Wiggers, J., 1901: Aus meinem Leben, Leipzig

Wilbrandt, A., 1907: Aus der Werdezeit. Erinnerungen, Stuttgart/Berlin

Wöhrle, O., 1916: Ein deutscher Handwerksbursch der Biedermeierzeit. Auf der Walze durch den Balkan und Orient, Stuttgart

Wöhrle, O., 1931: Der Baldamus und seine Streiche, Berlin

Wolzogen, L.F.v., 1851: Memoiren des Generals Freiherrn Ludwig von Wolzogen, Leipzig

Württemberg, E.H.v., 1862: Memoiren des Herzogs Eugen von Württemberg, 3 Bde., Frankfurt a.O.

Zedler, J.H. (Hg.), 1740: Universallexicon, Stichwort „Patient", Bd. 26, Leipzig/Halle

Zeller, E., 1908: Erinnerungen eines Neunzigjährigen, Stuttgart

b) Sekundärliteratur

Ackerknecht, E.H., 1948: Anticontagionism between 1821 and 1867, in: Bulletin of the History of Medicine 22, 562-593

Ackerknecht, E.H., 1968: Medicine at the Paris Hospitals, Baltimore

Ackerknecht, E.H., 1989: Geschichte der Medizin, Stuttgart, 6.A.

Alber, W.; Dornheim, J., 1983: Die Fackel der Natur vorgetragen unter Hintansetzung alles Aberglaubens. Zum Entstehungsprozeß neuzeitlicher Normsysteme im Bereich medikaler Kultur, in: J. Held (Hg.): Kultur zwischen Bürgertum und Volk, Berlin, 163-181

Aldenhoff, R., 1988: Max Weber und der Evangelisch-soziale Kongreß, in: Mommsen,W. J. /Schwentker, W. (Hg.): Max Weber und seine Zeitgenossen, Göttingen/ Zürich, 285-295

Armstrong, D., 1983: Political Anatomy of the Body, Cambridge

Backett, K., 1992: Taboos and excesses: Lay Health Moralities in Middle Class Families, in: Sociology of health and illness 14, 255-274

Barry, J., 1985: Medicine and Religion in Eigtheenth Century Bristol, in: Porter, 145-175

Bergmann, K., 1991: Lebensgeschichte als Appell: autobiographische Schriften der „kleinen Leute" und Außenseiter, Opladen

Biographisches Lexikon der hervorragenden Ärzte aller Zeiten aller Völker, hg. v. A. Hirsch, 3. A. 1962, München/Berlin, 8 Bde.

Blasius, D., 1980: Der verwaltete Wahnsinn: Eine Sozialgeschichte des Irrenhauses, Frankfurt

Boltanski, L., 1976: Die soziale Verwendung des Körpers, in: Kamper, D./Rittner, V.: Zur Geschichte des Körpers, München, 138-183

Brändli, S., 1990: „Die Retter der leidenden Menschheit". Sozialgeschichte der Chirurgen und Ärzte auf der Zürcher Landschaft (1700-1850), Zürich

Breuer, S., 1986: Sozialdisziplinierung. Probleme und Problemverlagerungen eines Konzepts bei Max Weber, Gerhard Oestreich und Michel Foucault, in: Sachße, Chr./Tennstedt, F. (Hg.): Soziale Sicherheit und soziale Disziplinierung, Frankfurt a. M., 45-69

Burke, K., 1968: Dramatism, in: Encyclopedia of the Social Sciences: 445-51

Calnan, M./Williams, S., 1992: Images of Scientific Medicine, in: Sociology of Health and Illness 14, 231-254

Chartier, R., 1989: Text, Symbol und Frenchness: Der Historiker und die Historische Anthropologie, in: ders.: Die unvollendete Vergangenheit, Berlin, 58-72

Chrisman, N.J./Maretzki, T. (eds.), 1982: Clinically Applied Anthropology. Anthropologists in Health and Science Settings, Boston/London

Conrad, P., 1987: The Experience of Illness, in: Research in the Sociology of Health Care 6, 1-31

Cooter, R., 1982: Anticontagionism and History's Medical Record, in: Wright, P./ Treacher, A. (Hg.): The Problem of Medical Knowledge, Edinburgh, 87-108

Corbin, A., 1984: Pesthauch und Blütenduft. Eine Geschichte des Geruchs. Berlin (frz. 1982)

Cornwell, J., 1984: Hard Earned Lives, London

Darmon, P., 1986: La longue traque de la variole. Les pionniers de la médecine préventive, Paris

Darnton, R., 1989: Das große Katzenmassaker, Wien (engl. 1984)

Delumeau, J., 1985: Angst im Abendland. Die Geschichte kollektiver Ängste im Europa des 14. bis 18. Jahrhunderts, Hamburg (frz. 1978)

Dingwall, R., 1976: Aspects of Illness, London

Döhner, O.:, 1986: Krankheitsbegriff, Gesundheitsverhalten und Einstellung zum Tod im 16. und 18. Jahrhundert, Frankfurt

Dornheim, J., 1986: Zum Zusammenhang zwischen gegenwarts- und vergangenheitsbezogener Medikalkulturforschung. Argumente für einen erweiterten Volksmedizinbegriff, Hessische Blätter für Volks- und Kulturforschung NF 19, 25-41

Dornheim,J./Alber, W., 1982: Ärztliche Fallberichte des 18. Jahrhunderts als volkskundliche Quelle, Zeitschrift für Volkskunde 78: 28-43

Drees, A., 1988: Die Ärzte auf dem Weg zu Prestige und Wohlstand. Sozialgeschichte der württembergischen Ärzte im 19. Jahrhundert, Münster

Duden, B., 1987: Geschichte unter der Haut. Ein Eisenacher Arzt und seine Patientinnen um 1730. Stuttgart

Duden, B., 1991: Geschlecht, Biologie, Körpergeschichte, Feministische Studien 9, 105-122

Duden, B. 1992: Medicine and the History of the Body. The Lady of the Court, in: Lachmund/Stollberg, 39-52

Durey, M., 1979: The Return of the Plague. British Society and the Cholera 1831-2, London etc.

Eckart, W. 1990: Geschichte der Medizin, Berlin etc.

Ego, A., 1991: „Animalischer Magnetismus" oder „Aufklärung". Eine mentalitäts-geschichtliche Studie zum Konflikt um ein Heilkonzept im 18. Jahrhundert, Würzburg

Elias, N., 1977: Der Prozeß der Zivilisation, 2 Bde. 4. A. Frankfurt a. M.

Elkeles, B., 1988: Arbeiterautobiographien als Quellen der Krankenhausgeschichte, Medizinhistor. Journal 23, 342-358

Emmerich, W. (Hg.), 1974: Proletarische Lebensläufe. Autobiographische Dokumente zur Entstehung der zweiten Kultur in Deutschland, 2 Bde. Reinbek

Engelsing, R., 1974: Der Bürger als Leser. Lesergeschichte 1500-1800. Stuttgart

Eulner, H.E., 1970: Die Entwicklung der medizinischen Spezialfächer an den Universitäten des deutschen Sprachgebietes, Stuttgart

Evans, R.J. 1987: Death in Hamburg. Society and Politics in the Cholera Years 1830-1919, Oxford

Evans, R.J. 1988: Angst in den Zeiten der Cholera, in: Kursbuch 94, 89-106

Fabrega, H. 1974: Disease and Social Behavior, Cambridge/Mass.

Faure, O., 1982: Genèse de l'hôpital moderne. Les hospices de Lyon de 1802 à 1845. Paris/Lyon

Faure, O., 1989: L'hôpital et le monde du travail au XIXe siècle: une relecture necessaire. in: Prévenir 19, 89-97

Faure, O., 1990: The Social History of Health in France: A Survey of Recent Developments, in: Social History of Medicine 3, 437-451

Ferber, Chr.v. 1983: Laienpotential, Patientenaktivierung und Gesundheitsselbsthilfe. Zur Soziologie des Laien vor den Ansprüchen der Medizin, in: ders./Badura, B. (Hg.): Laienpotential, Patientenaktivierung und Gesundheitsselbsthilfe, München/Wien, 265-293

Ferber, Chr.v., 1989: Medikalisierung. Ein zivilisatorischer Prozeß oder eine sozialpolitische Fehlleistung? in: Zeitschrift für Sozialreform 35: 632-642

Fischer-Homberger, E., 1970: Hypochondrie. Melancholie bis Neurose. Krankheiten und Zustandsbilder, Bern etc.

Fischer-Homberger, E., 1977: Geschichte der Medizin, 2. A. Berlin etc.

Fitzpatrick, R. et al. (eds.), 1984: The Experience of Illness, London

Foucault, M., 1973: Die Geburt der Klinik, Frankfurt (frz. 1963)

Foucault, M., 1976: La politique de la santé au XVIIIe siècle, in: ders.: Les machines à guérir, Paris, 11-21

Foucault, M., 1977: Überwachen und Strafen. Die Geburt des Gefängnisses, Frankfurt (frz. 1975)

Freidson, E., 1979: Der Ärztestand. Stuttgart (amerikan. 1970)

Frevert, U., 1984: Krankheit als politisches Problem, Göttingen

Garfinkel, H., 1967: Studies in Ethnomethodology, Englewood Cliffs

Geertz, C., 1987: Dichte Beschreibung, Frankfurt (amerikan. 1973)

Gelis, J., 1988: La sage-femme ou le médecin, Paris

Geyer-Kordesch, J., 1985: Cultural Habits of Illness, in: R.Porter, 177-204

Ginzburg, C., 1992: Der Inquisitor als Anthropologe, in: Habermas, R./Minkmar, N. (Hg.): Das Schwein des Häuptlings. Beiträge zur Historischen Anthropologie, Berlin, 42-55

Göckenjan, G., 1985: Kurieren und Staat machen. Gesundheit und Medizin in der bürgerlichen Welt, Frankfurt

Göckenjan, G., 1989: Medizin und Ärzte als Faktor der Disziplinierung der Unterschichten: Der Kassenarzt, in: Sachße, C./Tennstedt, F. (Hg.): Soziale Sicherheit und soziale Disziplinierung. Frankfurt a. M, 286-303

Goltz, D., 1969: Krankheit und Sprache, in: Sudhoffs Archiv 53, 225-269

Good, B. J., 1977: The Heart of What's the Matter: The Semantics of Illness in Iran, in: Culture, Medicine and Psychiatry 1, 25-58

Gorsboth, T./Wagner, B., 1988: Die Unmöglichkeit der Therapie, in: Kursbuch 94, 123-146

Goudsblom, J., 1979: Zivilisation, Ansteckungsangst und Hygiene. Betrachtungen über einen Aspekt des europäischen Zivilisationsprozesses, in: Gleichmann, P./Goudsblom, P. /Korte, H. (Hg.): Materialien zu Norbert Elias' Zivilisationstheorie, Frankfurt, 215-253

Grimm, G.E., 1983: Literatur und Gelehrtentum in Deutschland. Untersuchungen zum Wandel ihres Verhältnisses vom Humanismus bis zur Frühaufklärung, Tübingen

Groppe, S. 1990: Das Ich am Ende des Schreibens. Autobiographisches Erzählen im 18. und frühen 19. Jahrhundert, Würzburg (= Epistemata Bd. 58)

Gross, P./Hitzler, R./Honer, A., 1985: Zwei Kulturen? Diagnostische und therapeutische Kompetenz im Wandel, in: Österreichische Zeitschrift für Soziologie 10, 146-162

Gumbrecht, H.-U., 1981: Lebensläufe, Literatur, Alltagswelten, in: Matthes,J./Pfeifenberger, A./Stosberg, A. (Hg.): Biographie in handlungswissenschaftlicher Perspektive, Nürnberg, 231-250

Habrich, C., 1982: Pathographische und ätiologische Versuche medizinischer Laien im 18. Jh., in: Eckart, W./Geyer-Kordesch, J. (Hg.): Heilberufe und Kranke im 17. und 18. Jahrhundert, Münster, 99-123

Hahn, A., 1987: Identität und Selbstthematisierung, in: ders./Knapp, V. (Hg.): Selbstthematisierung und Selbstzeugnis: Bekenntnis und Geständnis. Frankfurt a. M.

Hamlin, Chr., 1992: Predisposing Causes and Public Health in Early Nineteenth-Century Medical Thought, in: Social History of Medicine 5, 43-70

Hardach-Pinke, J./Hardach, G., 1978: Kinderalltag, Reinbek

Hartmann, F., 1982: Der ganze Mensch-ein Thema antiker und gegenwärtiger Medizin, in: Hieber, L./Müller, R.W. , Hg.: Gegenwart der Antike, Frankfurt a. M., 120-151

Heim, N., 1992: Soziologie des Ernährungsverhaltens, in: Medizin- Mensch-Gesellschaft 17, 99-107

Herzlich, C./Pierret, C., 1984: Malades d'hièr; malades d'au-jourd'hui, Paris

Herzlich, C./Pierret, C. 1985: The Social Construction of the Patient: Patients and Illnesses in other Ages, in: Social Science and Medicine 20, 145-151

Honegger, C., 1991: Die Ordnung der Geschlechter. Die Wissenschaften vom Menschen und das Weib, 1750-1850, Frankfurt

Huerkamp, C., 1985: Der Aufstieg der Ärzte im 19. Jahrhundert, Göttingen

Huerkamp, C., 1985 a: The History of Smallpox Vaccination in Nineteenth Century Germany, in: Journal of Contemporary History 20, 617-635

Huerkamp, C. 1989: Ärzte und Patienten. Zum strukturellen Wandel der Arzt-Patient-Beziehung vom ausgehenden 18. bis zum frühen 20. Jahrhundert, in: Labisch. A./ Spree, R.(Hg.): Medizinische Deutungsmacht im sozialen Wandel des 19. und frühen 20. Jahrhunderts, Bonn, 57-73

Illich, I., 1983: Nemesis der Medizin, Reinbek

Jewson, N.D., 1974: Medical Knowledge and the Patronage System in the 18th Century England. A Sociological Analysis. in: Sociology 8, 369-244

Jewson, N.D., 1976: The Disappearance of the Sick-man from Medical Cosmology, 1770-1870, in: Sociology 10, 225-244

Jütte, R., 1991: Ärzte, Heiler und Patienten. Medizinischer Alltag in der frühen Neuzeit, München

Kippenberg, H.G. u.a. (Hg.), 1978: Magie. Die sozialwissenschaftliche Kontroverse über das Verstehen fremden Denkens, Frankfurt

Kleinman, A., 1980: Patients and Healers in the Context of Culture: An Exploration of the Borderline between Anthropology, Medicine, and Psychiatry, Berkeley

Klucsarits, R./Kürbisch, F.G. (Hg.), 1981: Arbeiterinnen kämpfen um ihr Recht. Autobiographische Texte zum Kampf rechtloser und entrechteter „Frauenspersonen" in Deutschland, Österreich und der Schweiz des 19. und 20. Jahrhunderts, Wuppertal 2.A.

Körtgen, A., 1982: Die Gesundheit des Fürsten, Frankfurt a.M.

Kümmel, W.F., 1984: Der homo litteratus und die Kunst, gesund zu leben, in: Humanismus und Medizin. Mitteilung XI der Kommission für Humanismusforschung, Weinheim, 65-87

Labisch, A., 1992: Homo hygienicus. Gesundheit und Medizin in der Neuzeit, Frankfurt/New York

Lachmund, J., 1992: Die Erfindung des ärztlichen Gehörs. Zur historischen Soziologie der stethoskopischen Untersuchung, in: Zeitschrift für Soziologie 21, 235-251

Lachmund, J./Stollberg, G., 1989: Zur medikalen Kultur des Bildungsbürgertums um 1800. Eine soziologische Analyse anhand von Autobiographien, in: Jahrbuch für Geschichte der Medizin der Robert-Bosch-Stiftung 6, 163-184

Lachmund, J./Stollberg, G., 1992: The Social Construction of Illness. Illness and Medical Knowledge in Past and Present, Stuttgart (= Medizin, Gesellschaft und Geschichte, Beih. 1)

Laqueur, T., 1989: Bodies, Details, and the Humanitarian Narrative, in: L. Hunt (ed.): New Cultural History, Berkeley/New York, 176-204

Laqueur, T., 1992: Auf den Leib geschrieben. Die Inszenierung der Geschlechter von der Antike bis Freud, Frankfurt (amerikan. 1990)

Larson, M.S., 1977: The Rise of Professionalism: A Sociological Analysis, Berkeley

Latour, B., 1984: Les microbes-suivi par les irreductions, Paris

Lindenbaum, S./Lock, M., 1993: Knowledge, Power, Practice, Berkeley

Locker, D., 1981: Symptoms and Illness. The Cognitive Organization of Disorder, London

Loetz, F. 1993: Vom Kranken zum Patienten, Stuttgart

Lottin, A., 1979: Chavatte, ouvrier Lillois. Un contemporain de Louis XIV, Paris

Maretzki, T., 1985: Including the Physician in Healer-Centered Research: Retrospect and Prospect, in: Hahn, R.A./Gaines, A.D. (eds.): Physicians of Western Medicine, Dordrecht

Martin, E., 1989: Die Frau im Körper, Frankfurt (amerikan. 1987)

McKeown, T., 1982: Die Bedeutung der Medizin, Frankfurt a.M. (engl. 1979)

McLeod, R.M., 1967: Law, Medicine and Public Opinion: The Resistance to Compulsory Health Legislation 1870-1907, in: Public Law, 105-128, 187-211

Mennell, S., 1986: Über die Zivilisierung der Eßlust, in: Zeitschrift für Soziologie 15, 406-421

Meschendörfer, A. 1991: Bürgerliche Kindheit im Deutschland des 18. Jahrhunderts anhand autobiographischer Zeugnisse, Frankfurt a. M.

Morris, R.J., 1976: Cholera 1832. The Social Response to an Epidemic, London etc.

Muchembled, R. 1982: Kultur des Volks-Kultur der Eliten, Stuttgart (frz. 1978)

Nettleton, S., 1992: Power, Pain and Dentistry, Buckingham/Philadelphia

Niggl, G. 1977: Geschichte der deutschen Autobiographie im 18. Jahrhundert. Theoretische Grundlegung und literarische Entfaltung, Stuttgart

Orth-Peine, H., 1990: Identitätsbildung im sozialgeschichtlichen Wandel, Frankfurt a.M.

Parsons, G.P., 1978: The British Medical Profession and the Contagion Theory, in: Medical History 22, 138-150

Parsons, T. 1958: Struktur und Funktion der modernen Medizin. Eine soziologische Analyse, in: König, R./Tönnesmann, M. (Hg.): Probleme der Medizinsoziologie (= Kölner Zeitschrift für Soziologie und Sozialpsychologie, Sonderh. 3), 10-57

Pelling, M., 1978: Cholera, Fever, and English Medicine 1825-1865, London

Peter, J.P., 1978: Kranke und Krankheiten am Ende des 18. Jahrhunderts, in: A.E. Imhof (Hg.): Biologie des Menschen in der Geschichte, Stuttgart

Pompey, H., 1968: Die Bedeutung der Medizin für die Kirchliche Seelsorge im Selbstverständnis der sogenannten Pastoralmedizin, Freiburg/Basel/Wien

Porter, R. (Hg.), 1985: Patients and Practioners: Lay Perceptions of Medicine in Preindustrial Society, Cambridge

Porter, R. 1985 a: The Patient's View. Doing Medical History from Below, in: History and Society 14, 175-198

Porter, R.; Porter, D., 1988: In Sickness and in Health. The British Experience 1650-1850, London

Porter, D.; Porter, R., 1989: Patient's Progress. Doctors and Doctoring in Eighteenth-century England, London

Prior, L., 1992: The Local Space of Medical Discourse. Disease, Illness and Hospital Architecture, in: Lachmund/Stollberg (Hg.), 67-84

Probst, C.: Das Medizinalwesen in Bayern im frühen 19. Jahrhundert, in: Müller, R.A./Henker, M. (Hg.): Aufbruch ins Industriezeitalter, 2, München, 54-64

Radkau, J., 1992: Die wilhelminische Ära als „nervöses Zeitalter", oder: sind die Nerven ein Netzwerk zwischen Geschichte und Technik?, (MS Bielefeld, demn. in: Geschichte und Gesellschaft)

Rather, L.J. 1968: The „Six Things Non-natural": A Note on the Origins and Fate of a Doctrine and a Phrase, in: Clio medica 3, 337-347

Reininghaus, W., 1983: Das erste staatlich beaufsichtigte System von Krankenkassen: Preußen 1845-1869, in: Zeitschrift für Sozialreform 29, S.271-296

Reiser, S.J., 1978: Medicine and the Reign of Technology, Cambridge

Ridder, P., 1991: Im Spiegel der Arznei. Sozialgeschichte der Medizin, Stuttgart

Rosenbaum, H., 1982: Formen der Familie. Frankfurt a.M.

Rothschuh, K.E., 1978: Konzepte der Medizin in Vergangenheit und Gegenwart, Stuttgart

Rothschuh, K.E., 1983: Naturheilbewegung, Reformbewegung, Alternativbewegung, Stuttgart

Rubin, M., 1989: Development and Change in English Hospitals, 1100-1500, in: L. Granshaw; R. Porter (Hg.): The Hospital in History, London

Sander, S., 1989: Handwerkschirurgen, Göttingen

Sachße, Chr., 1986: Mütterlichkeit als Beruf, Frankfurt

Schenda, R., 1981: Autobiographien erzählen Geschichte, in: Zeitschrift für Volkskunde 77, 68-87

Schivelbusch, W., 1977: Geschichte der Eisenbahnreise, München

Schütz, A., 1964: The Well-Informed Citizen, in: ders.: Collected Papers II, Den Haag, 121-134

Schütz, A.; Luckmann, T., 1975: Strukturen der Lebenswelt, I, Frankfurt

Schwartz, St./Griffin, Th. 1986: The Psychology of Medical Judgement and Decision Making, New York

Shorter, E., 1987: Der weibliche Körper als Schicksal. Zur Sozialgeschichte der Frau, München (amerikan. 1982)

Shorter, E., 1990: Private Clinics in Central Europe 1850-1933. In: Social History of Medicine 3, 159-195

Sloterdijk, P., 1978: Literatur und Organisation von Lebenserfahrung: Autobiographien der Zwanziger Jahre, München

Sournia, J.-C., 1990: A History of Alcoholism, Oxford (franz. 1986)

Spengemann, W., 1980: The Forms of Autobiography. Episodes in the History of a Literary Genre, New Haven/London

Spode, H., 1991: Krankheit des Willens. Die Konstruktion der Trunksucht im medizinischen Diskurs des 19. Jahrhunderts, in: Sociologia internationalis 29, 207-234

Spree, R., 1981: Soziale Ungleichheit vor Krankheit und Tod, Göttingen

Spree, R., 1993: Quantitative Aspekte der Entwicklung des Krankenhauswesens im 19. und 20. Jahrhundert, MS München (demn. in: Labisch, A./Spree, R. (Hg.): Sozialgeschichte des Allgemeinen Krankenhauses in Deutschland)

Sprondel, W.M., 1979: „Experte" und „Laie": Zur Entwicklung von Typenbegriffen in der Wissenssoziologie, in: ders./Grathoff, R. (Hg.): Alfred Schütz und die Idee des Alltags in den Sozialwissenschaften, Stuttgart, 140-154

Staiano, K.V., 1986: Interpreting the Signs of Illness, Berlin

Stanitzek, G. 1988: Bildung und Roman als Momente bürgerlicher Kultur, MS Bielefeld (= SFB 177, Arbeitspapier Nr. 4)

Starr, P., 1982: The Social Transformation of American Medicine, New York

Stolberg, M., 1989: Gottesstrafe oder Diätsünde. Zur Mentalitätsgeschichte der Cholera, in: Medizin, Gesellschaft und Geschichte 8, 9-25

Stollberg, G., 1983: Die gewerkschaftsnahen zentralisierten Hilfskassen im Deutschen Kaiserreich, in: Zeitschrift für Sozialreform 29, 339-369

Stollberg, G., 1988: Die Naturheilvereine im Deutschen Kaiserreich, in: Archiv für Sozialgeschichte 28, 287-305

Stollberg, G., 1993: Health and Illness in German Workers' Autobiographies from the Nineteenth and Early Twentieth Centuries, in: Social History of Medicine 6, 261-276

Stollberg, G., 1994: Aspekte einer Geschichte von Public-Health-Konzeptionen in Deutschland, in: Schaeffer, D./Moers, M./Rosenbrock, R. (Hg.): Public Health und Pflege, Berlin, 29-42

Strauss, A.L. et al., 1985: Social Organization of Medical Work, Chicago

Thomas, K., 1971: Religion and the Decline of Magic. Studies in Popular Beliefs in Sixteenth- and Seventeenth-Century England, London etc.

Tischner, R., 1937: Geschichte der Homöopathie, Bd. 3, Leipzig

Toellner, R. (Hg.), 1986: Illustrierte Geschichte der Medizin, 6 Bde. Salzburg (franz. 1978)

Trumbach, R., 1978: The Rise of the Egalitarian Family. Aristocratic Kinship and Domestic Relations in Eighteenth-century England, New York

Turner, R.S., 1980: The Bildungsbürgertum and the Learned Professions in Prussia, 1770-1830, in: Histoire sociale - social history 25, 107-135

Wagner, B., 1989: Armut, Krankheit und Gesundheitswesen im vorindustriellen Bielefeld, in: Jahrbuch der Historischen Vereinigung für die Grafschaft Ravensberg 77, 71-104

Wagner, B., 1994: Das Bielefelder Krankenhaus im 19. Jahrhundert, unveröff. MA-Arbeit Bielefeld, 2.A. (1988)

Warner, J.H., 1986: The Therapeutic Perspective. Medical Practice, Knowledge, and Identity in America 1820-1885, Cambridge/Mass. etc.

Weber-Kellermann, I., 1988: Frauenleben im 19. Jahrhundert, 2. A. München

Weindling, P., 1989: Hygienepolitik als sozialintegrative Strategie im späten Deutschen Kaiserreich, in: Labisch, A./Spree, R. (Hg.): Medizinische Deutungsmacht im sozialen Wandel, Bonn

Willems, D., 1992: Susan's Breathlessness - The Construction of Professions and Laypersons, in: Lachmund/Stollberg, 105-114

Wittern, R., 1991: Samuel Hahnemann, in: Engelhardt, D. v./Hartmann, F. (Hg.): Klassiker der Medizin, 2 Bde. München, 37-50

Winau, R., 1987: Medizin in Berlin, Berlin

Wöbkemeier, R. 1990: Erzählte Krankheit: medizinische und literarische Phantasien um 1800, Stuttgart

Wolff, E., 1991: Prävention, Impfzwang und die Rolle der Medizinsoziologie, in: Curare 14, 79-90

Wolff, E., 1992: Le rôle du mouvement des non-médecins dans le développement de l'homéopathie en Allemagne, in: O. Faure (Hg.): Praticiens, patients et militants de l'homéopathie aux XIXe et XXe siècles (1800-1940), Lyon, 197-230

Wright, P.W.G., 1979: A Study in the Legitimation of Knowledge: The 'Success' of Medicine and the 'Failure' of Astrology, in: Wallis, R. (Hg.): On the margins of Science: The Social Construction of Rejected Knowledge, Keele (= Sociological Review Monographs, 27)